초등학생의 지혜와 상상력을 높여주는

재미있는
수수께끼 나라

편 집 부 엮음

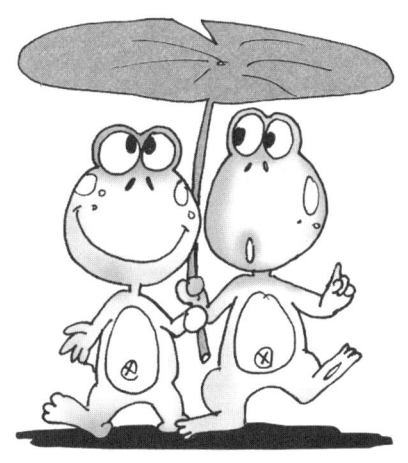

태 을 출 판 사

머리말

수수께끼에는 여러 가지 뜻이 함축되어 있습니다. 단어의 다른 뜻과, 말의 논리성, 그리고 유머와 해학이 있습니다. 그리고 사회 풍자와 비판도 있습니다. 이를 수수께끼라는 약간 해학적인 틀에 넣어 우리로 하여금 다시 한 번 생각하게 만듭니다.

어린이는 상상력이 많을 때입니다. 터무니없는 것, 별난 것, 우스운 것에 대단한 관심을 보이는 때입니다. 그런 어린이에게 수수께끼는 좋은 친구가 될 것입니다. 그들에게 많은 가르침을 줄 것입니다.

여기서는 수수께끼로 어린이의 취향에 맞게 그림 속에서 더욱 재미있게 표현하도록 꾸몄습니다. 그리고 되도록 새롭고 어린이가 좋아할 수수께끼, 교훈적인 수수께끼로 골라 어린이의 학습에 도움이 되도록 하였습니다. 어린이 여러분의 좋은 친구가 되기를 바랍니다.

초등학생의 지혜와 상상력을 높여주는

재미있는
수수께끼 나라

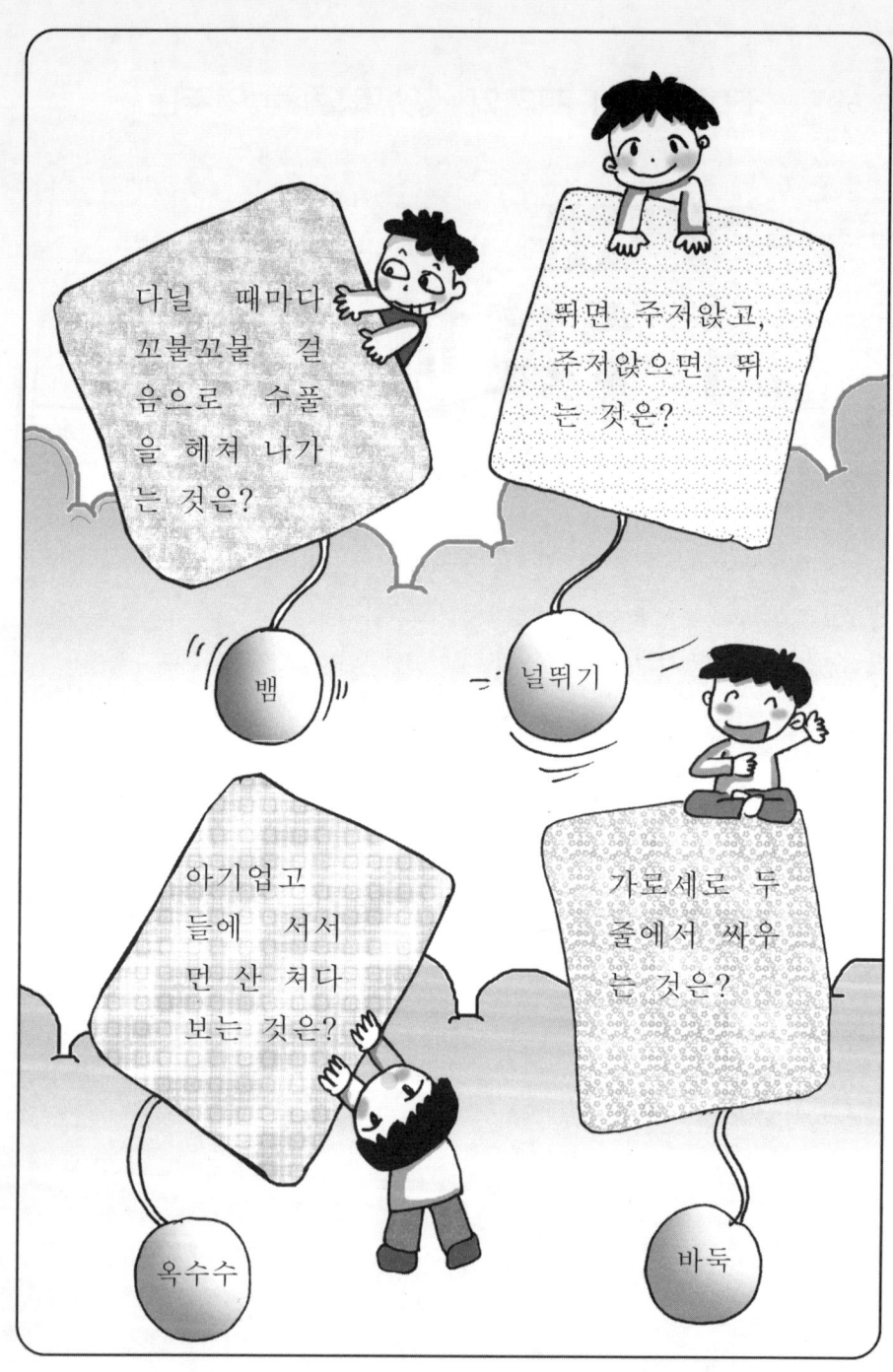

다닐 때마다 꼬불꼬불 걸음으로 수풀을 헤쳐 나가는 것은?

뱀

뛰면 주저앉고, 주저앉으면 뛰는 것은?

널뛰기

아기업고 들에 서서 먼 산 쳐다보는 것은?

옥수수

가로세로 두 줄에서 싸우는 것은?

바둑

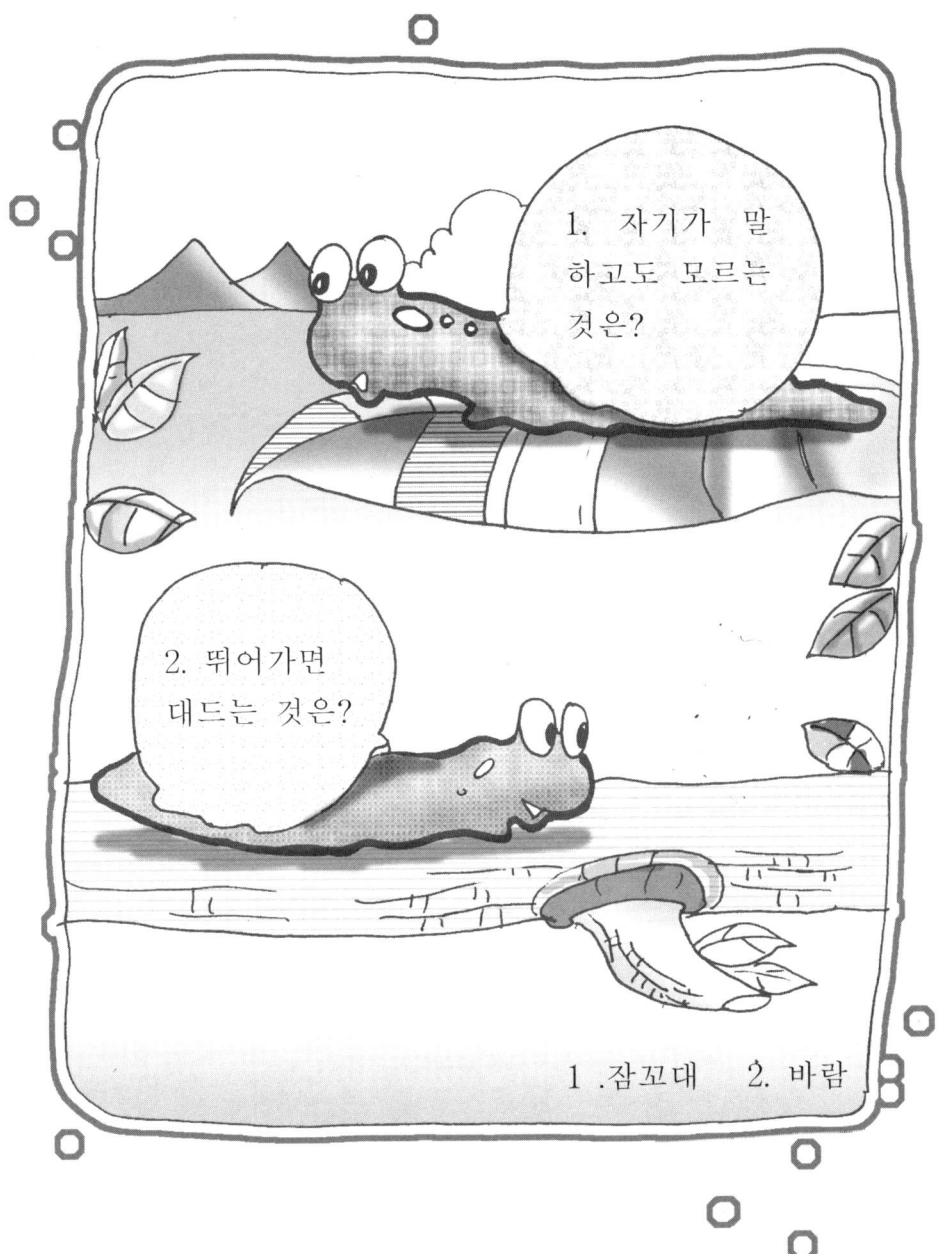

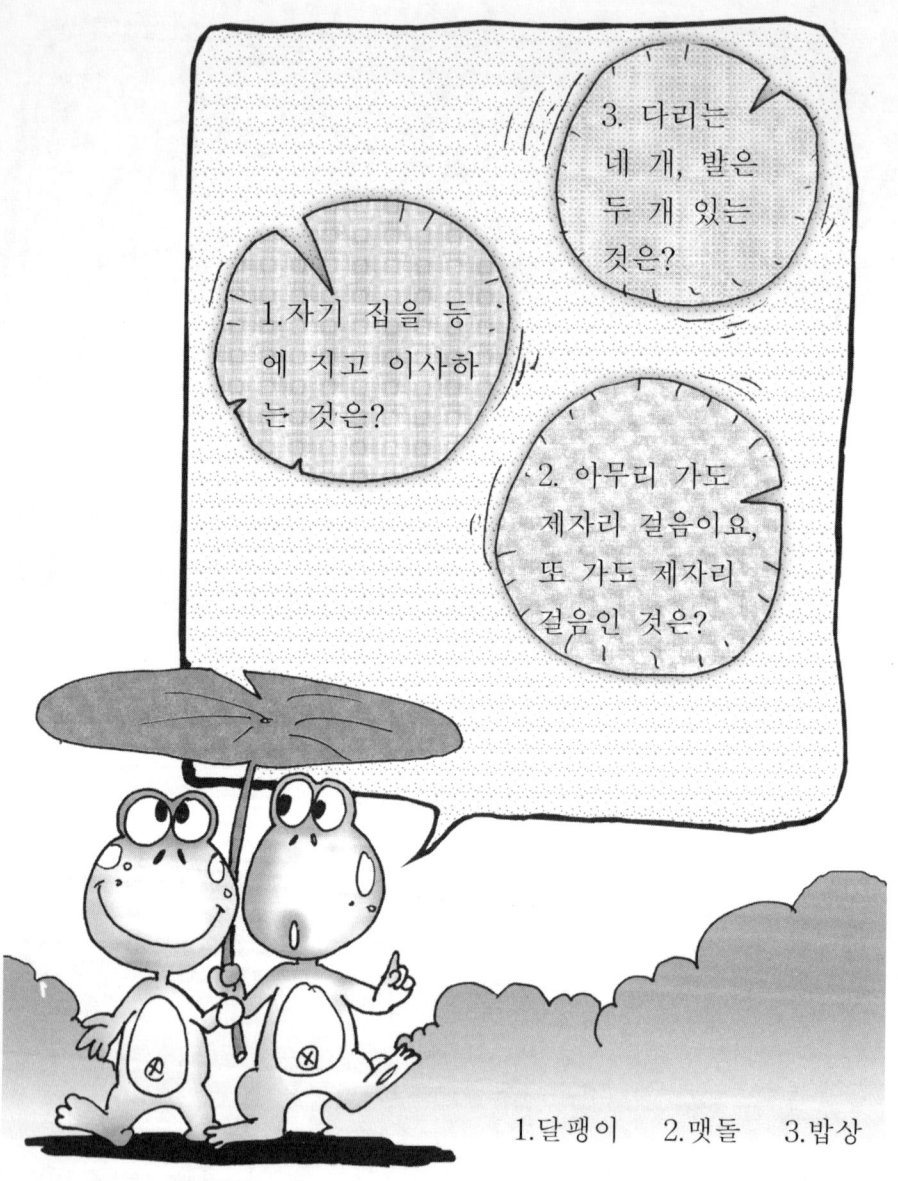

1.달팽이   2.맷돌   3.밥상

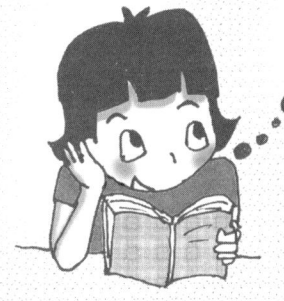

> 문제를 풀어보세요

1. 아래층에서는 음악 공부, 위층에서는 산수 공부하는 것은?

_____

2. 남의 집 일을 해주고 밥 못 얻어먹는 것은?

_____

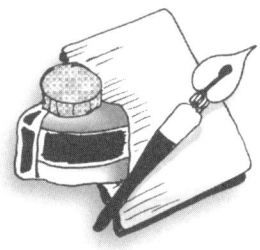

시계   부젓가락

_____

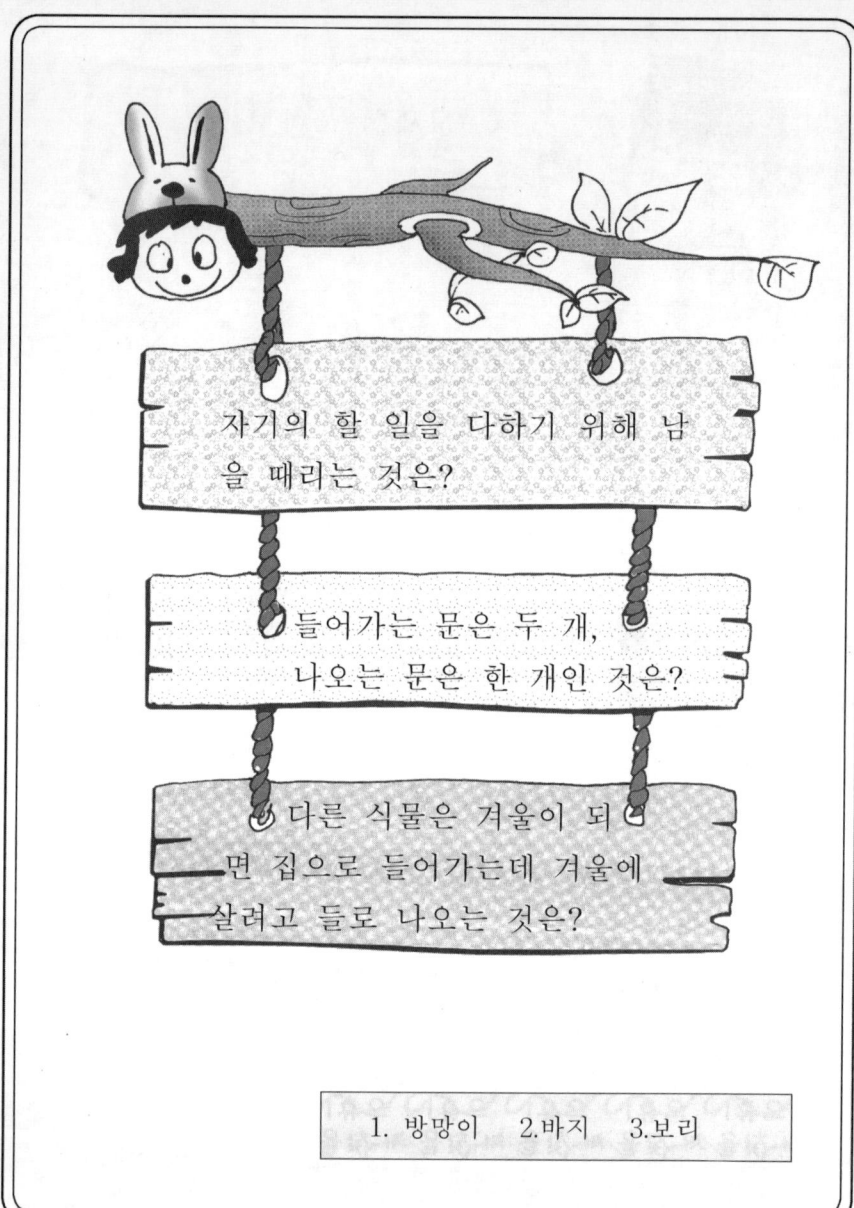

자기의 할 일을 다하기 위해 남을 때리는 것은?

들어가는 문은 두 개, 나오는 문은 한 개인 것은?

다른 식물은 겨울이 되면 집으로 들어가는데 겨울에 살려고 들로 나오는 것은?

1. 방망이   2.바지   3.보리

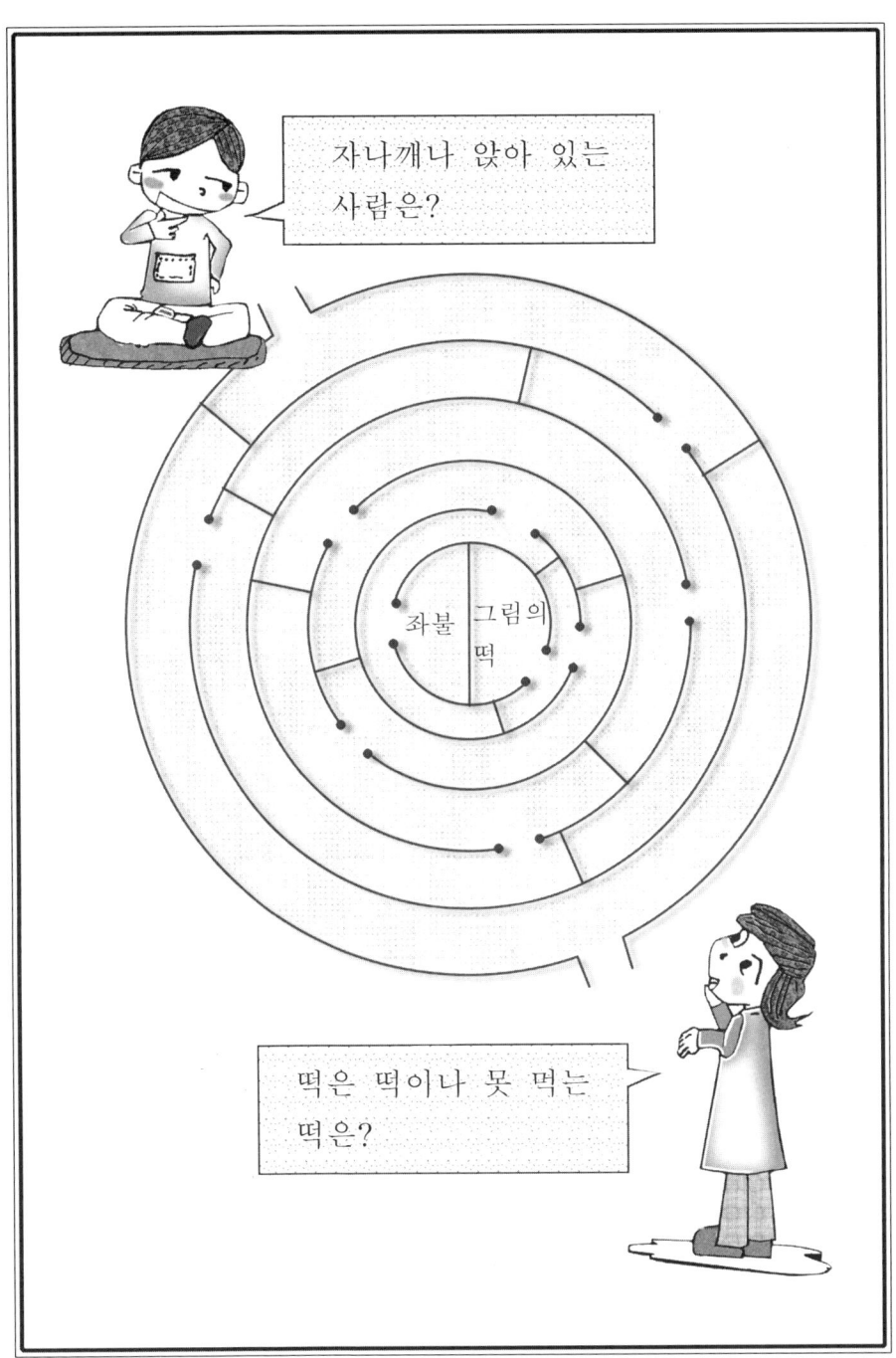

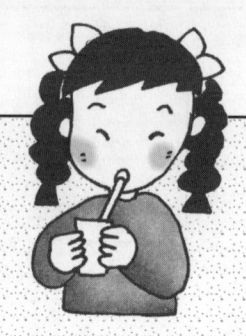

거리는 거리인데
사람이 다닐 수 없는
거리는?

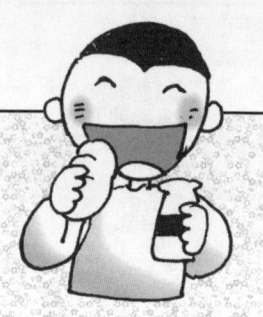

자는 자인데 못
재는 자는?

목걸이	국자
나이	총채

아무리 먹어도
배부르지 않은
것은?

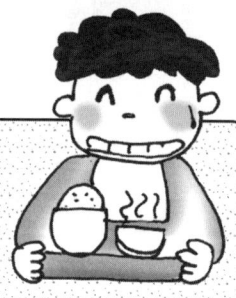

다리는 하나, 머리
털이 수없이 많은
것은?

♣ 맞춰보세요

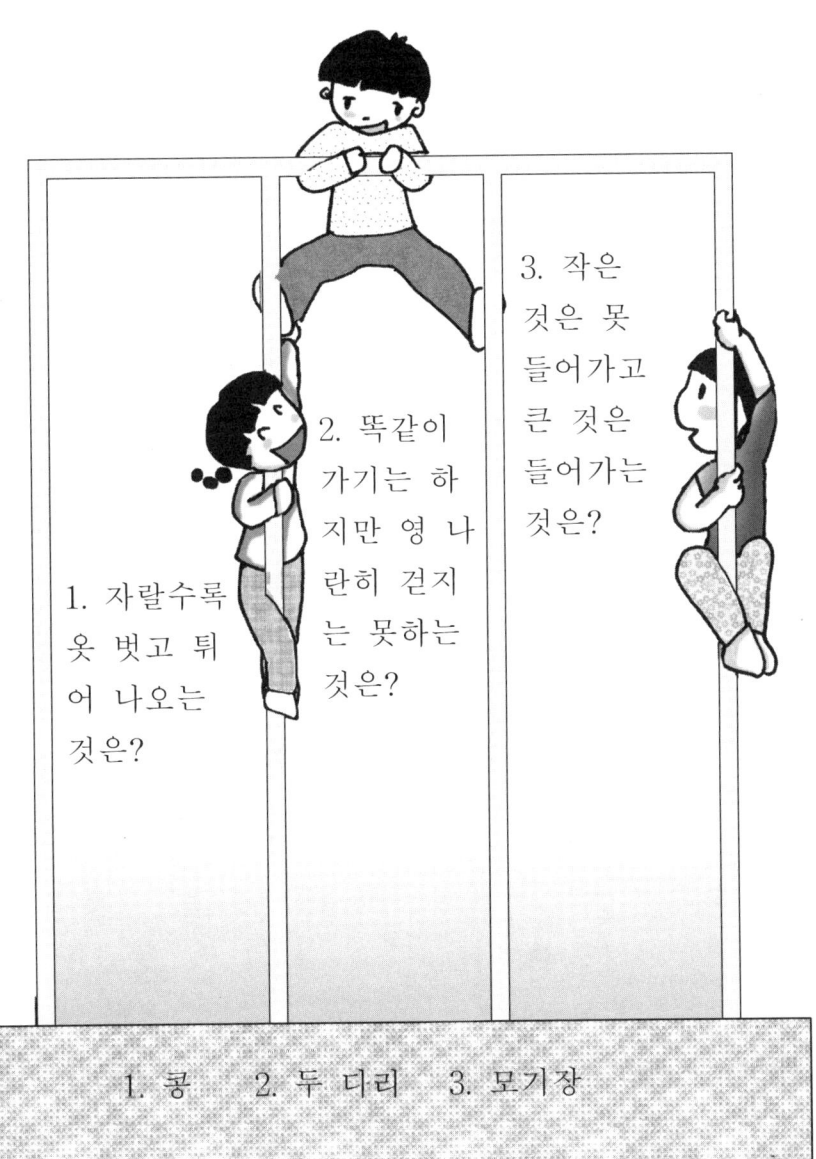

3. 작은
것은 못
들어가고
큰 것은
들어가는
것은?

2. 똑같이
가기는 하
지만 영 나
란히 걷지
는 못하는
것은?

1. 자랄수록
옷 벗고 튀
어 나오는
것은?

1. 콩   2. 두 다리   3. 모기장

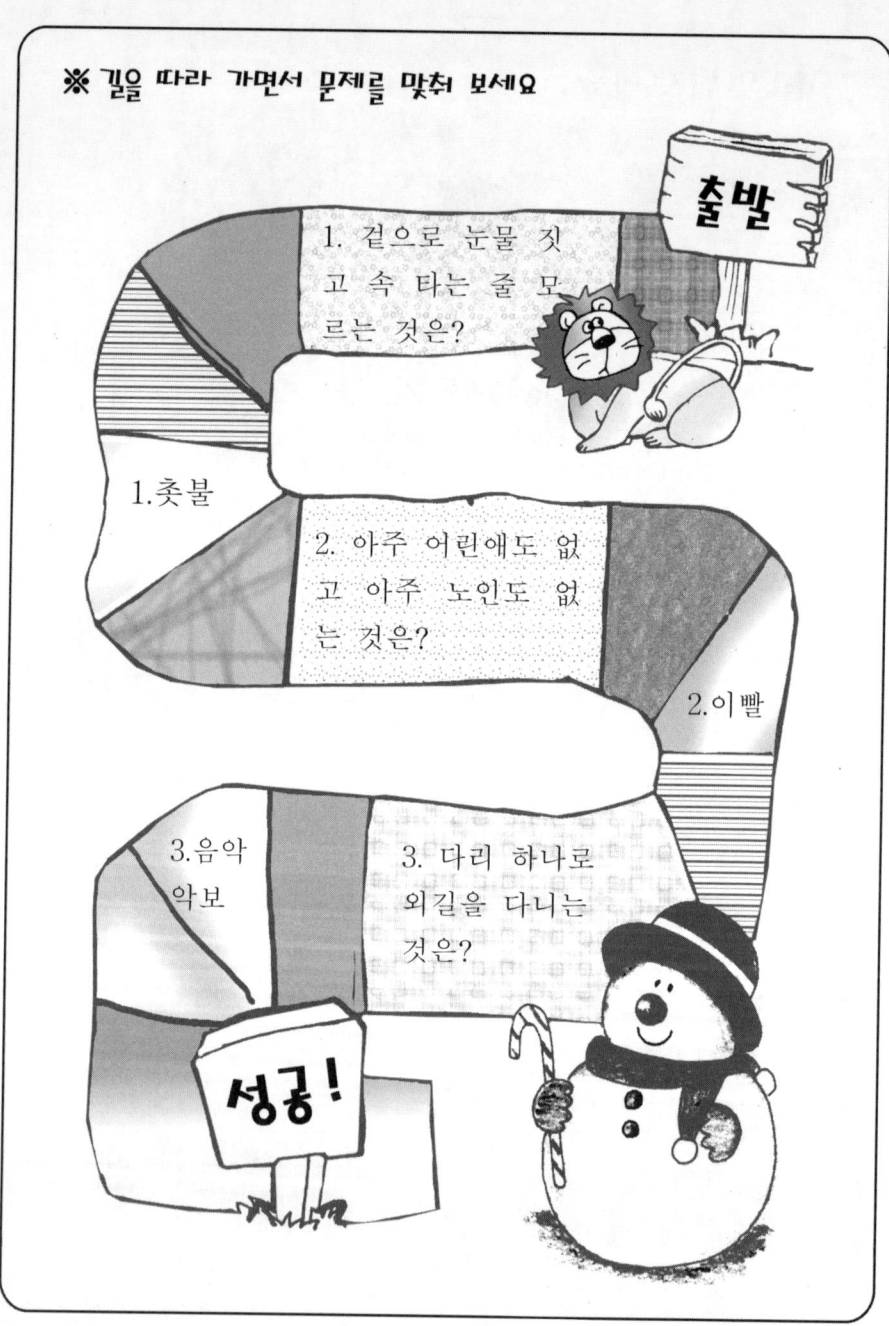

※ 길을 따라 가면서 문제를 맞춰 보세요

출발

1. 겉으로 눈물 짓고 속 타는 줄 모르는 것은?

1.촛불

2. 아주 어린애도 없고 아주 노인도 없는 것은?

2.이빨

3.음악
악보

3. 다리 하나로 외길을 다니는 것은?

성공!

14

자! 다음 문제를 풀어보세요.

1. 작은 입으로 들어가서 도장을 찍히고 여행하는 것은?

2. 남자 뒤에 여자, 여자 뒤에 남자면 몇 사람?

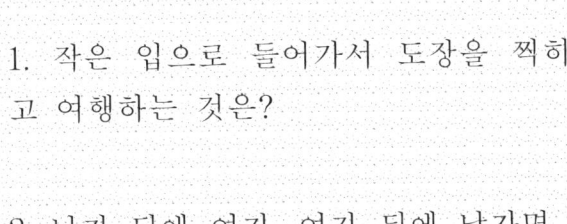

1. 편지   2. 2명

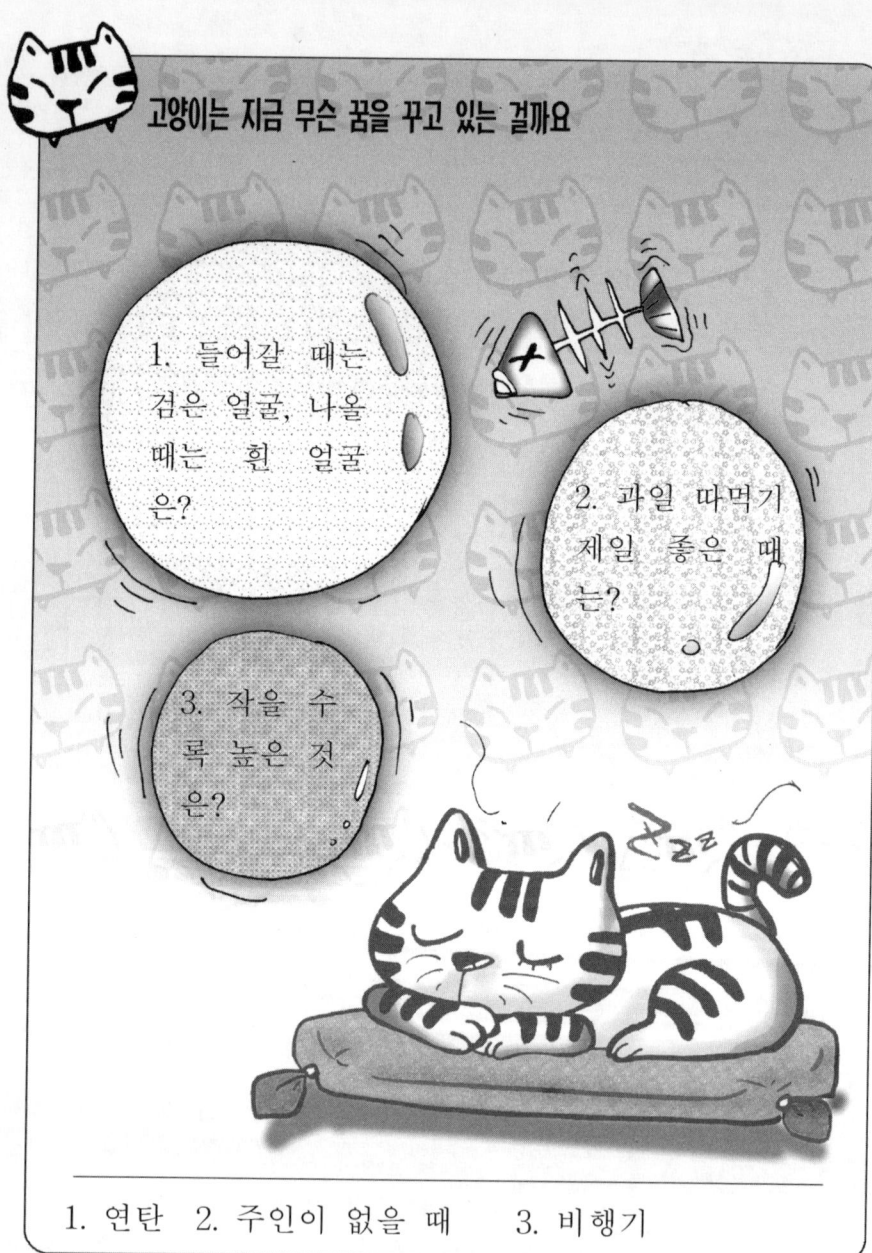

1. 들어갈 때는 검은 얼굴, 나올 때는 흰 얼굴은?

2. 과일 따먹기 제일 좋은 때는?

3. 작을 수록 높은 것은?

---

1. 연탄 2. 주인이 없을 때   3. 비행기

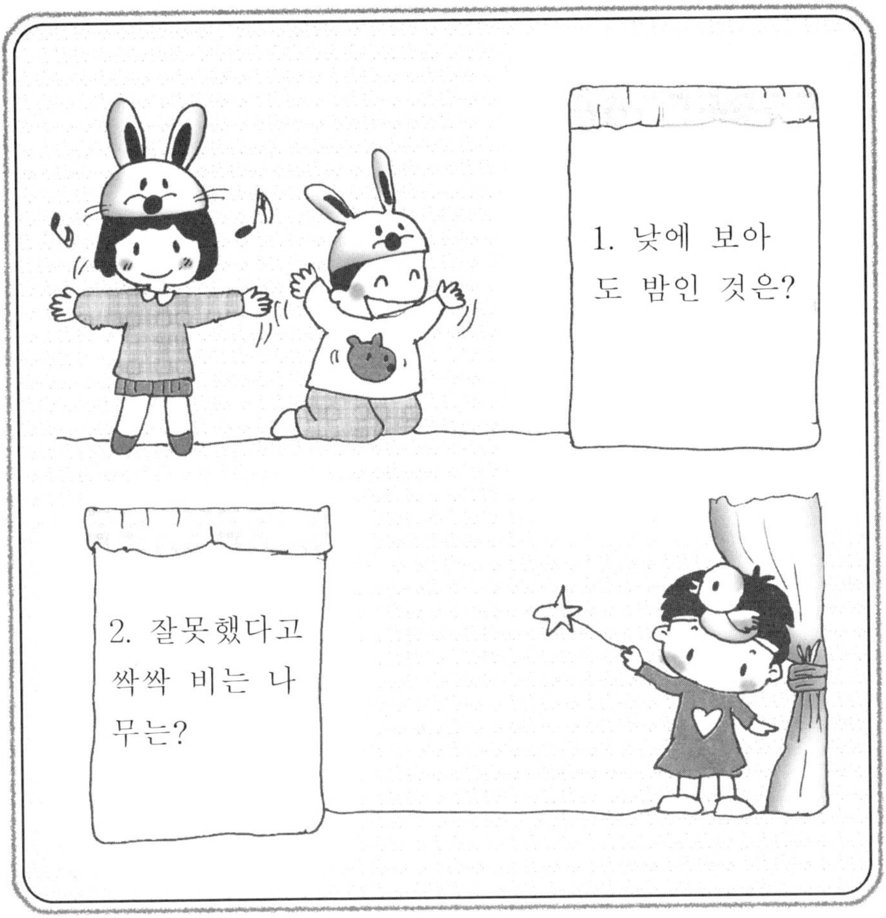

1. 낮에 보아
도 밤인 것은?

2. 잘못했다고
싹싹 비는 나
무는?

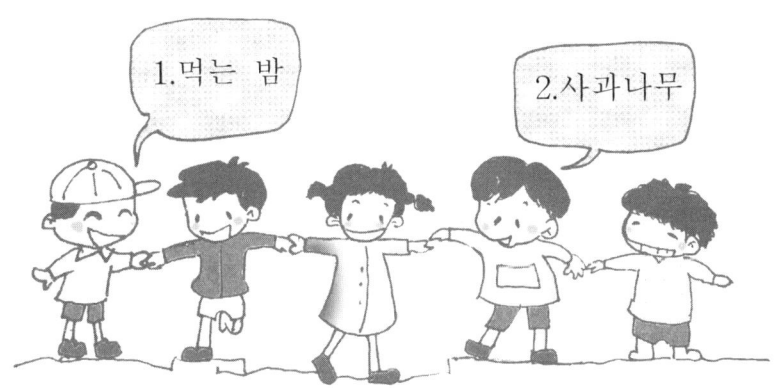

1.먹는 밤

2.사과나무

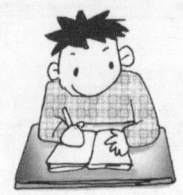

알맞은 답에 연결해 보세요

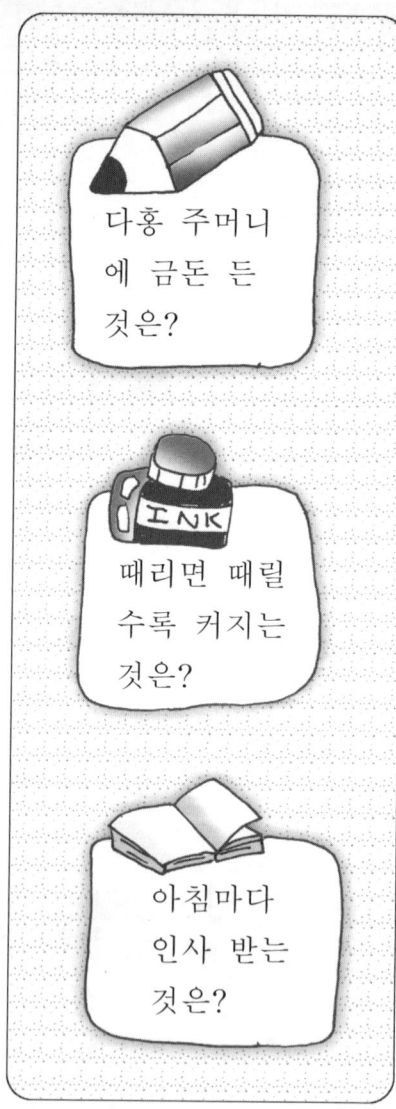

다홍 주머니에 금돈 든 것은?

때리면 때릴수록 커지는 것은?

아침마다 인사 받는 것은?

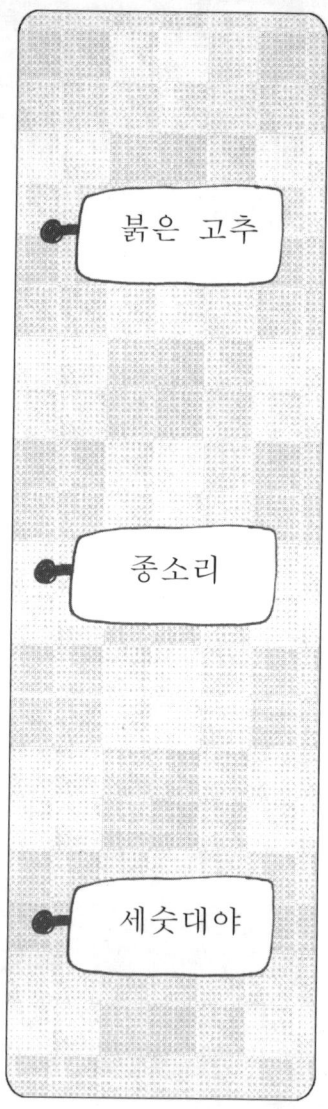

붉은 고추

종소리

세숫대야

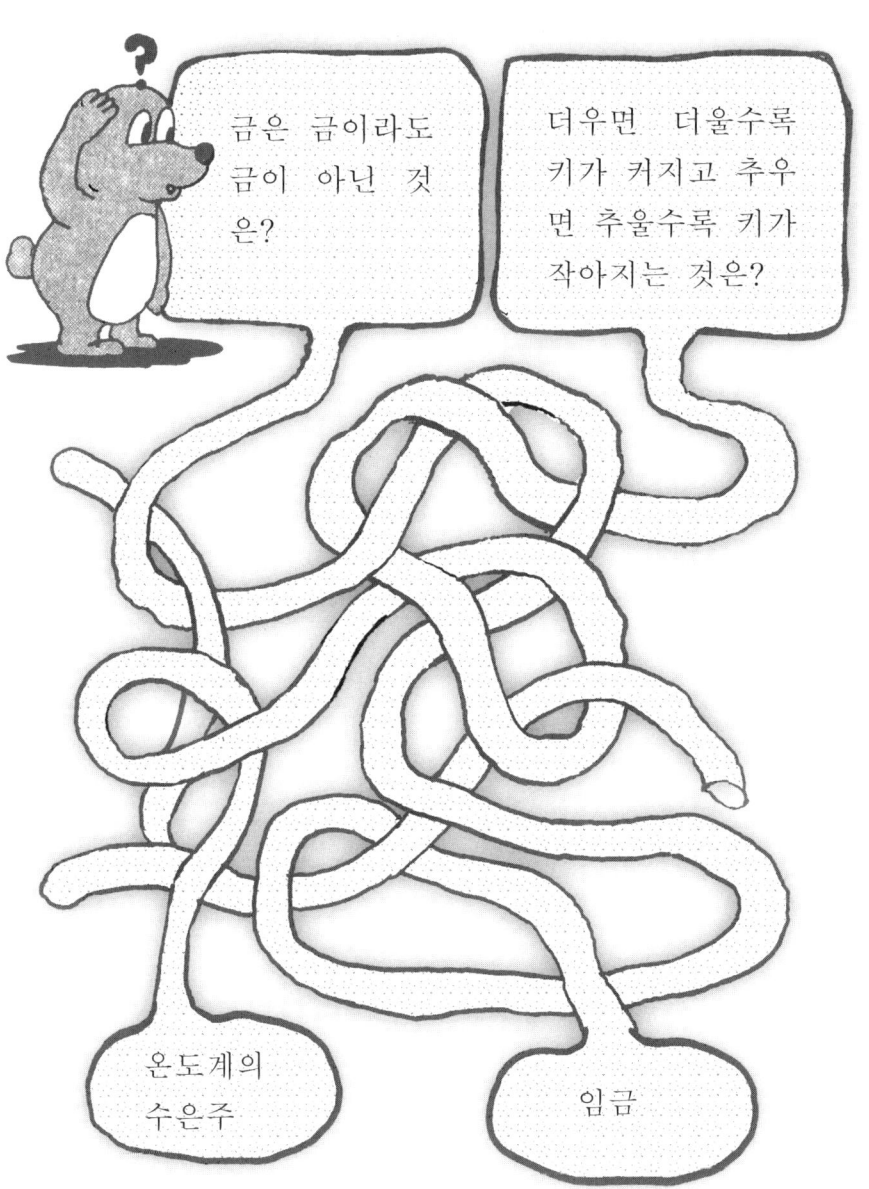

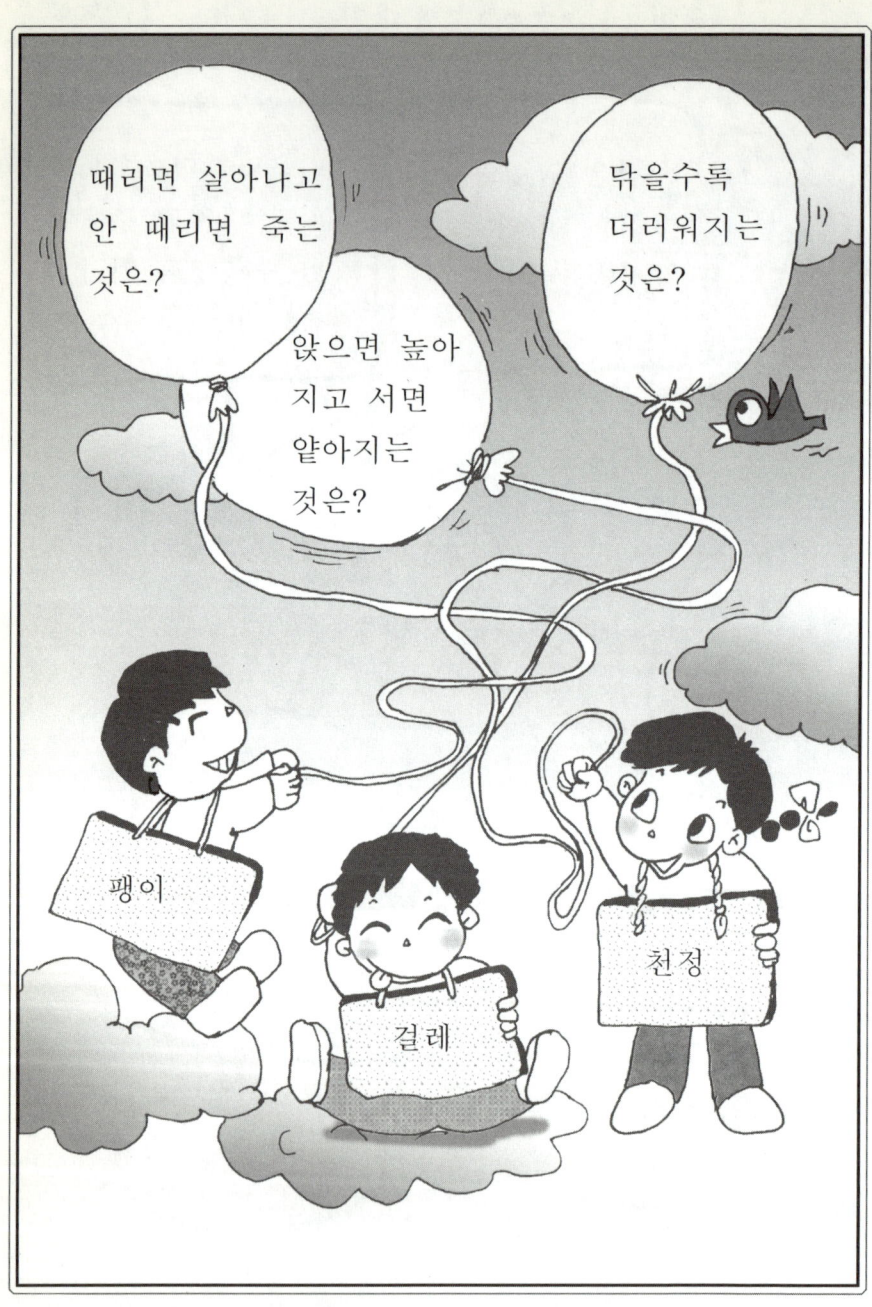

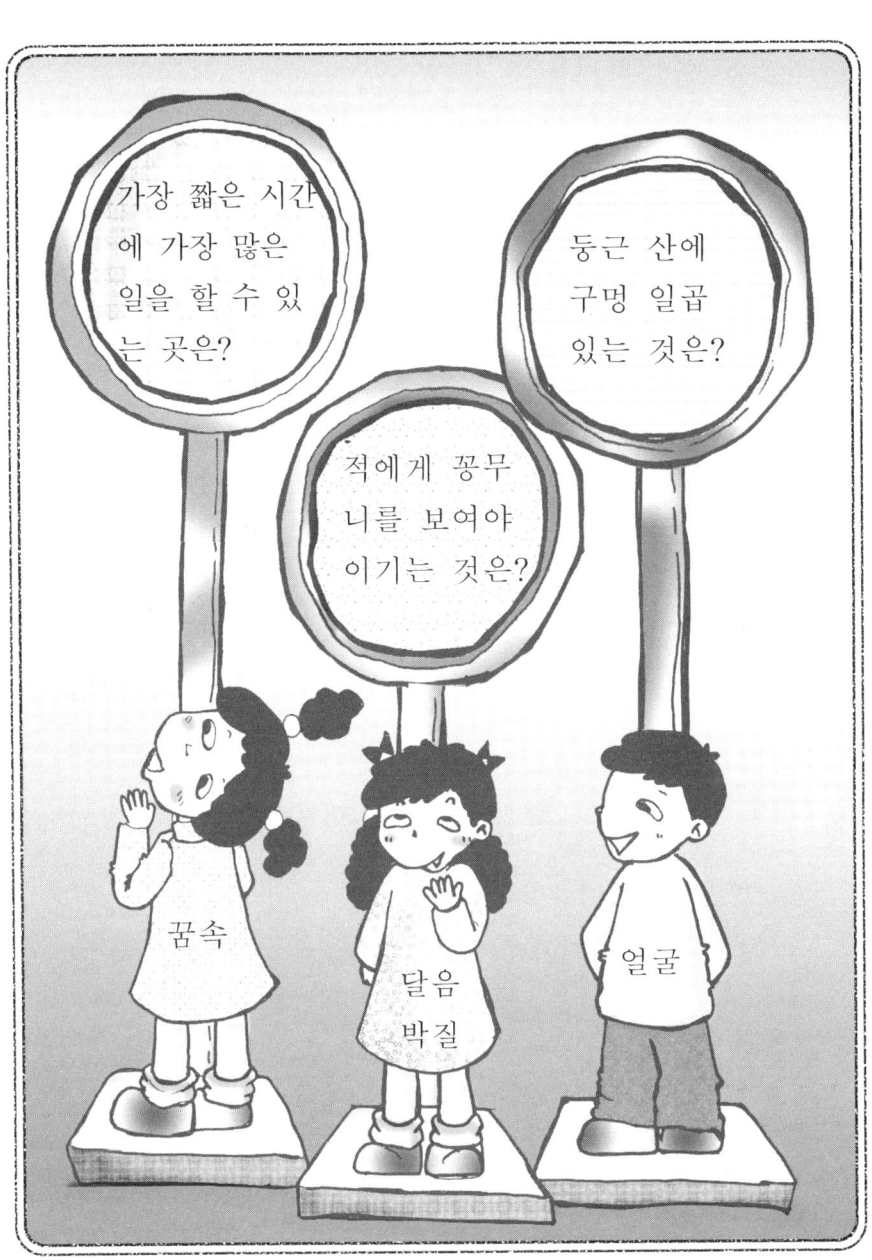

 **수수께끼를 맞춰 보세요**

뮨제 1   더운 물에 목욕하고나서 다시 찬물에 목욕하고 갈대 밭에 누운 것은?

뮨제 2   앉지도 못하고 서서 걷지도 못하고 밤낮 흔들거리기만 하는 나라는?

뮨제 3   젊어서는 청옷, 늙어서는 베옷을 입은 것은?

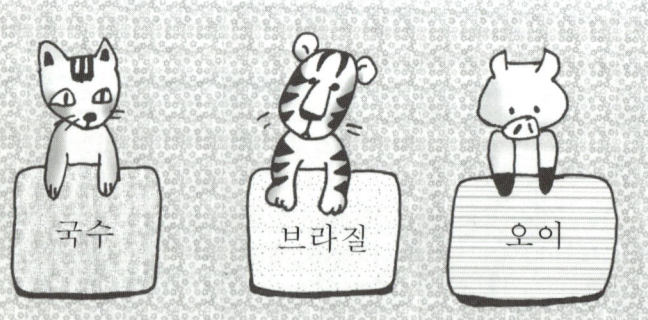

국수   브라질   오이

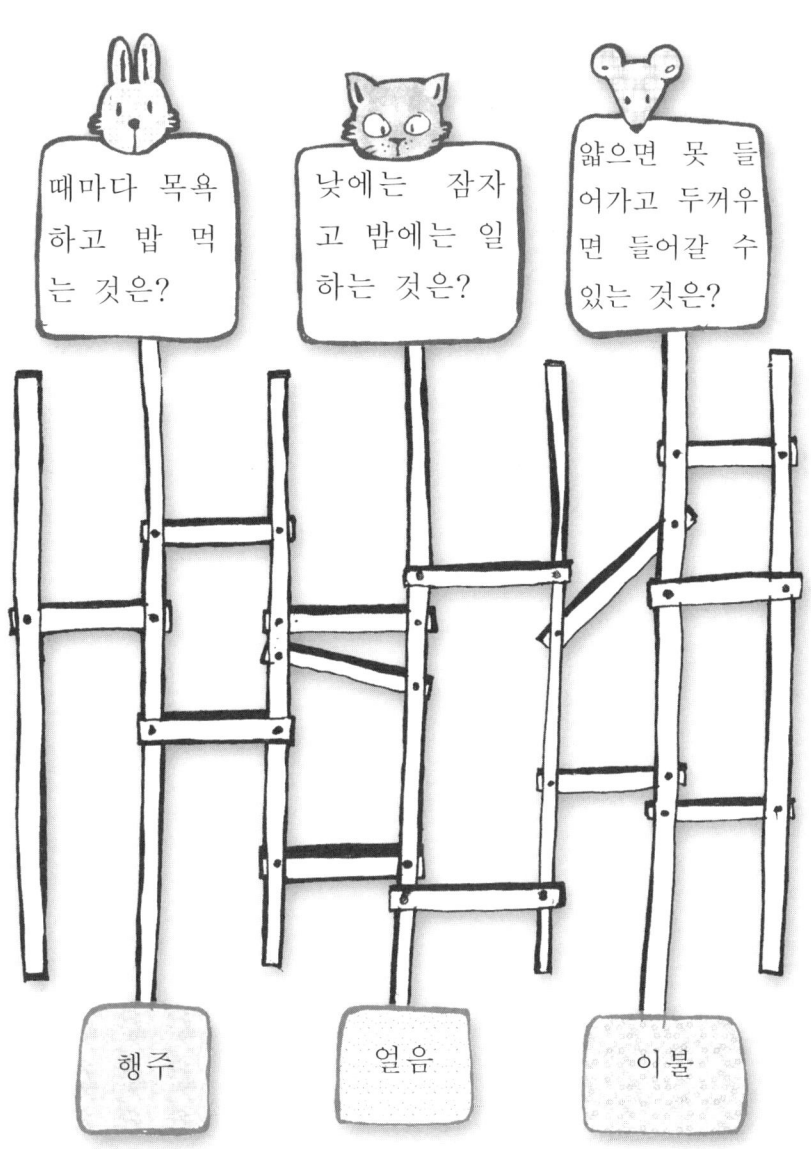

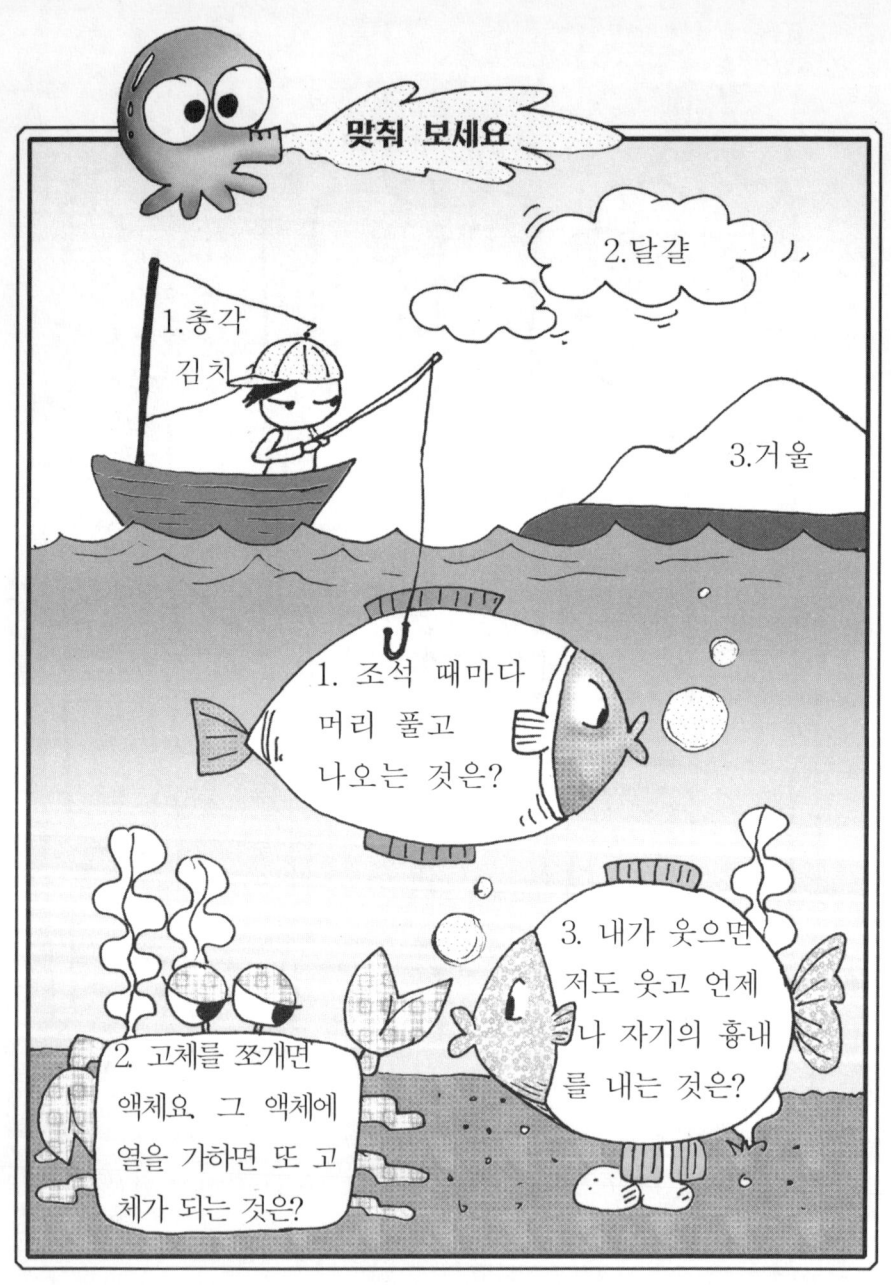

24

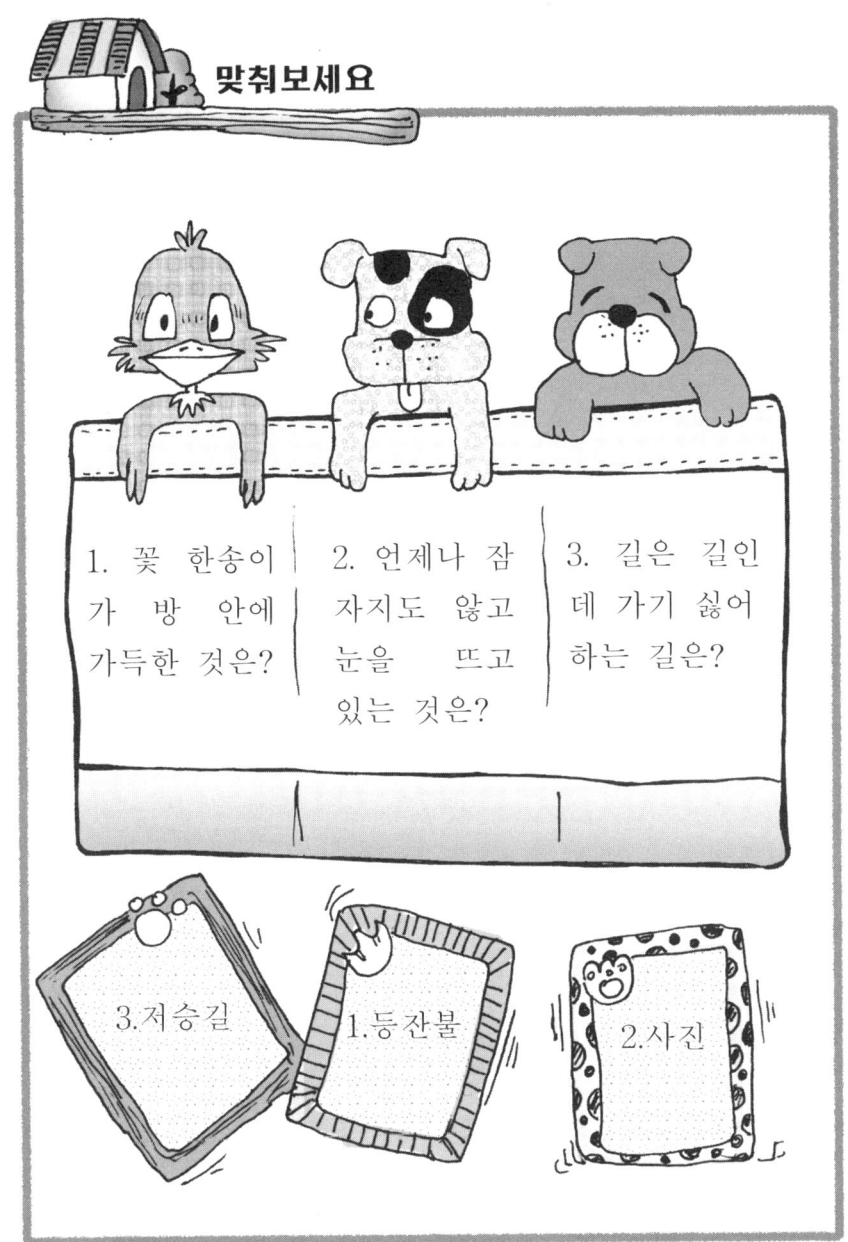

맞춰보세요

1. 꽃 한송이가 방 안에 가득한 것은?

2. 언제나 잠자지도 않고 눈을 뜨고 있는 것은?

3. 길은 길인데 가기 싫어하는 길은?

3.저승길

1.등잔불

2.사진

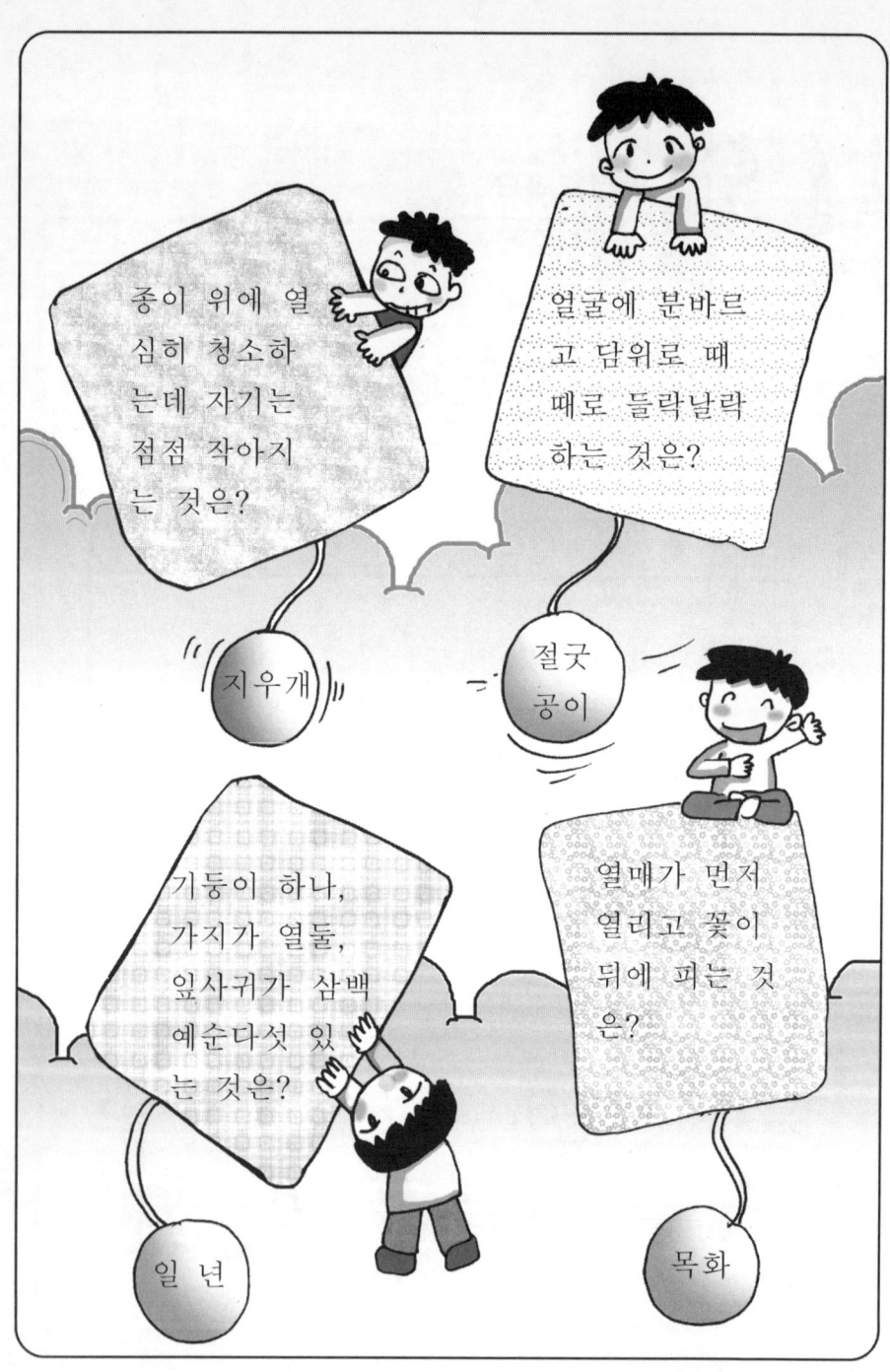

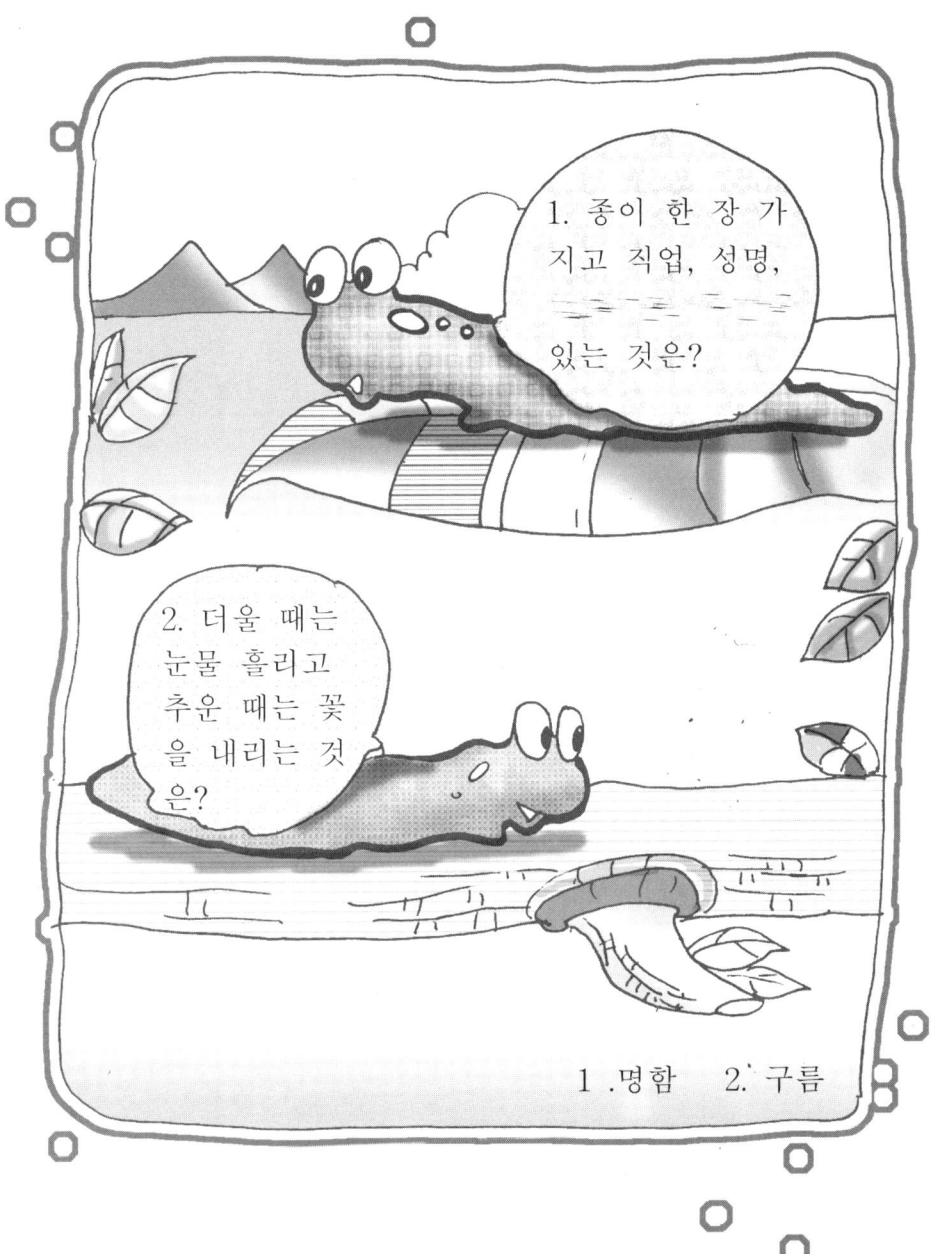

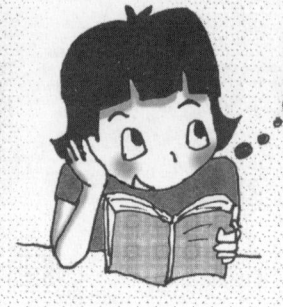

문제를 풀어보세요

1. 옆으로는 다녀도 앞과 뒤로는 못 다니는 것은?

2. 거꾸로 놓아도 바로 서는 것은?

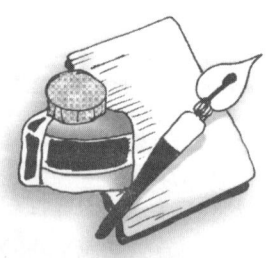

1. 게   2. 오뚝기

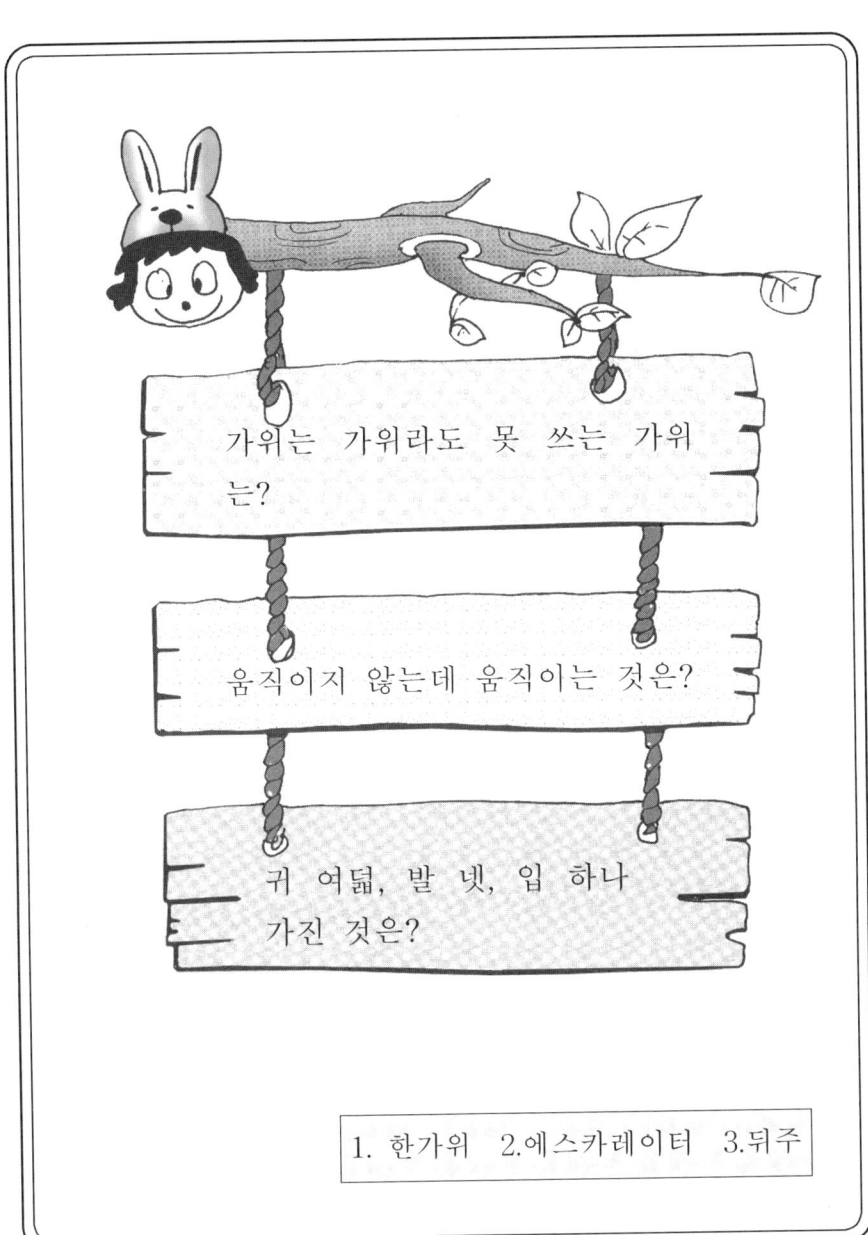

가위는 가위라도 못 쓰는 가위는?

움직이지 않는데 움직이는 것은?

귀 여덟, 발 넷, 입 하나 가진 것은?

1. 한가위 2.에스카레이터 3.뒤주

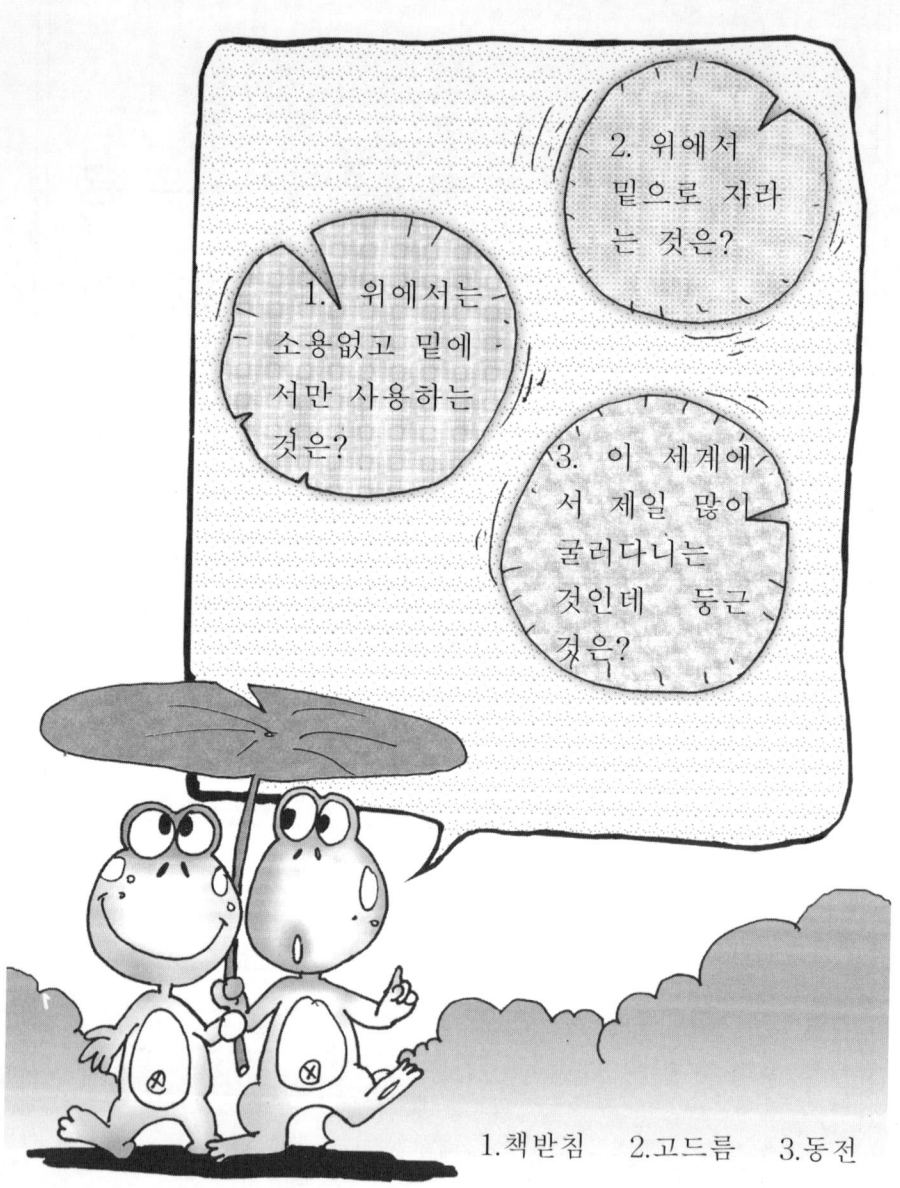

1.책받침   2.고드름   3.동전

30

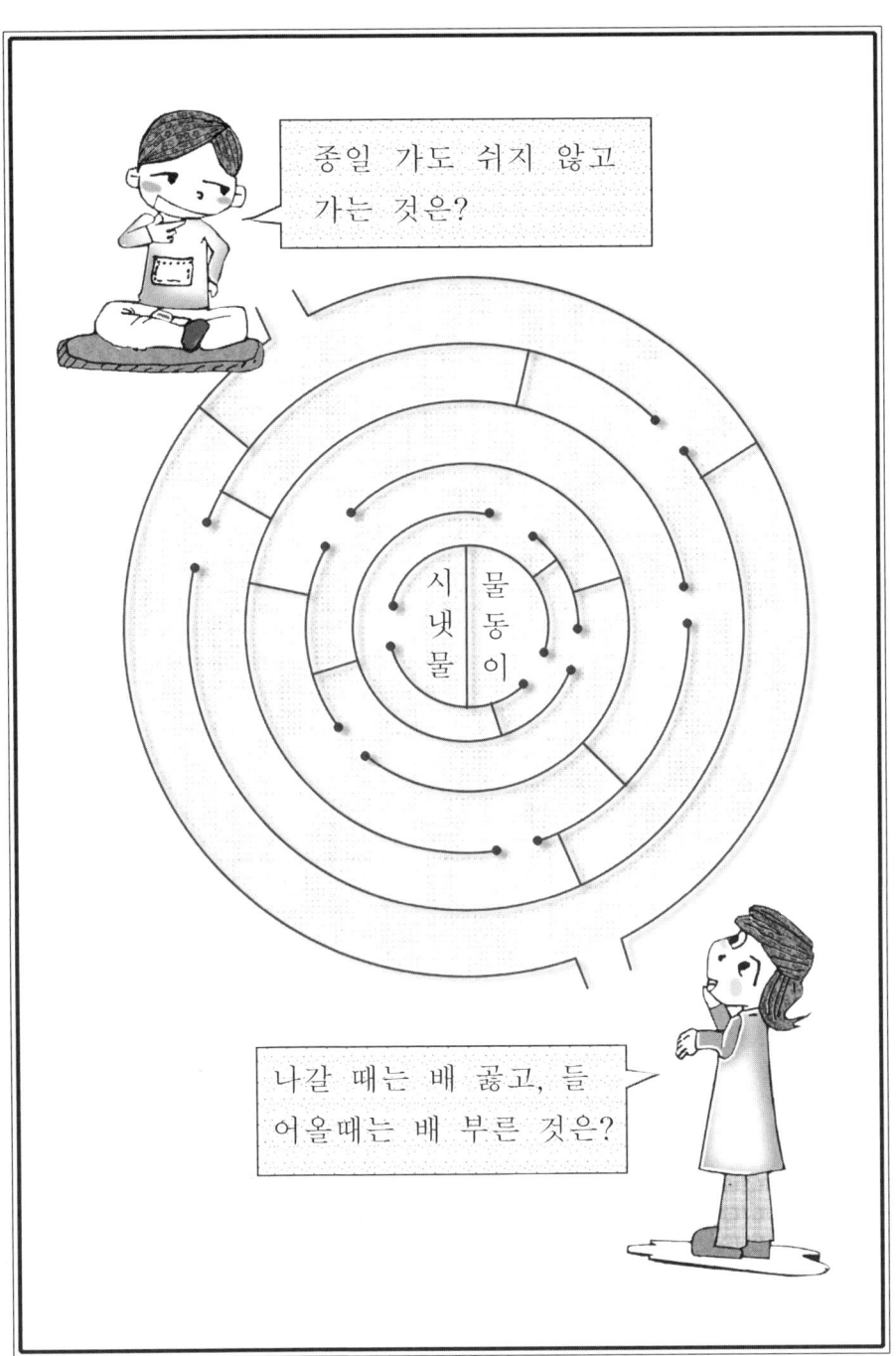

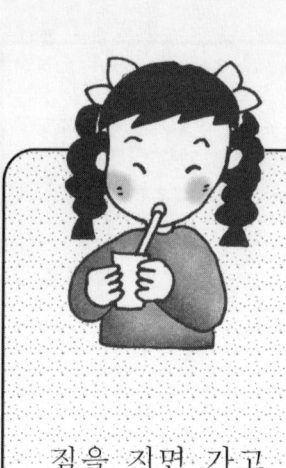

짐을 지면 가고,
안 지면 안 가는 것은?

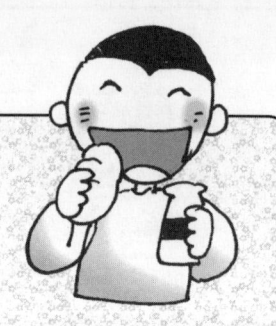

나갈 때는 속이
비고, 들어 올
때는 불러서 오
는 것은?

신	두레박
주름살	버섯

가면 갈수록 늘
어나는 것은?

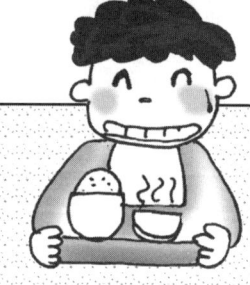

집안에 기둥 하나
만 받쳐 있는 집
은?

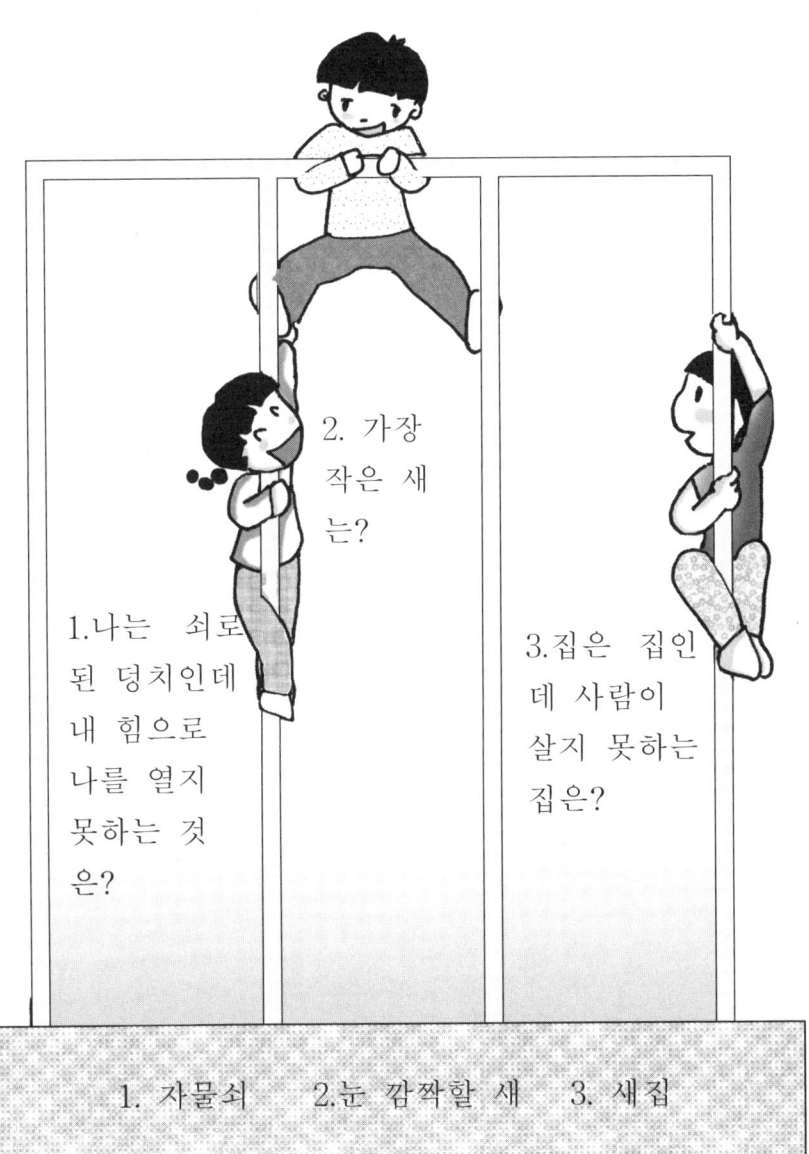

2. 가장 작은 새는?

1.나는 쇠로 된 덩치인데 내 힘으로 나를 열지 못하는 것은?

3.집은 집인데 사람이 살지 못하는 집은?

1. 자물쇠   2.눈 깜짝할 새   3. 새집

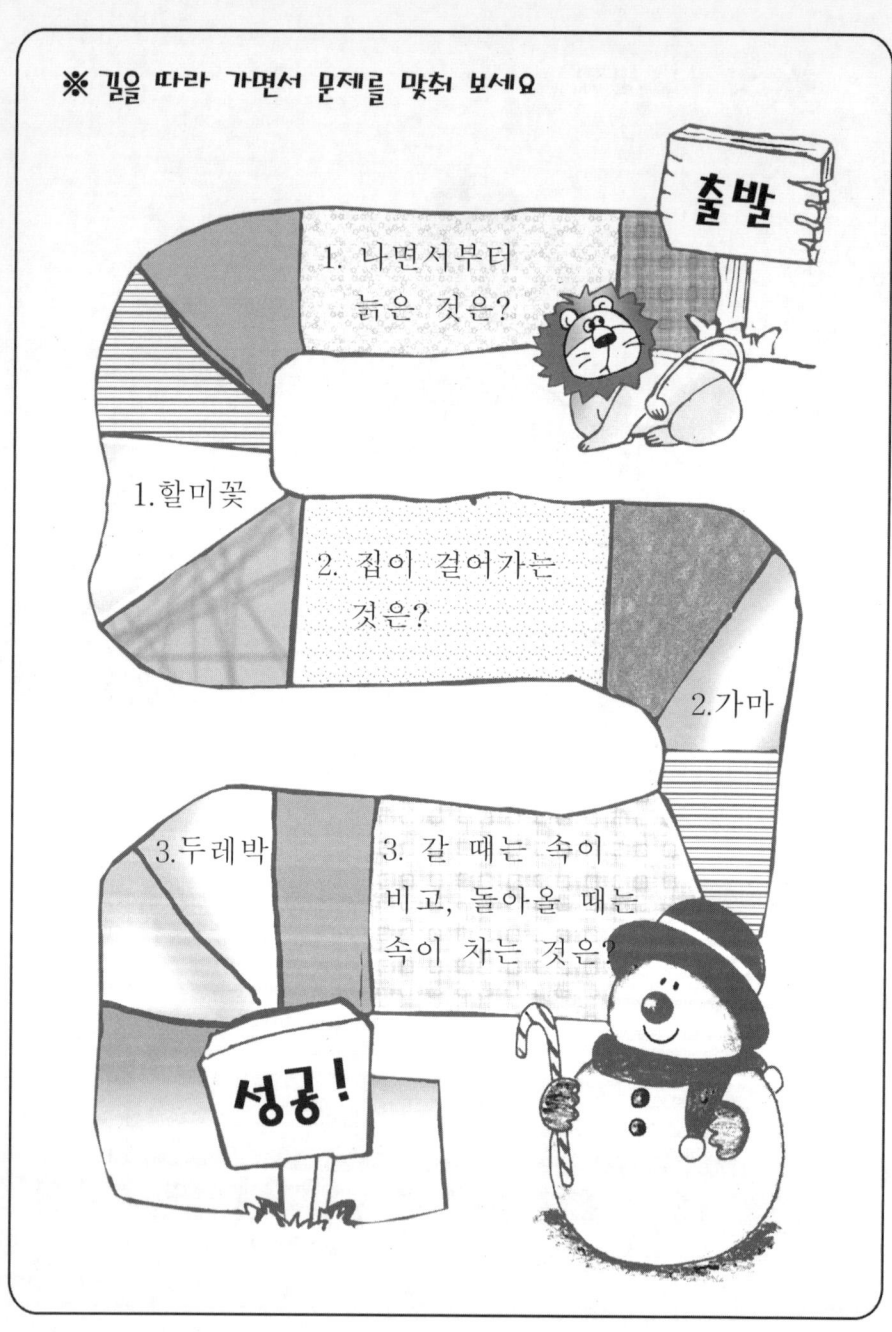

출발

1. 나면서부터 늙은 것은?

1. 할미꽃

2. 집이 걸어가는 것은?

2. 가마

3. 두레박

3. 갈 때는 속이 비고, 돌아올 때는 속이 차는 것은?

성공!

자! 다음 문제를 풀어보세요.

1. 개는 개인데 물지 않는 개는?

2. 달과 물 사이에 불을 피워 놓는 것은?

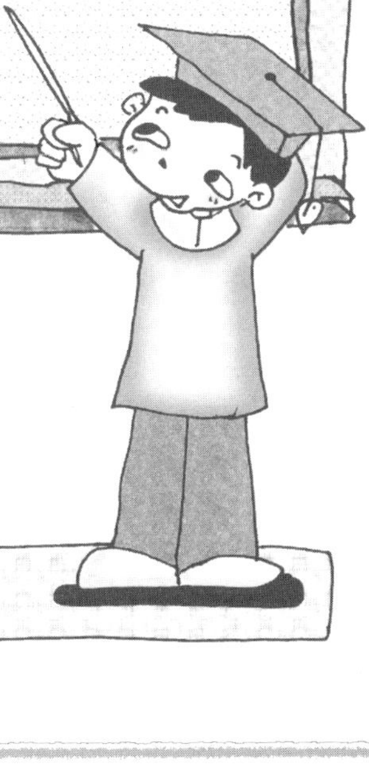

1. 안개   2. 화요일

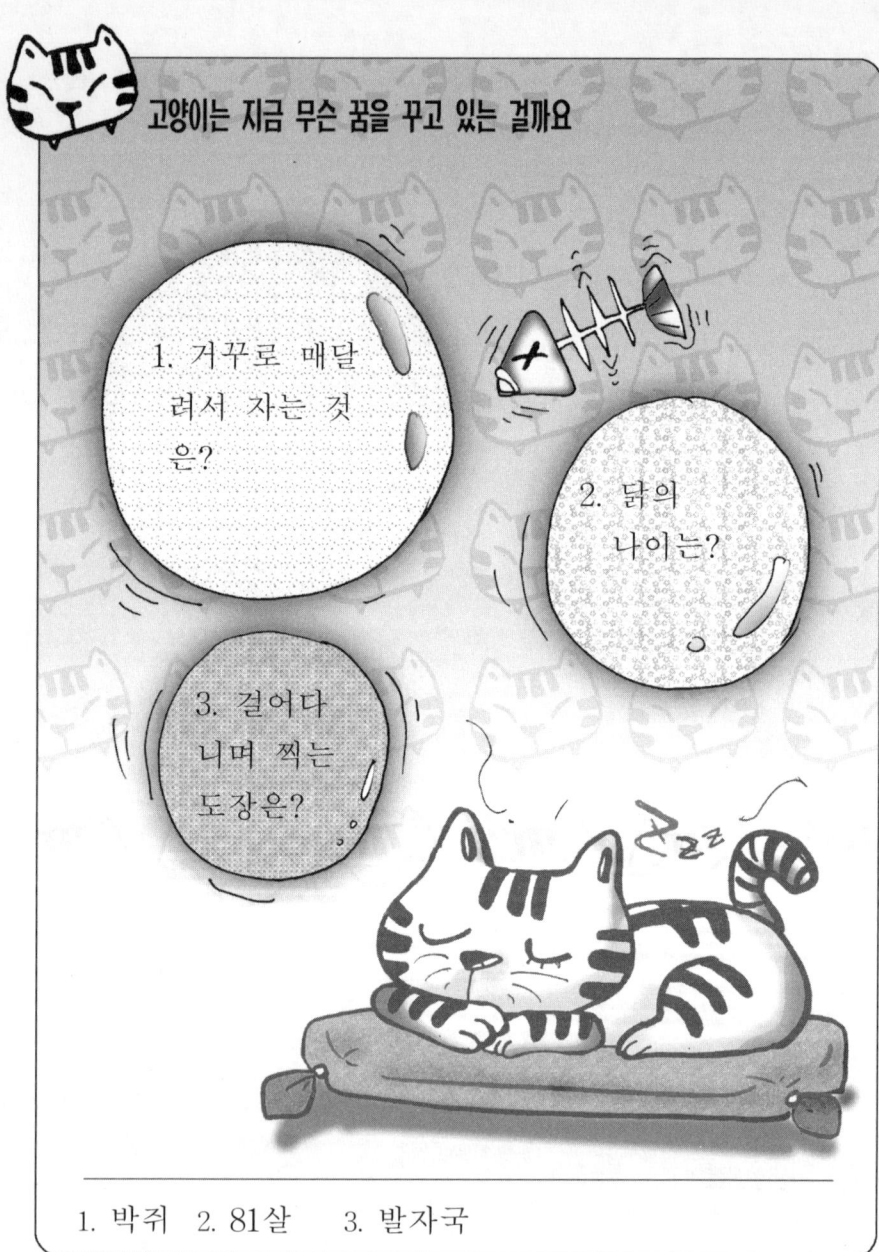

1. 거꾸로 매달려서 자는 것은?

2. 닭의 나이는?

3. 걸어다니며 찍는 도장은?

---

1. 박쥐 2. 81살   3. 발자국

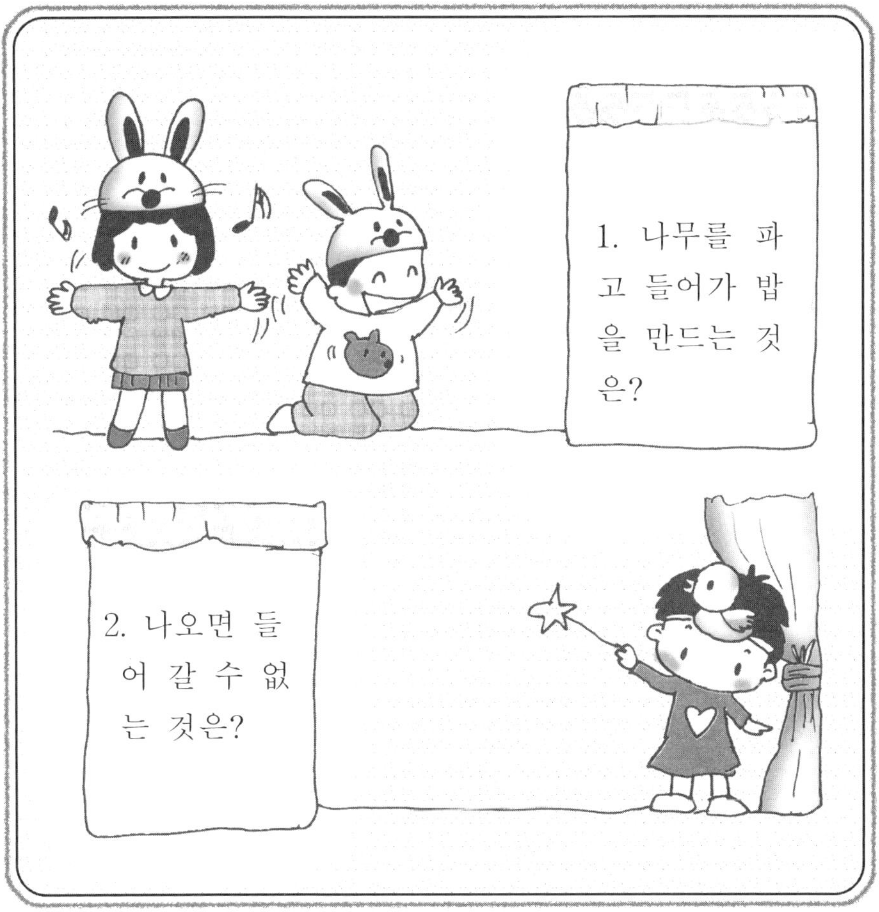

1. 나무를 파고 들어가 밥을 만드는 것은?

2. 나오면 들어갈 수 없는 것은?

1. 톱

2. 치약

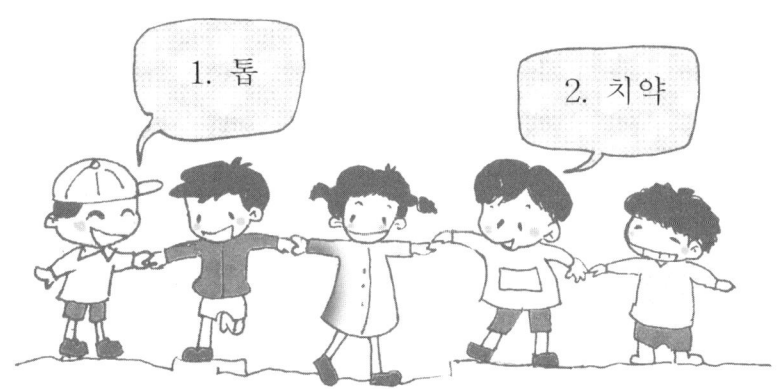

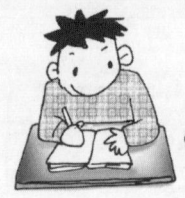

알맞은 답에 연결해 보세요

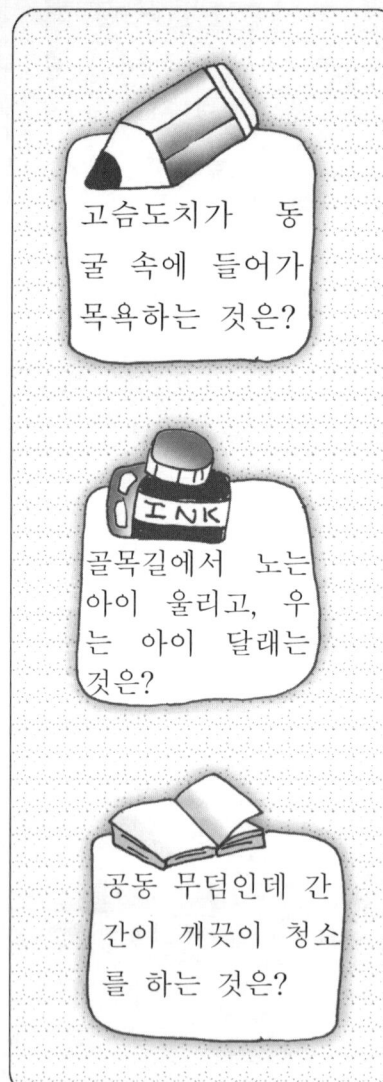

고습도치가 동굴 속에 들어가 목욕하는 것은?

골목길에서 노는 아이 울리고, 우는 아이 달래는 것은?

공동 무덤인데 간간이 깨끗이 청소를 하는 것은?

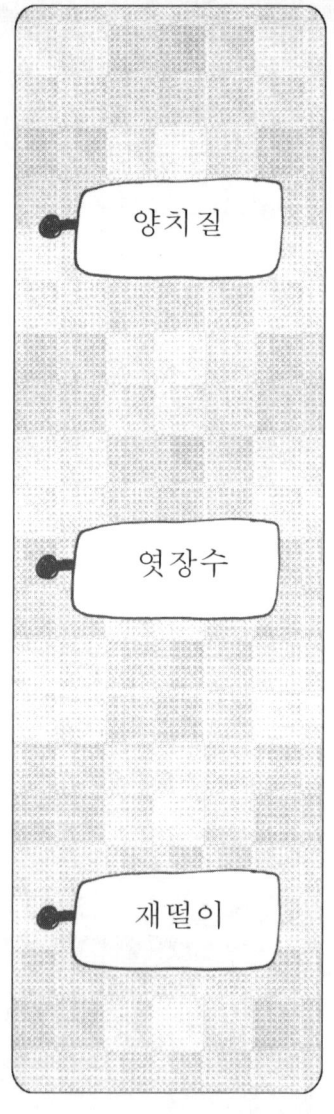

양치질

엿장수

재떨이

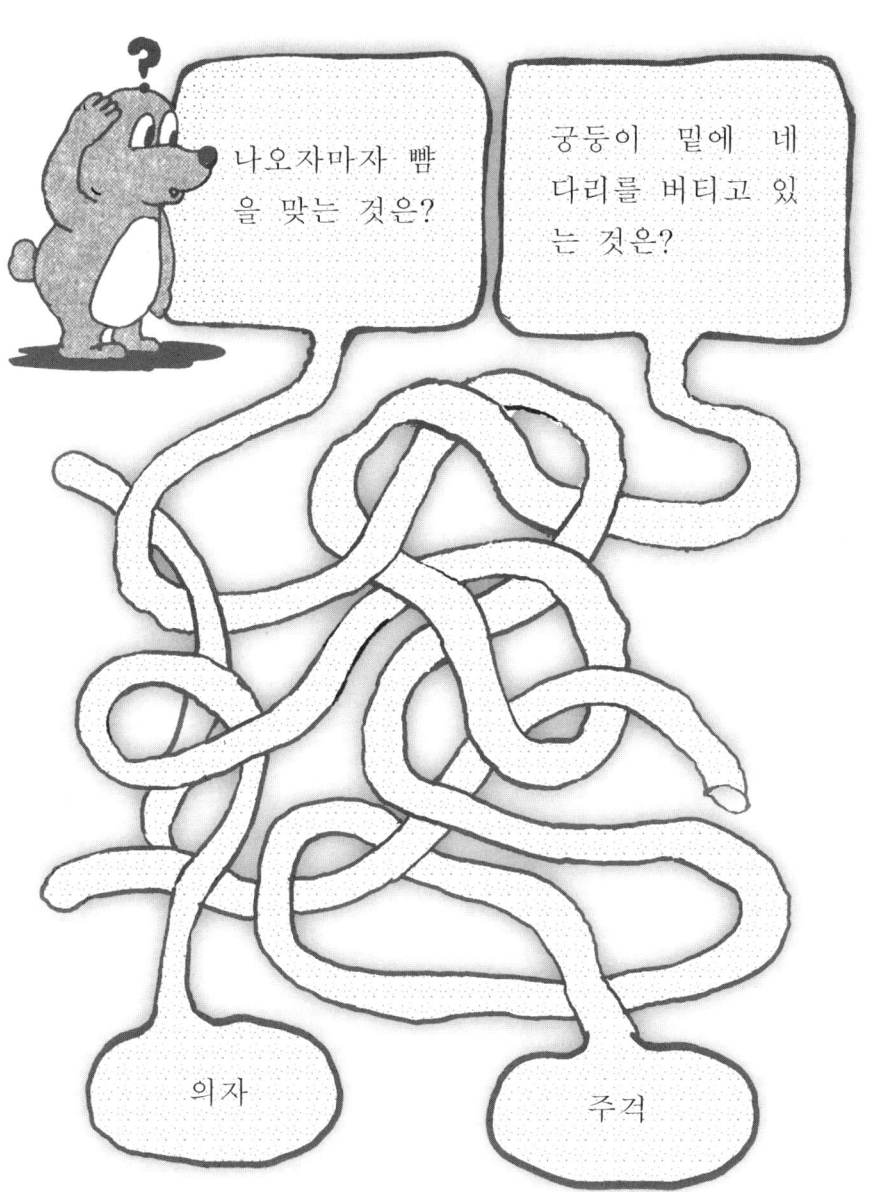

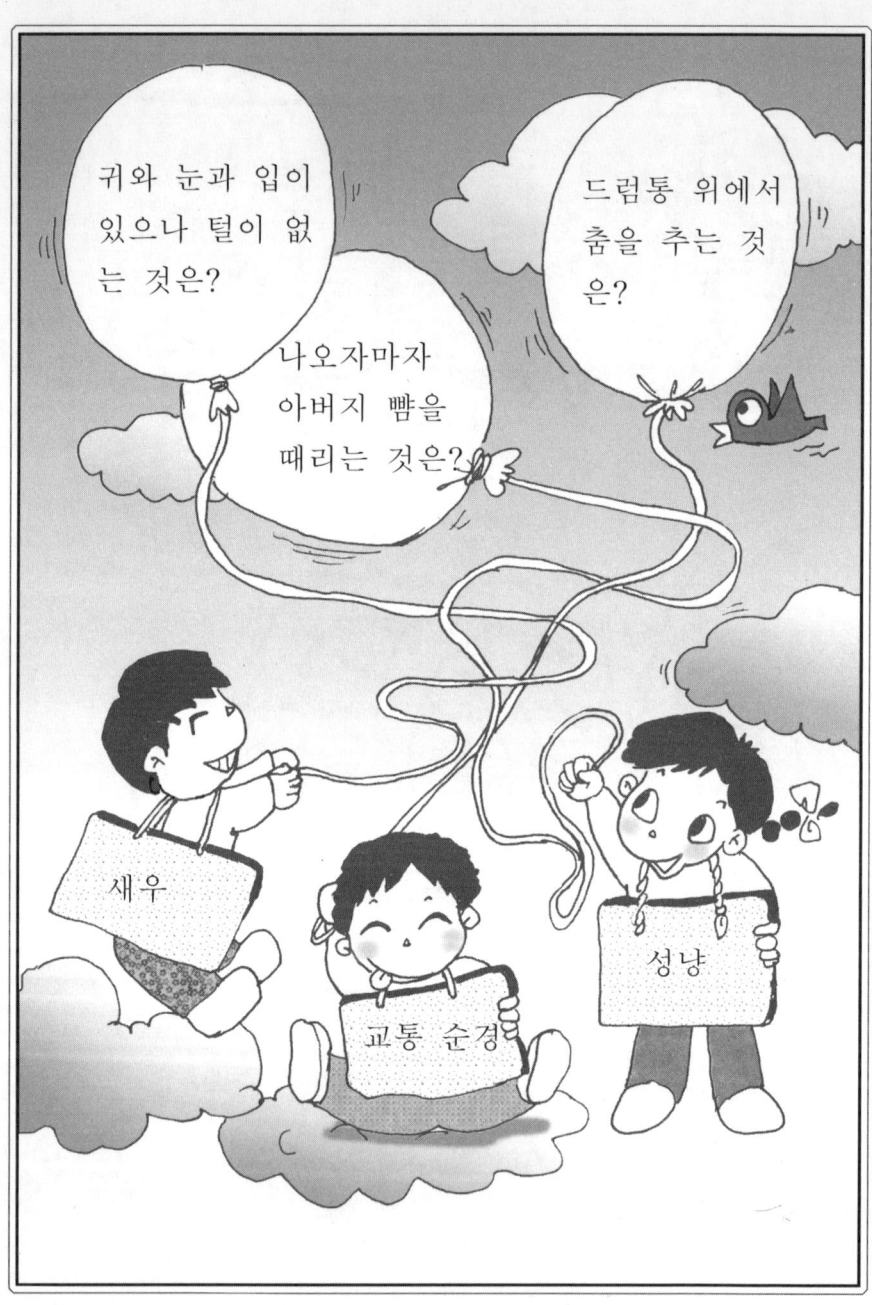

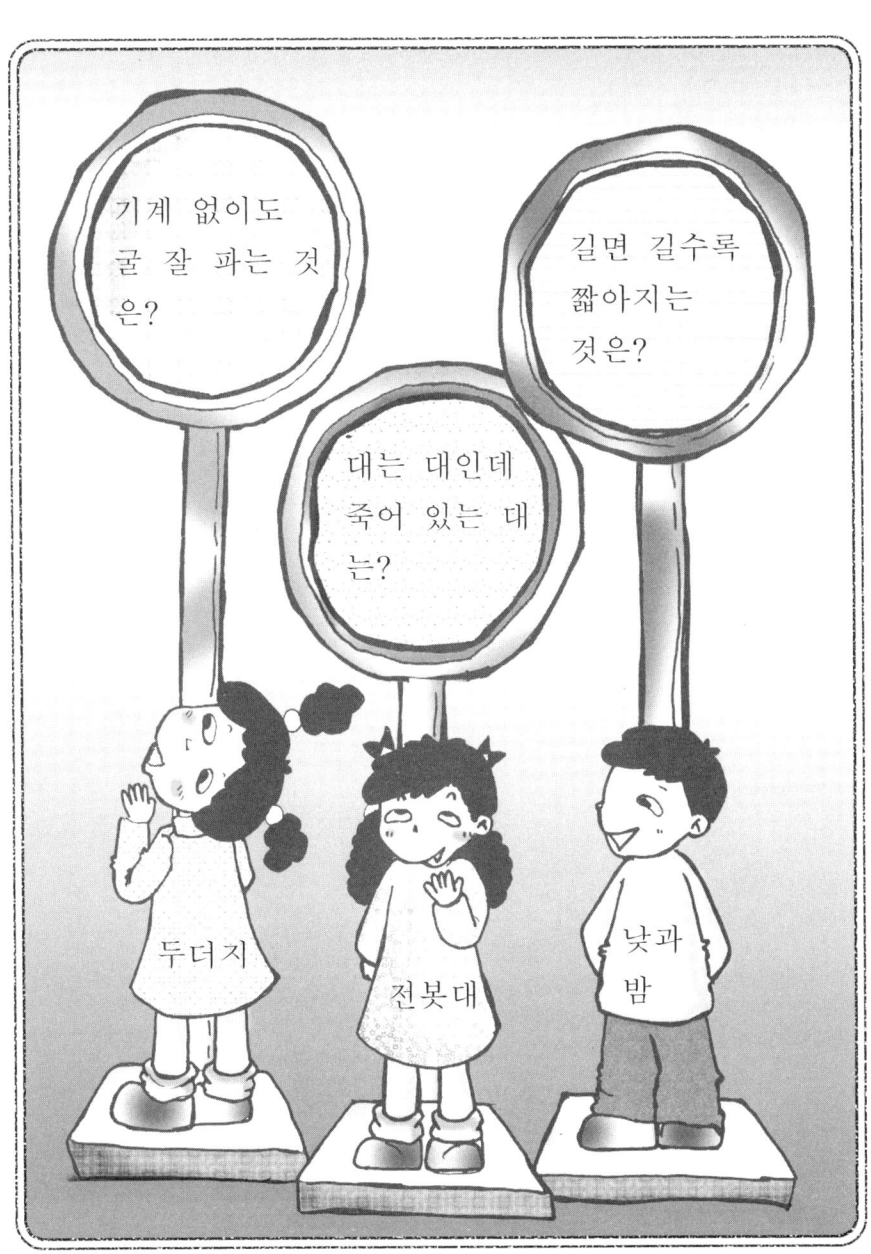

 **수수께끼를 맞춰 보세요**

문제 I 나이 먹을수록 키가 작아지는 것은?

문제 2 꼬리도 머리 같고, 머리도 꼬리 같은 것은?

문제 3 날지 못하는 오리는?

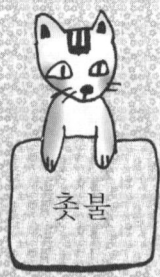
촛불

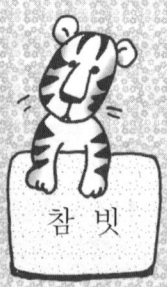
참 빗

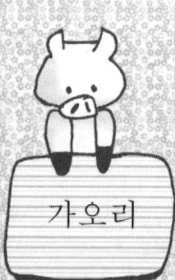
가오리

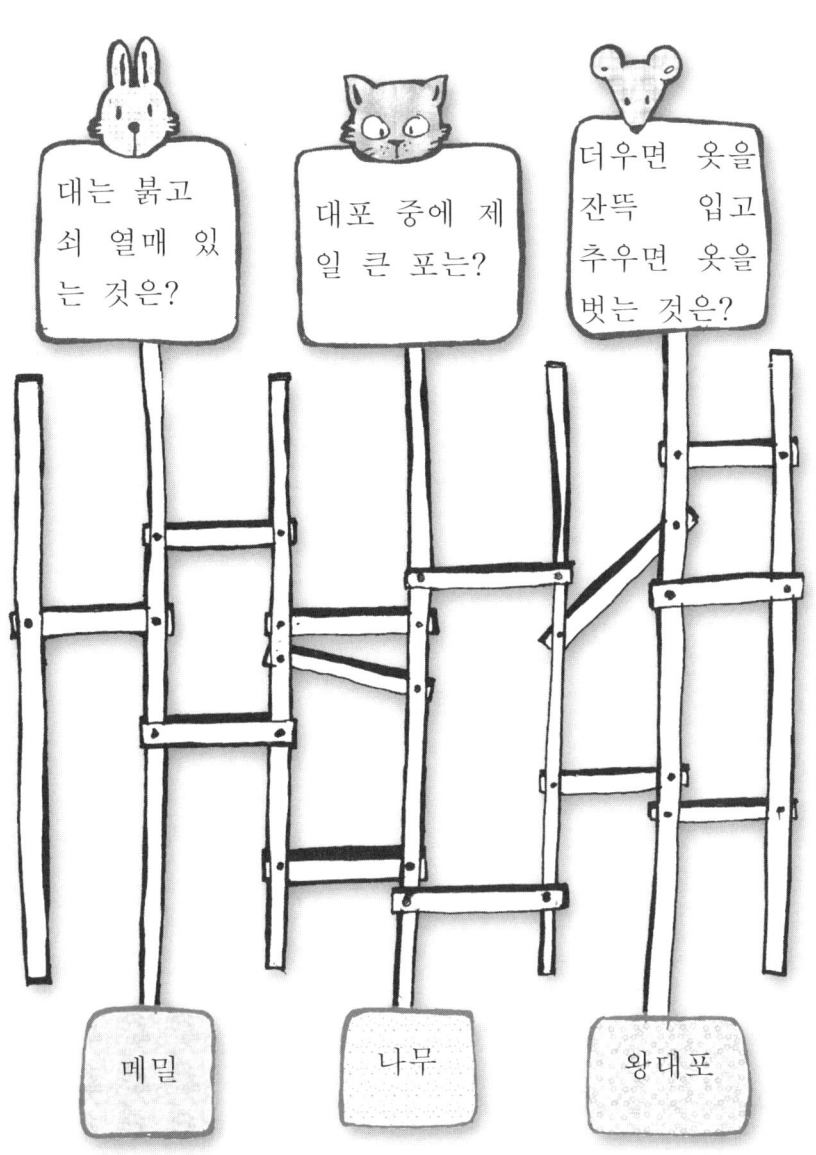

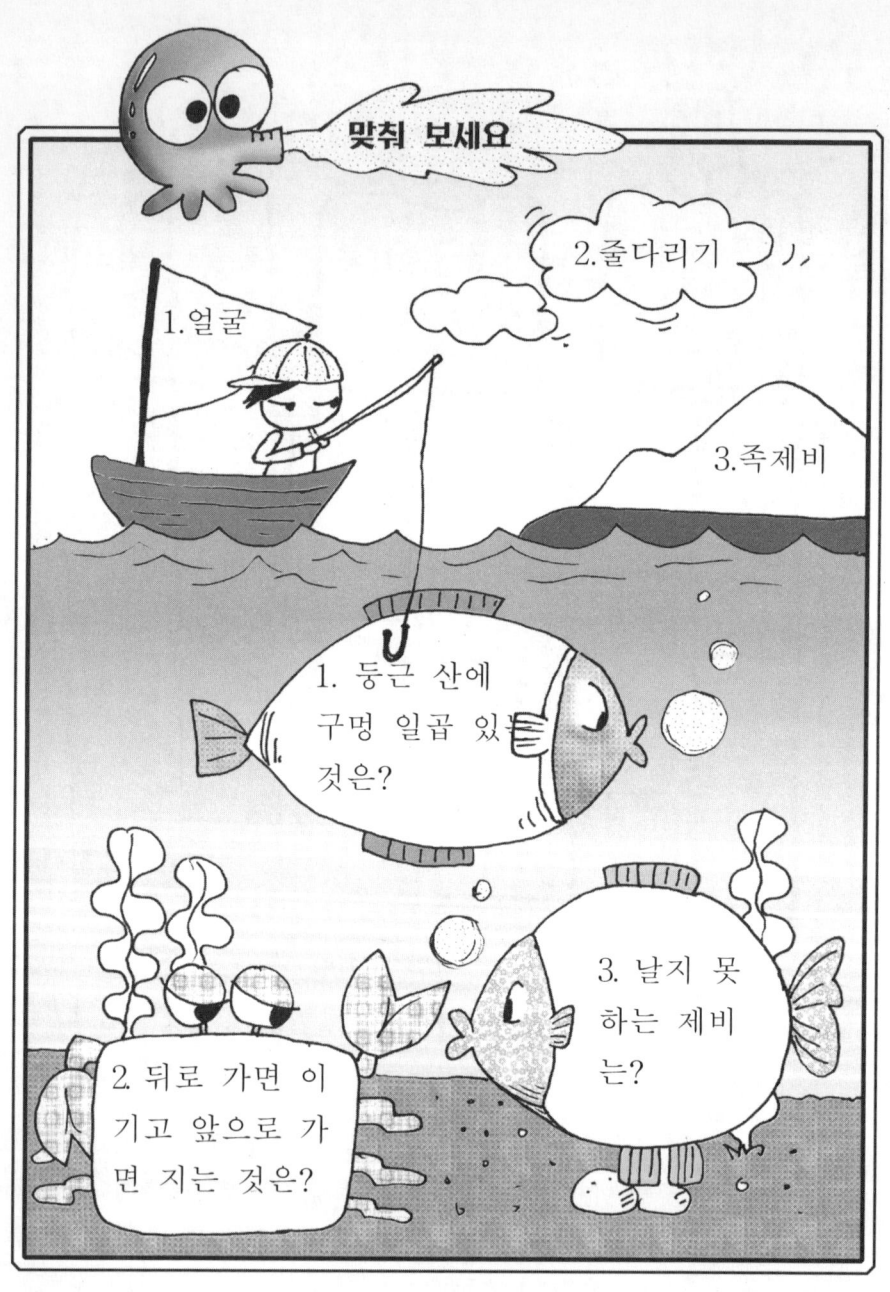

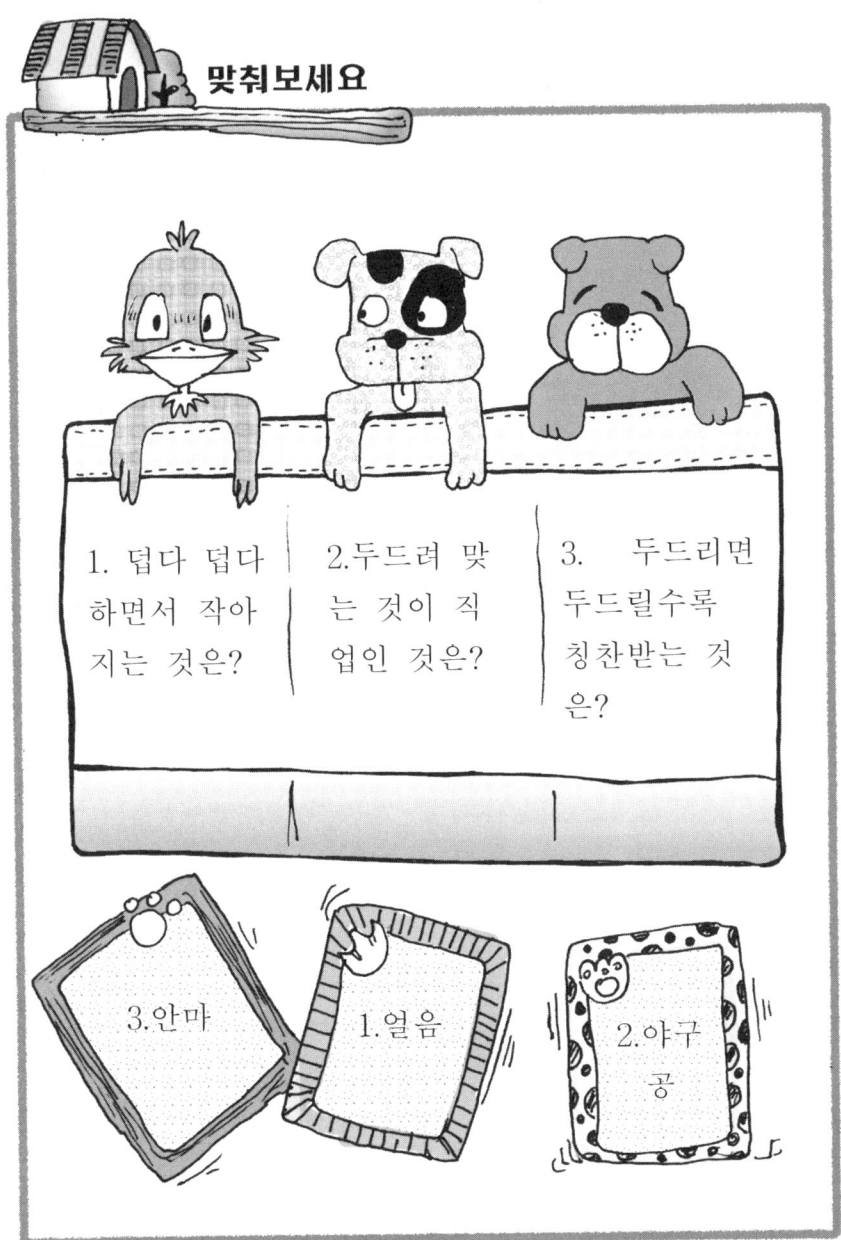

1. 덥다 덥다 하면서 작아지는 것은?

2. 두드려 맞는 것이 직업인 것은?

3. 두드리면 두드릴수록 칭찬받는 것은?

3. 안마

1. 얼음

2. 야구공

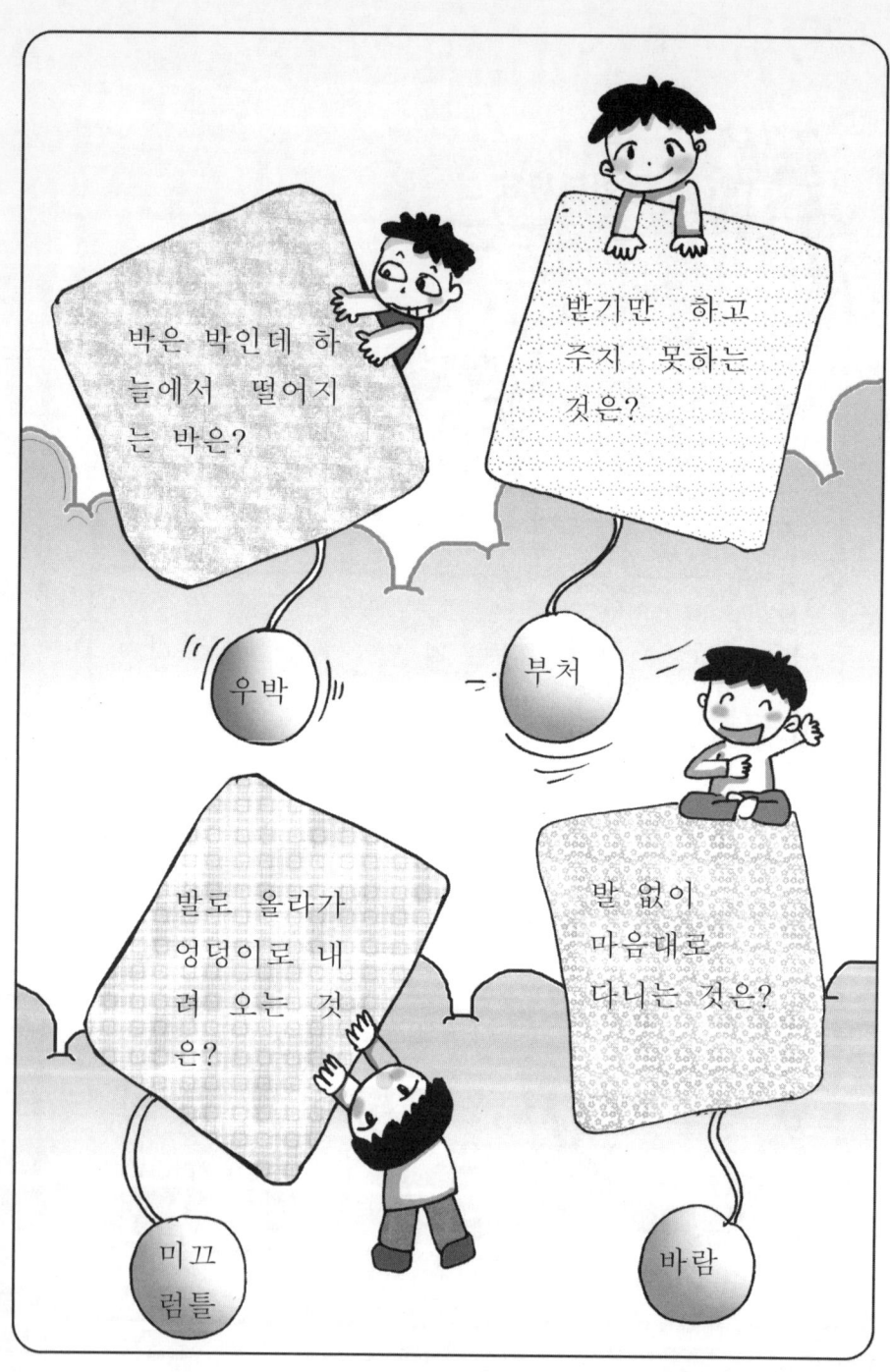

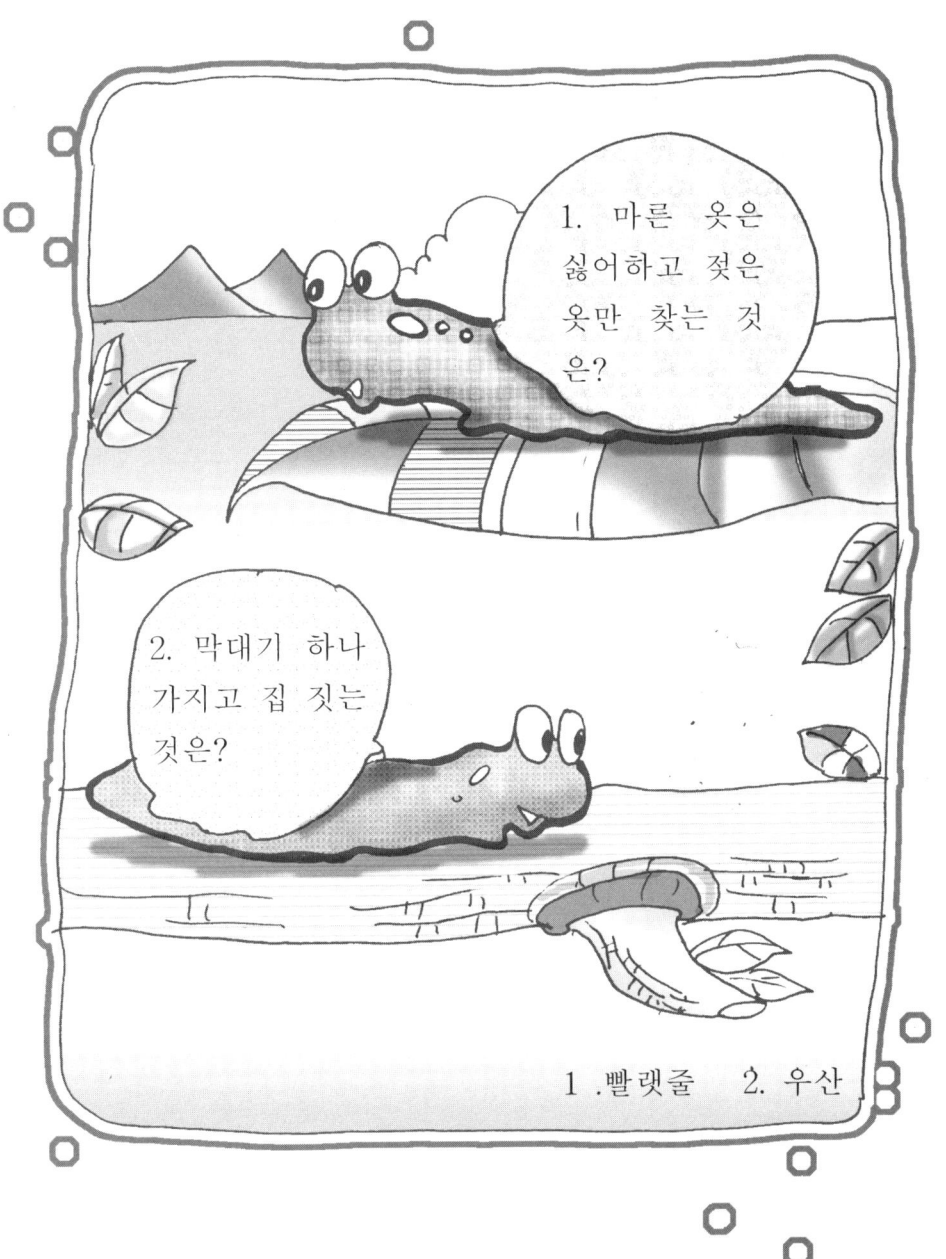

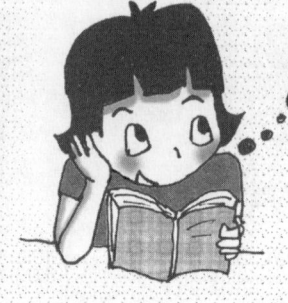

문제를 풀어보세요

1. 슬픈 영화나 음악을 좋아하는 사람이 가장 잘 먹는 음식은?

_____

2. 떡 중에서 가장 빨리 먹는 떡은?

_____

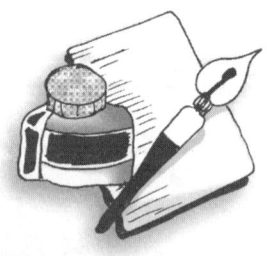

1. 울면   2.헐레벌떡
_____

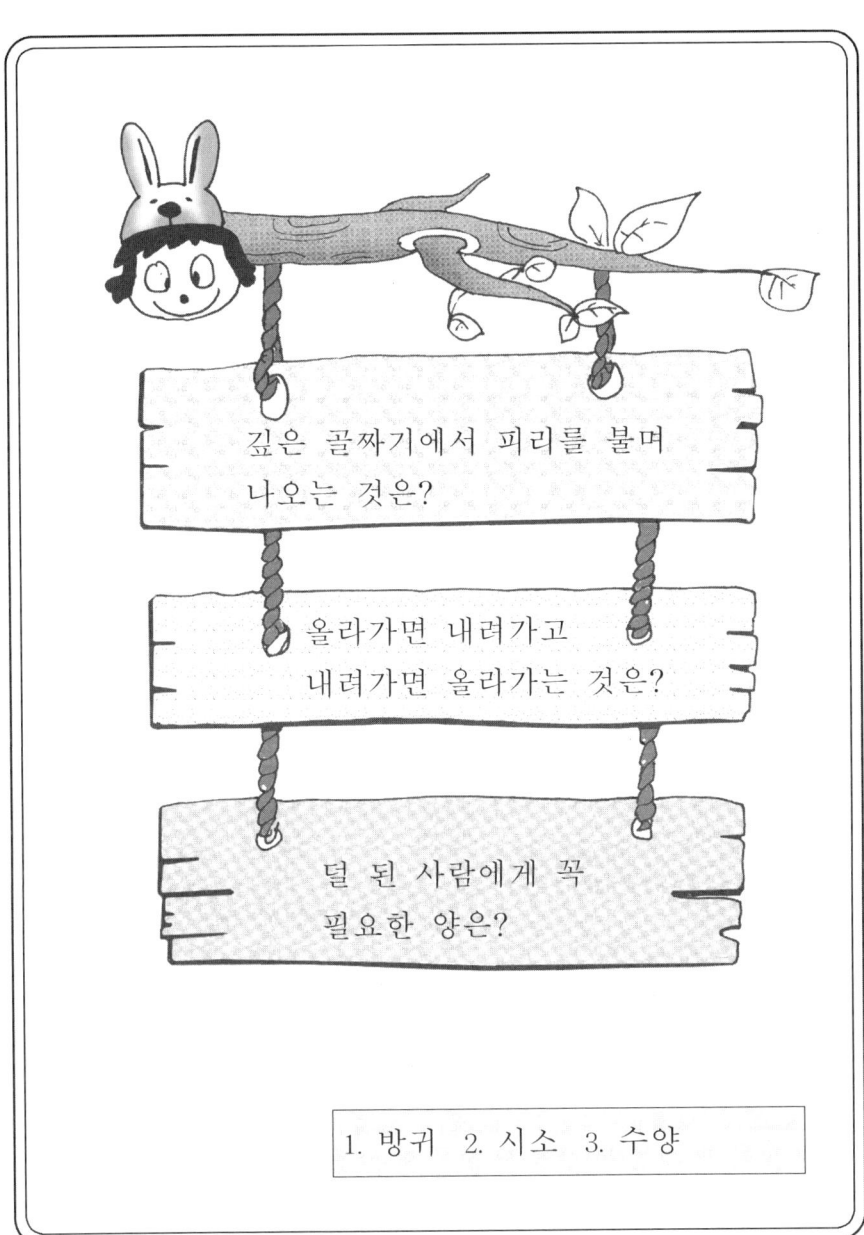

깊은 골짜기에서 피리를 불며
나오는 것은?

올라가면 내려가고
내려가면 올라가는 것은?

덜 된 사람에게 꼭
필요한 양은?

1. 방귀 2. 시소 3. 수양

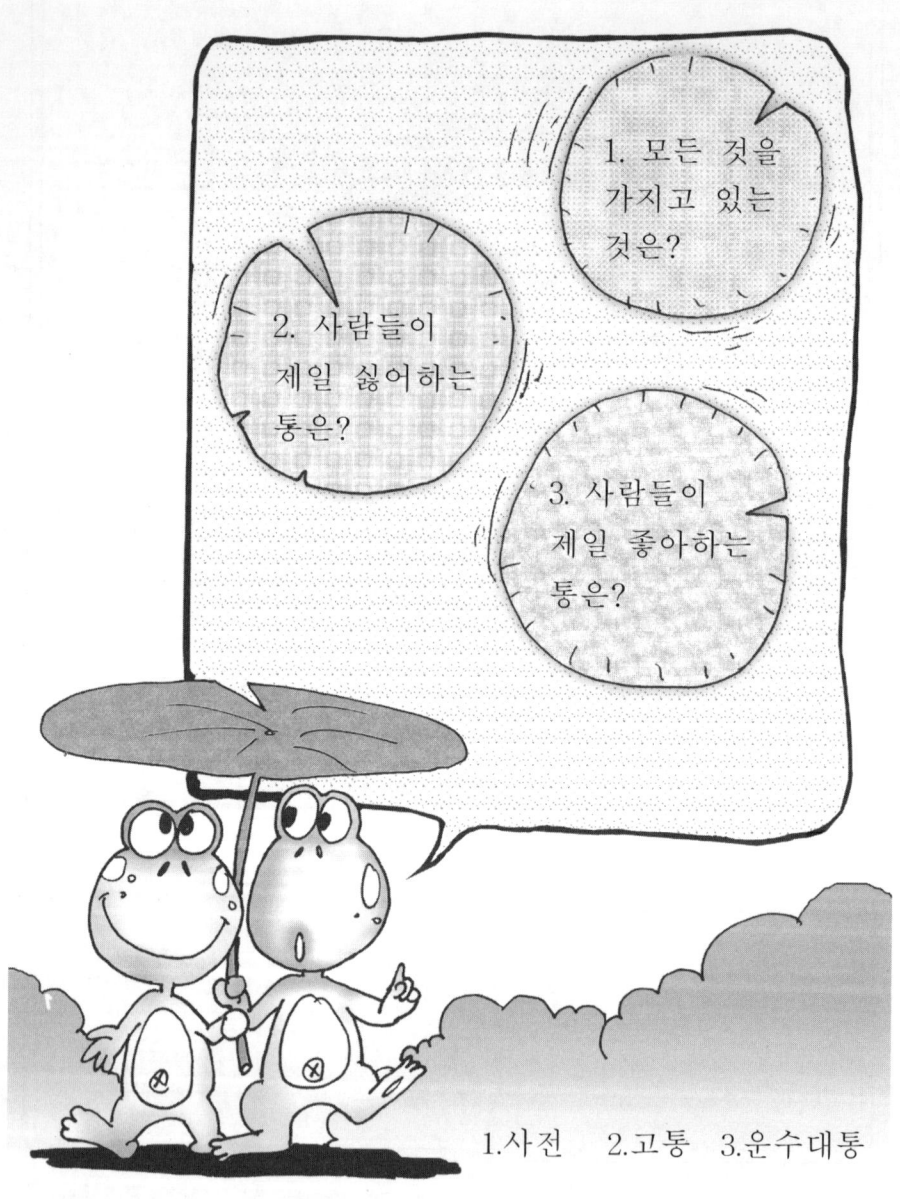

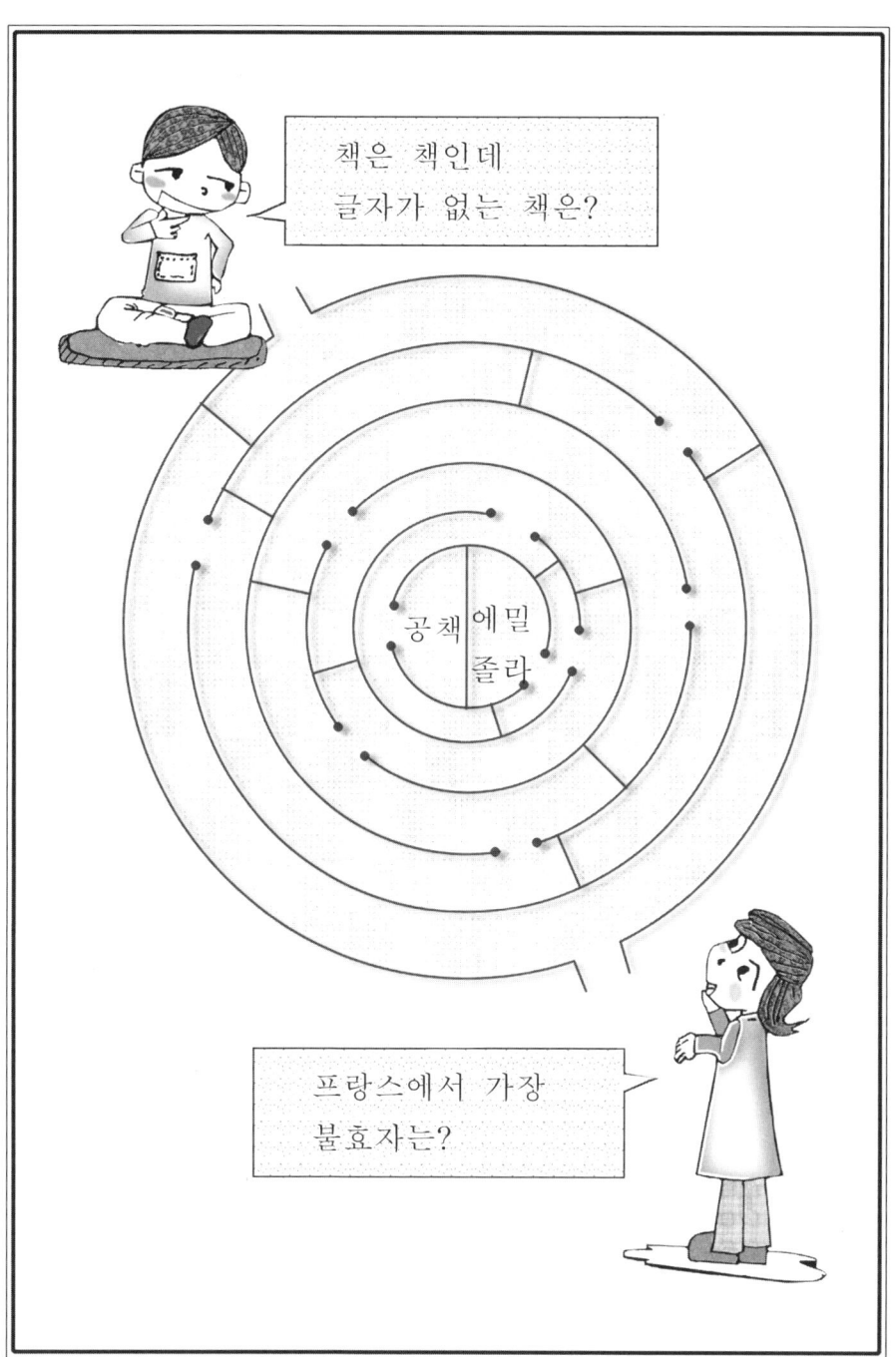

51

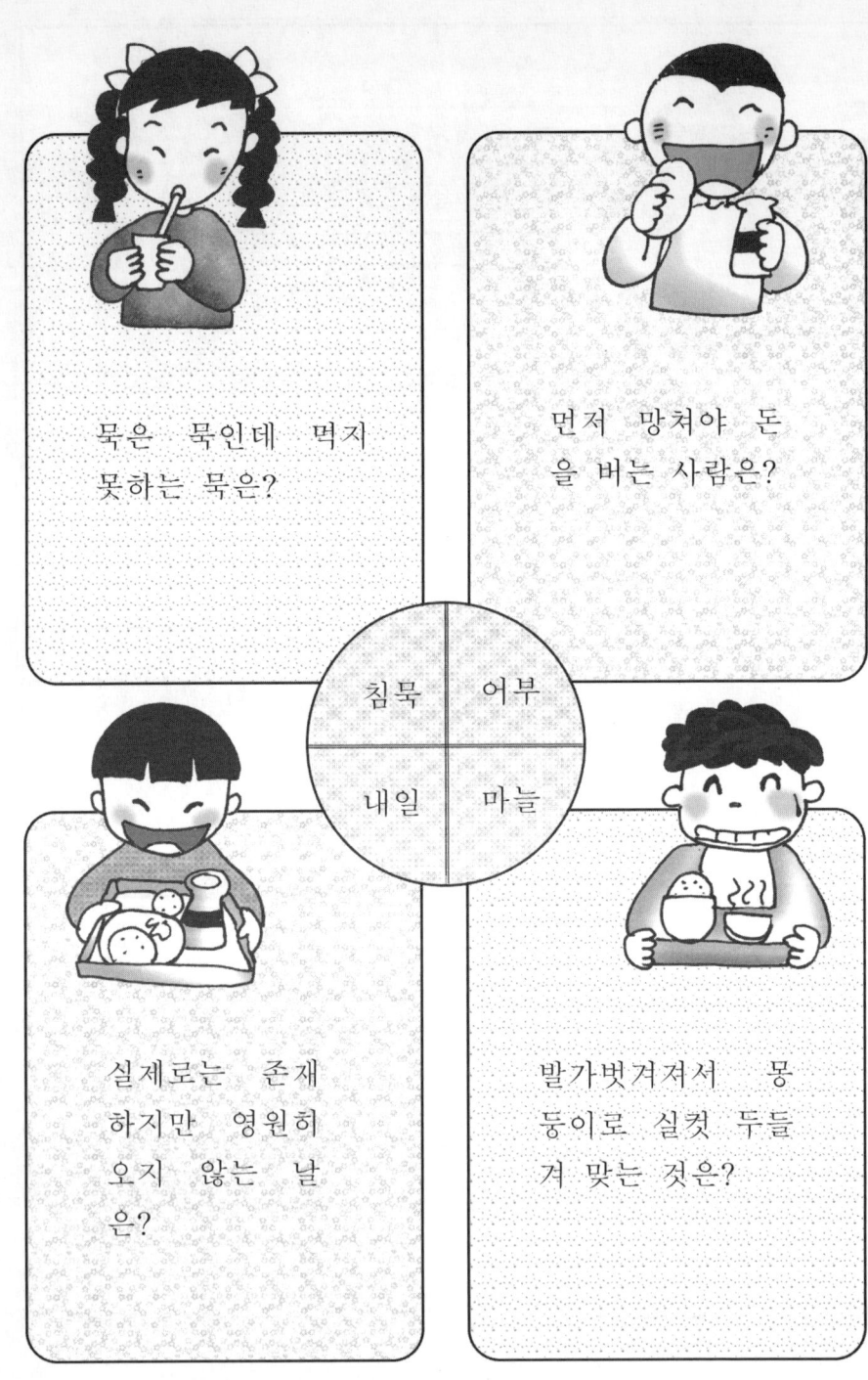

묵은 묵인데 먹지
못하는 묵은?

먼저 망쳐야 돈
을 버는 사람은?

침묵　어부

내일　마늘

실제로는 존재
하지만 영원히
오지 않는 날
은?

발가벗겨져서　몽
둥이로 실컷 두들
겨 맞는 것은?

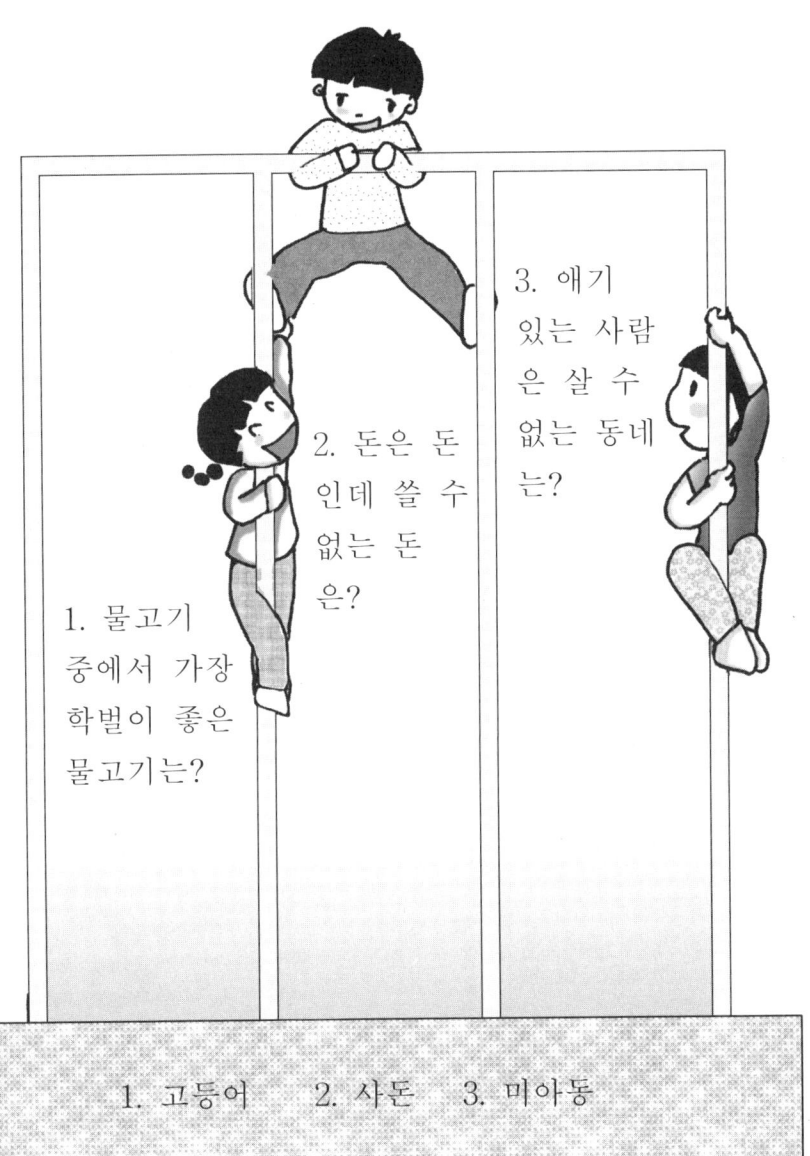

1. 물고기 중에서 가장 학벌이 좋은 물고기는?

2. 돈은 돈인데 쓸 수 없는 돈은?

3. 애기 있는 사람은 살 수 없는 동네는?

1. 고등어   2. 사돈   3. 미아동

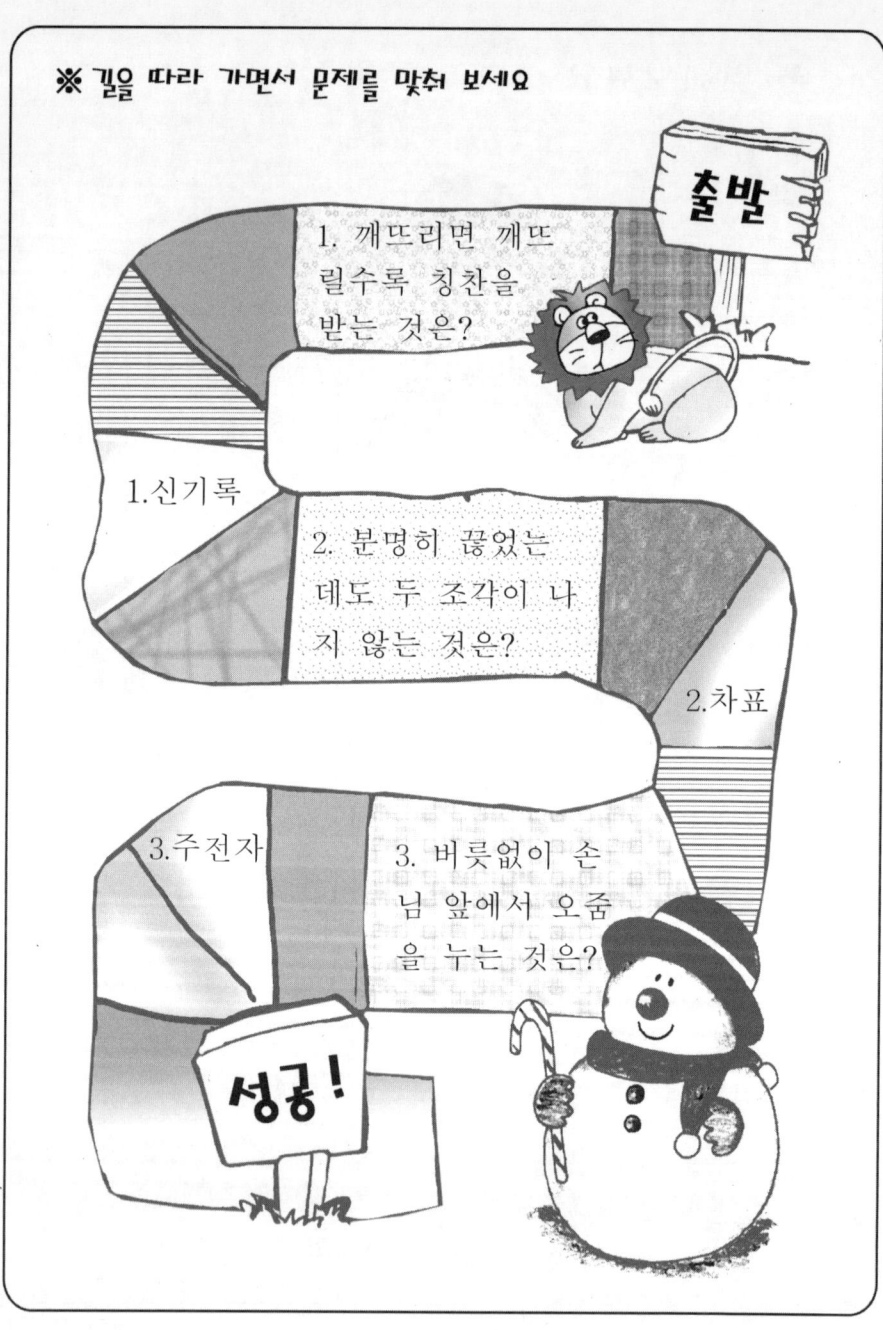

1. 깨뜨리면 깨뜨릴수록 칭찬을 받는 것은?

1.신기록

2. 분명히 끊었는데도 두 조각이 나지 않는 것은?

2.차표

3.주전자

3. 버릇없이 손님 앞에서 오줌을 누는 것은?

출발

성공!

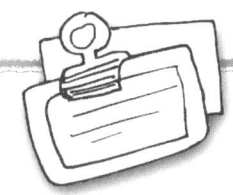

자! 다음 문제를 풀어보세요.

1. 일을 하려면 입을 벌렸다 닫았다 해
   야 하는 것은?

2. 미소의 반대말은?

1.가위   2. 당기소

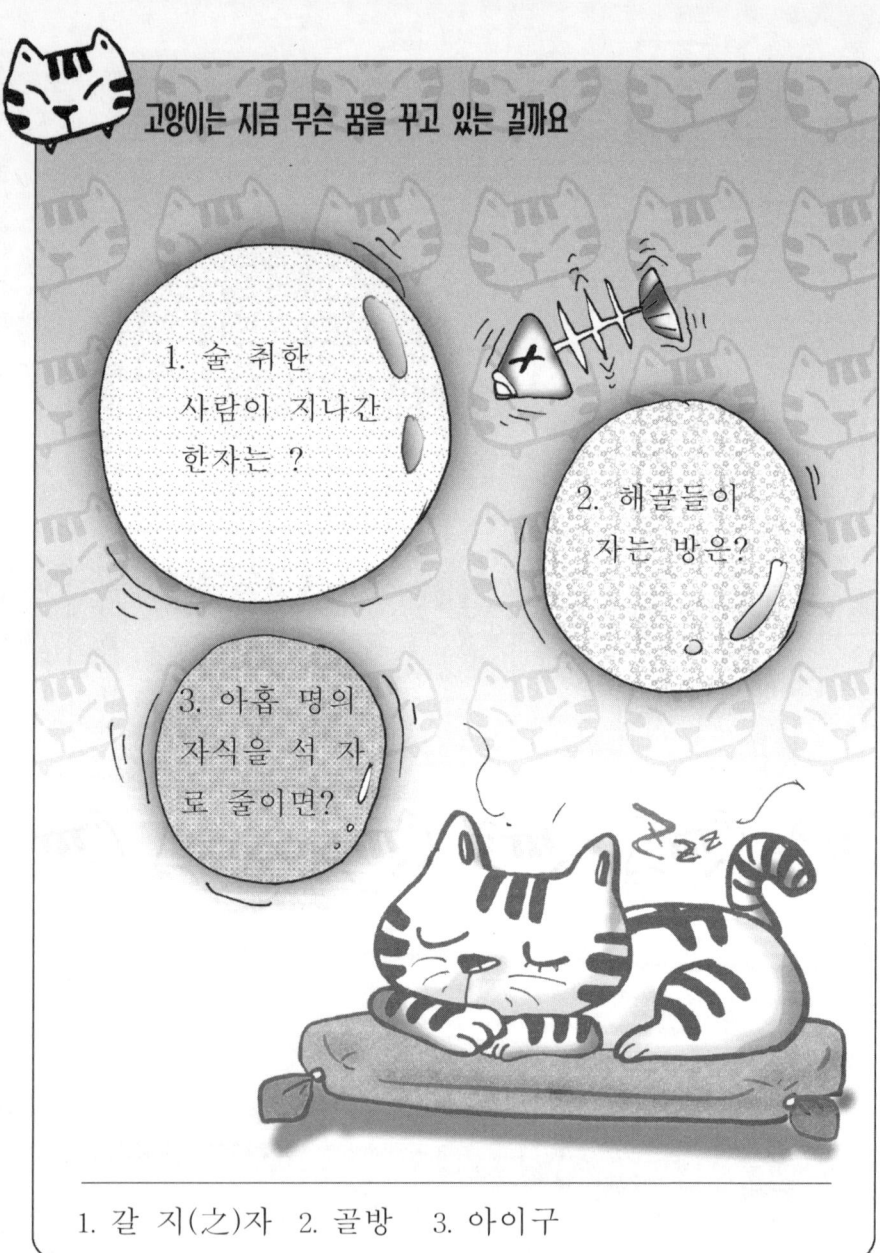

1. 술 취한 사람이 지나간 한자는?

2. 해골들이 자는 방은?

3. 아홉 명의 자식을 석 자로 줄이면?

1. 갈 지(之)자 2. 골방   3. 아이구

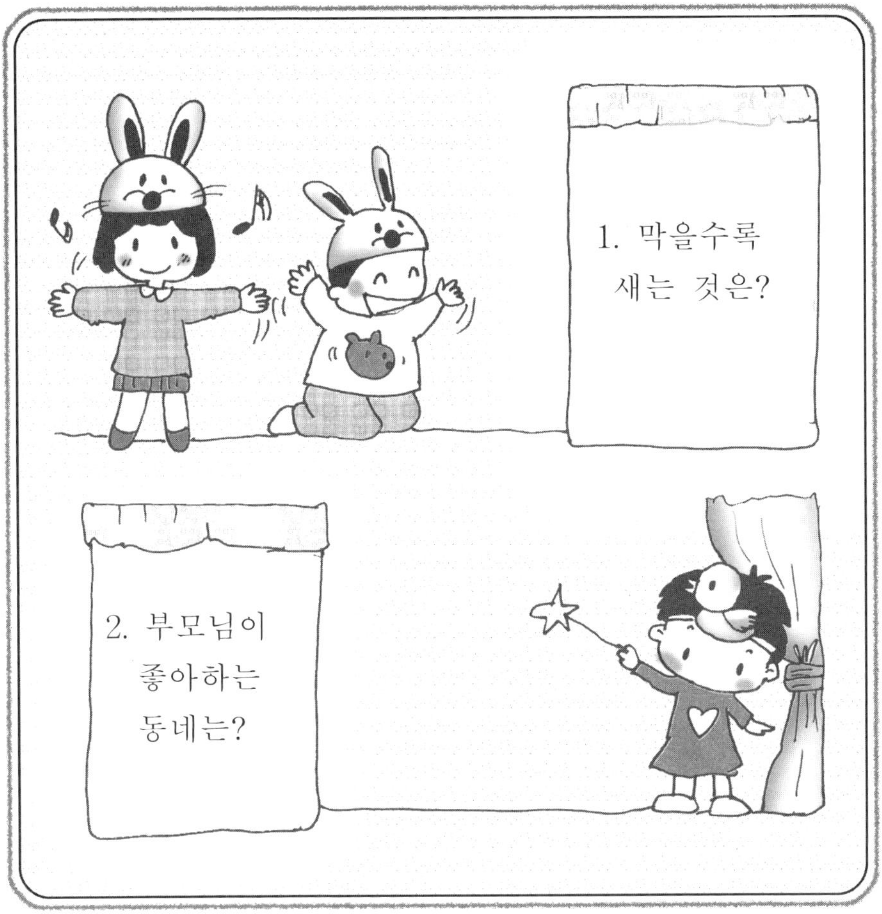

1. 막을수록
   새는 것은?

2. 부모님이
   좋아하는
   동네는?

1. 하늘

2. 효자동

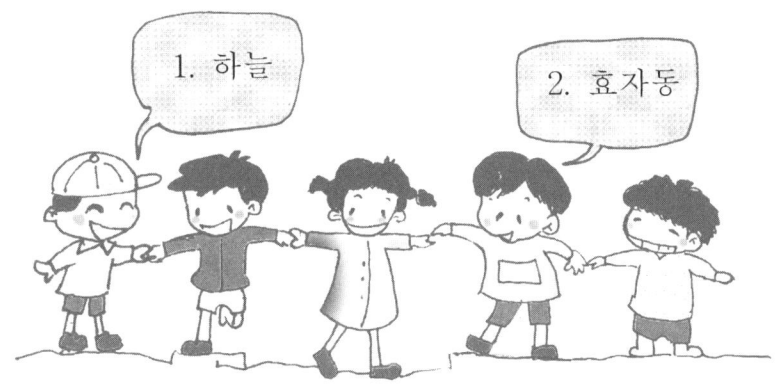

57

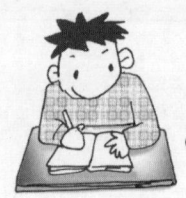 **알맞은 답에 연결해 보세요**

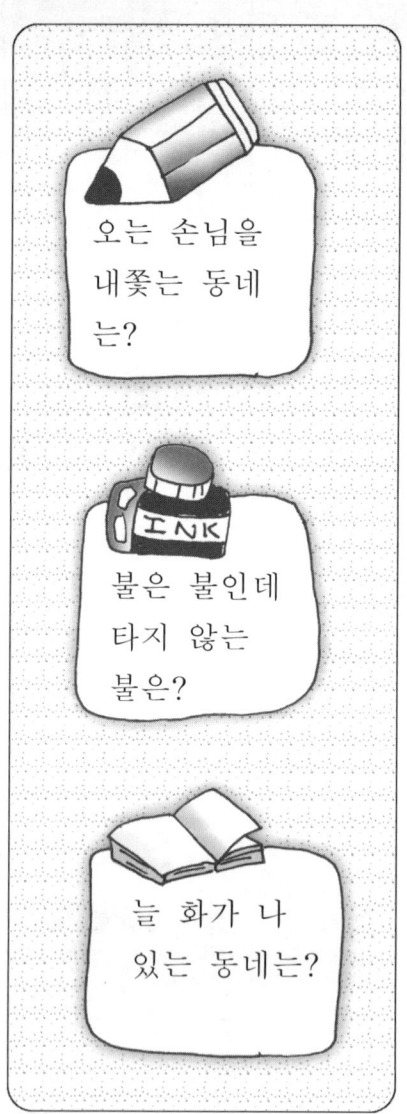

오는 손님을
내쫓는 동네
는?

불은 불인데
타지 않는
불은?

늘 화가 나
있는 동네는?

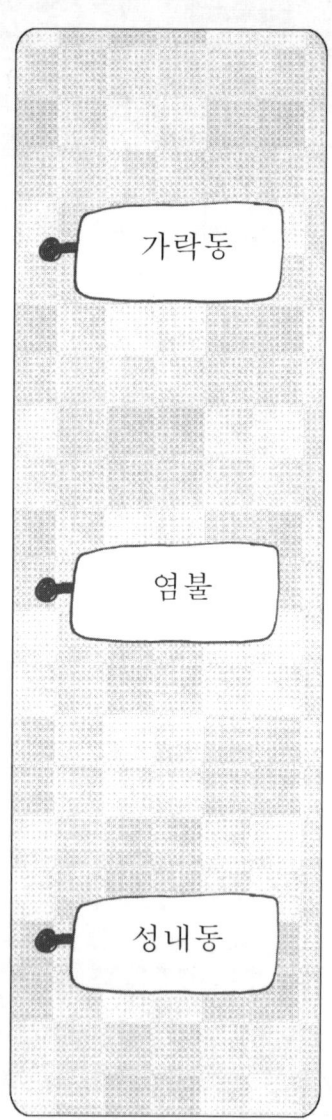

가락동

염불

성내동

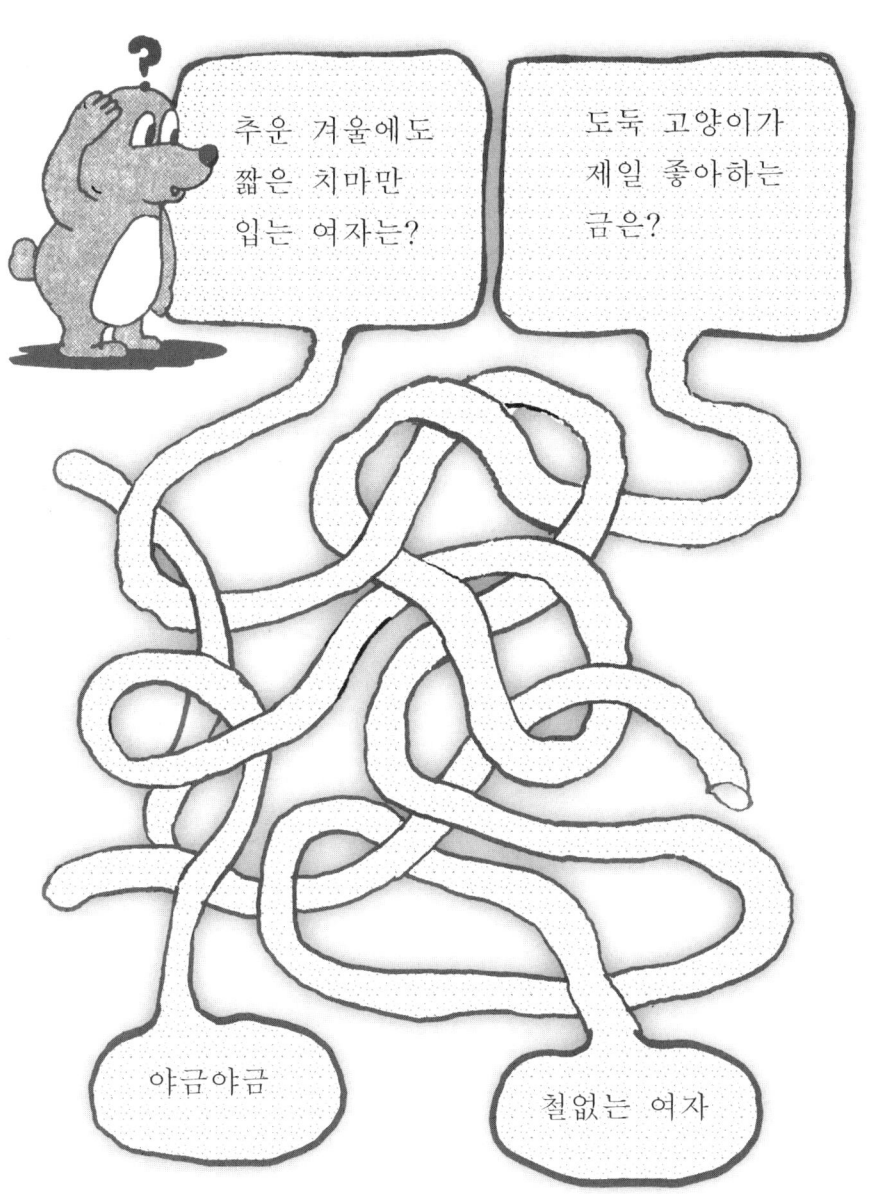

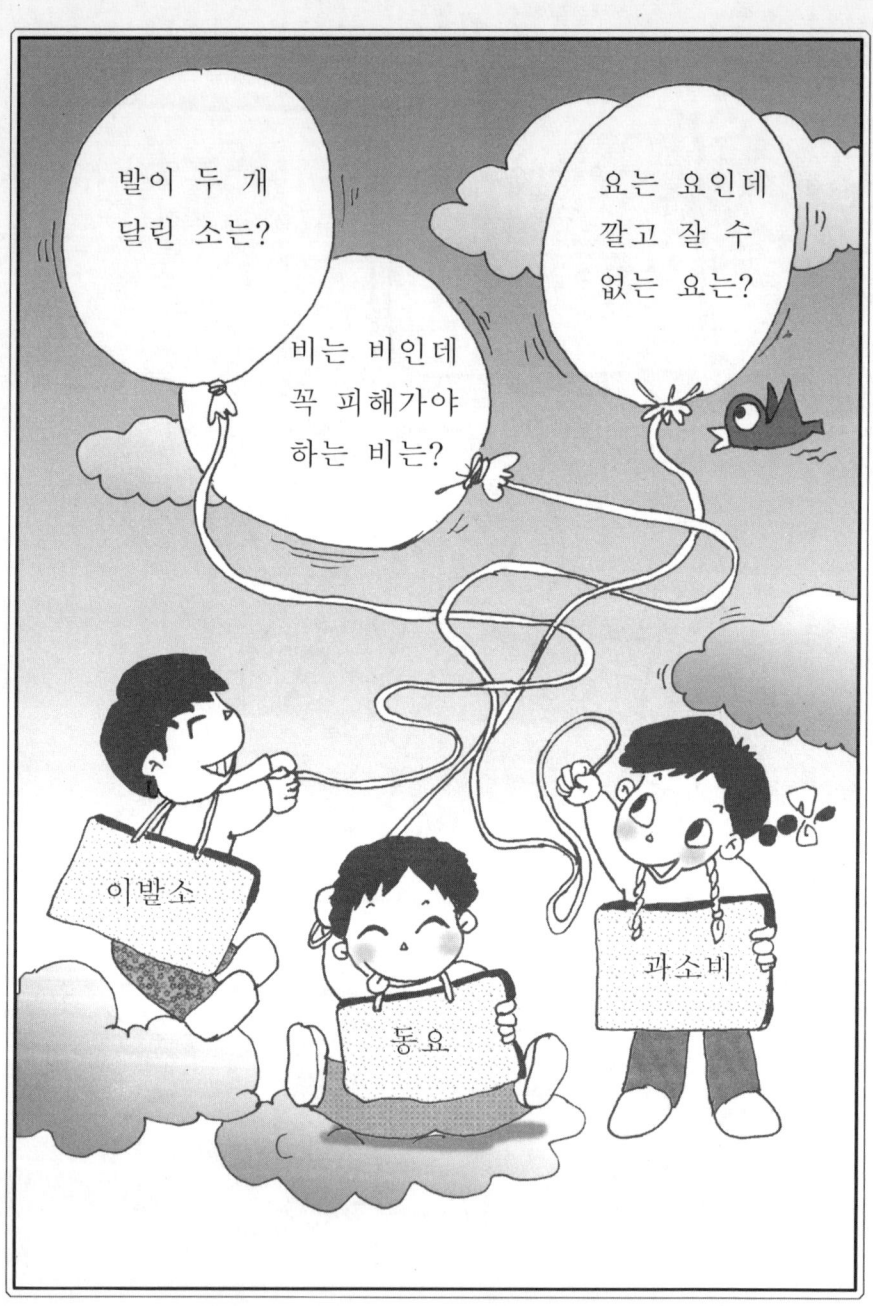

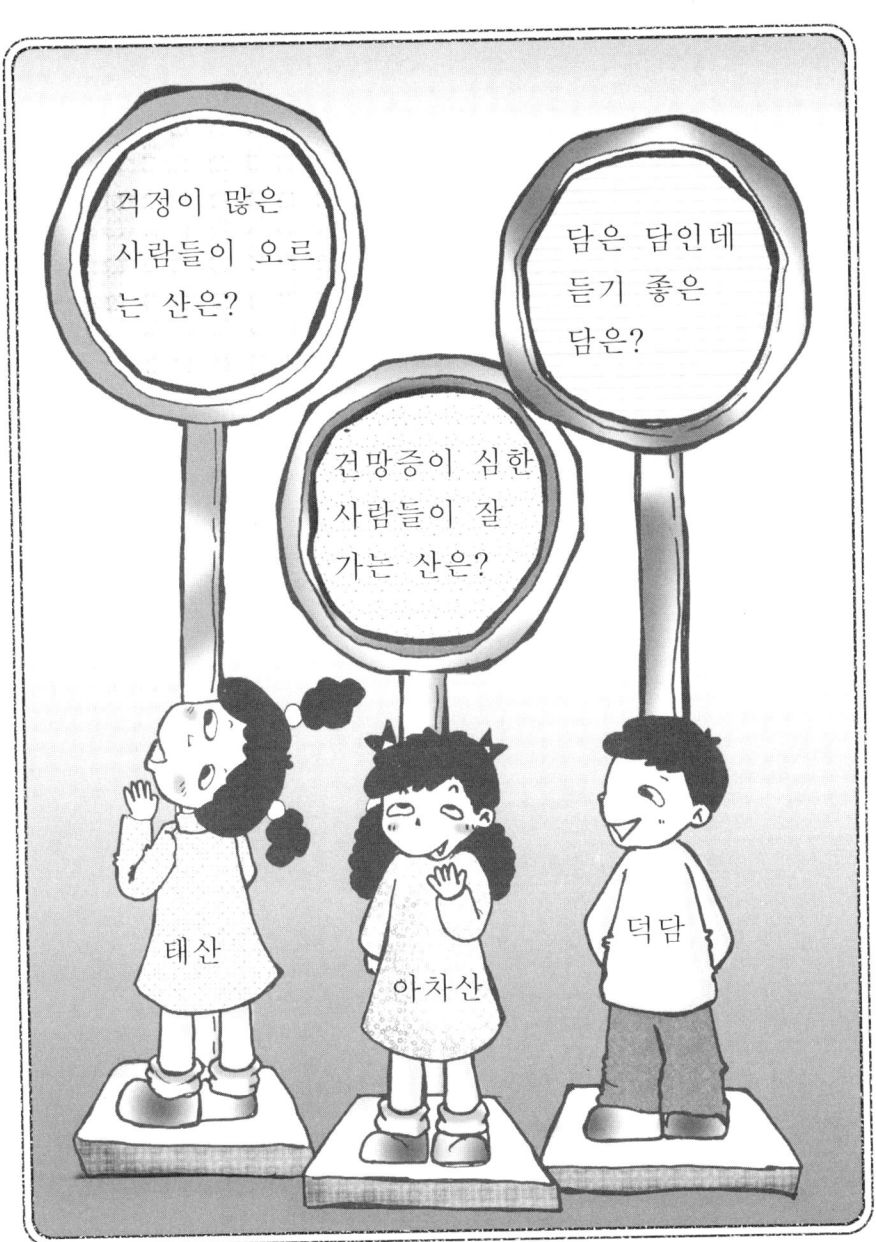

 **수수께끼를 맞춰 보세요**

문제 1   무슨 일이든 미루기만 하는 사람들이 제일 잘 하는 일은?

문제 2   가지는 가지인데 못 먹는 가지는?

문제 3   먹으면 먹을수록 배고픈 것은?

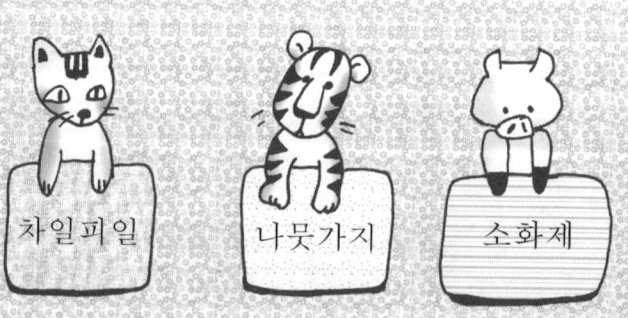

차일피일   나뭇가지   소화제

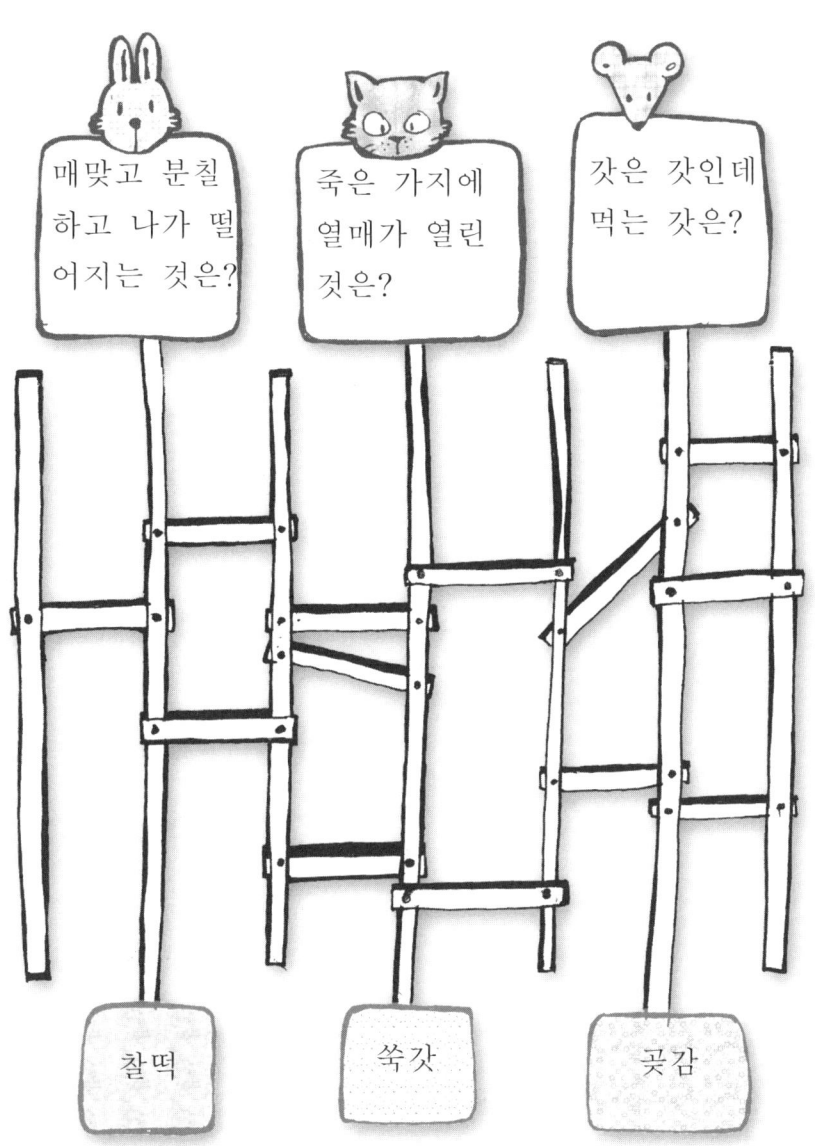

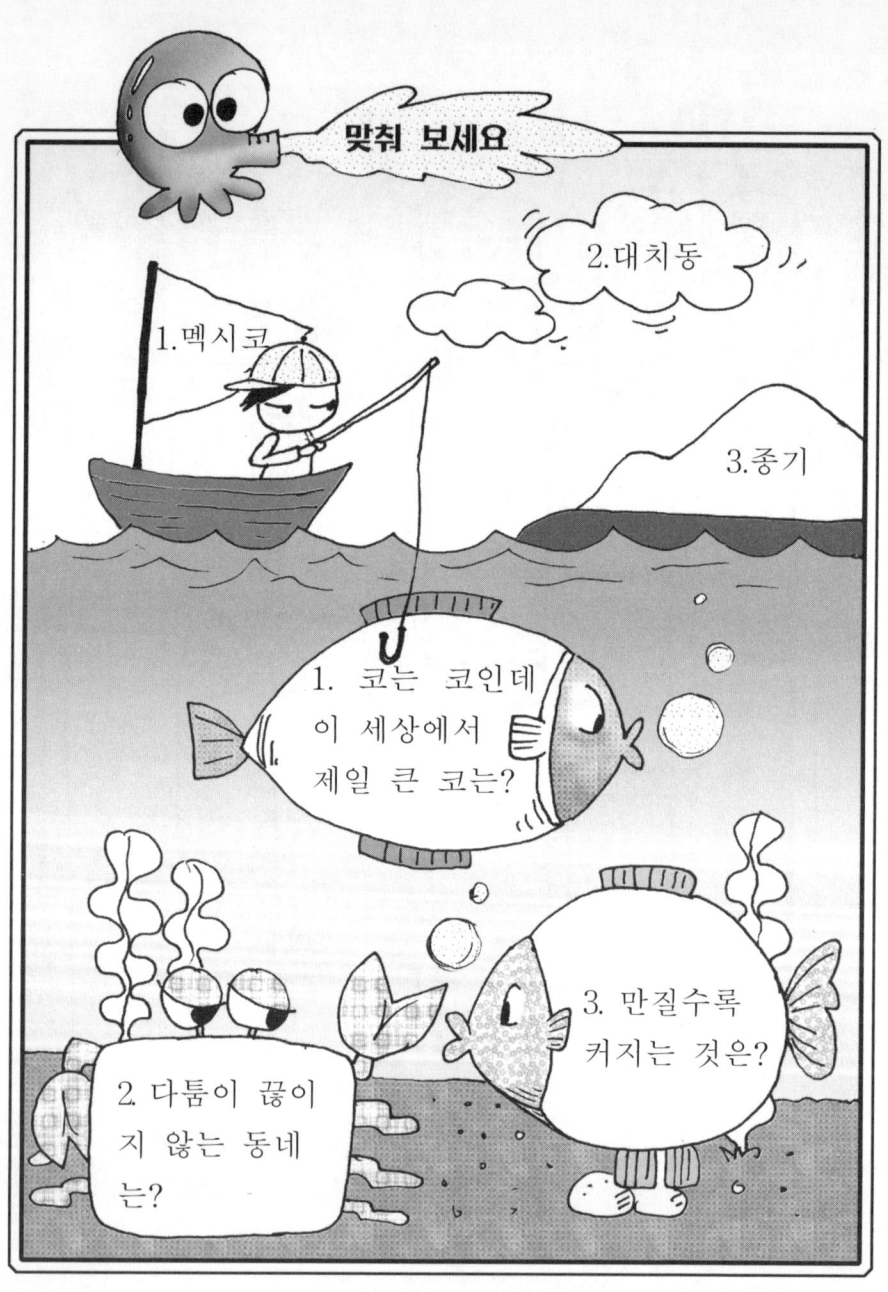

맞춰보세요

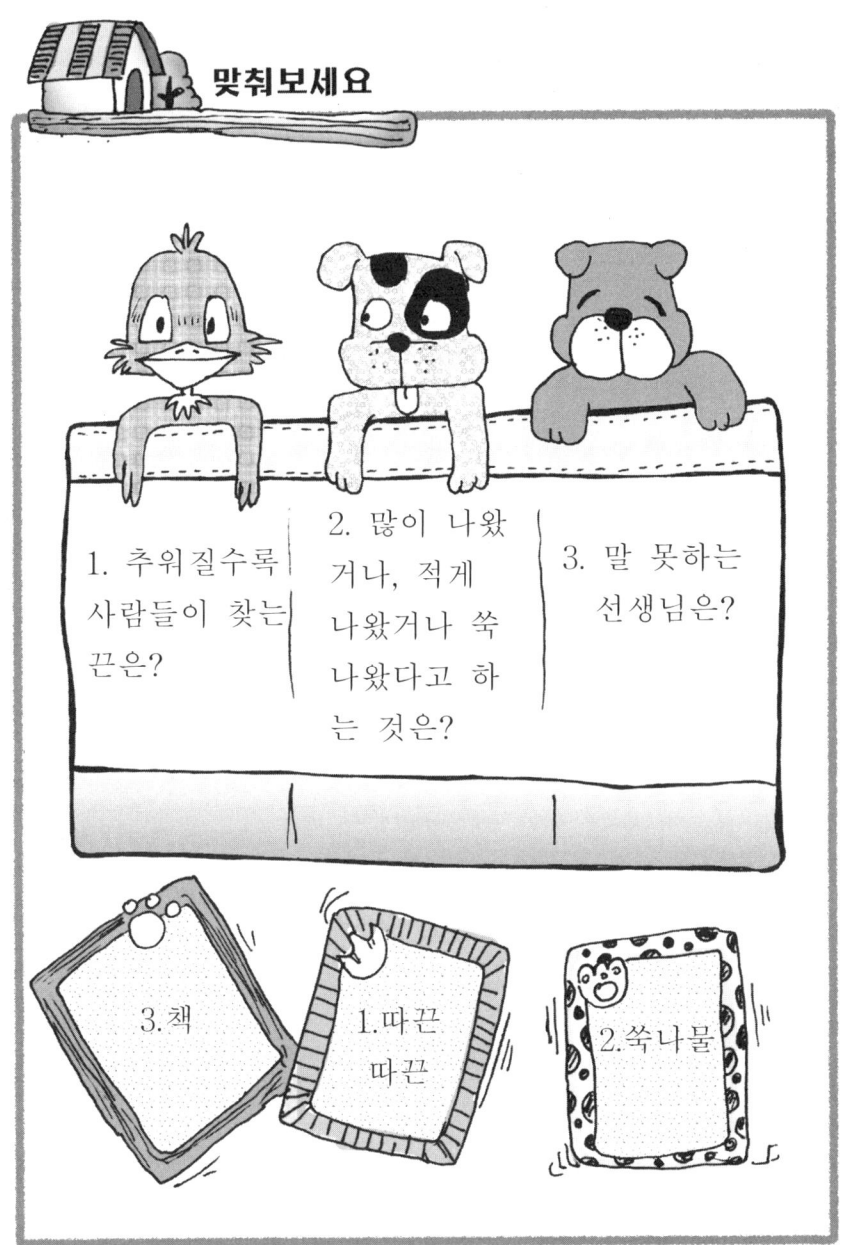

1. 추워질수록 사람들이 찾는 끈은?

2. 많이 나왔거나, 적게 나왔거나 쑥 나왔다고 하는 것은?

3. 말 못하는 선생님은?

3. 책

1.따끈 따끈

2.쑥나물

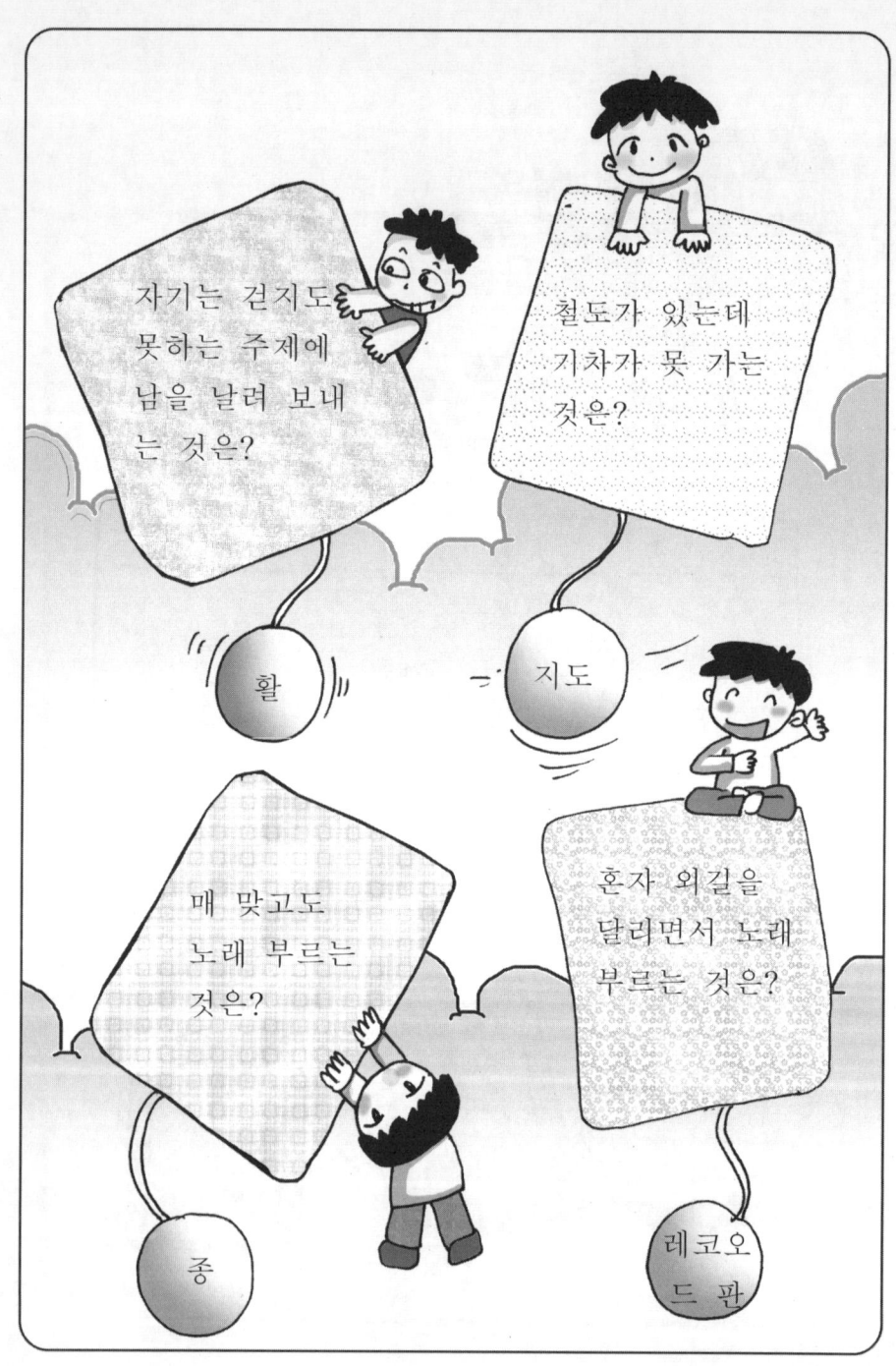

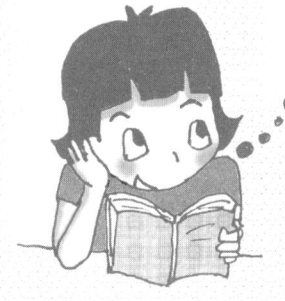

문제를 풀어보세요

1. 피는 핀데 사람이 즐겨 먹는 피는?

2. 머리에 발 달린 놈은?

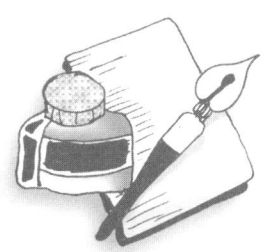

1. 커피   2. 문어

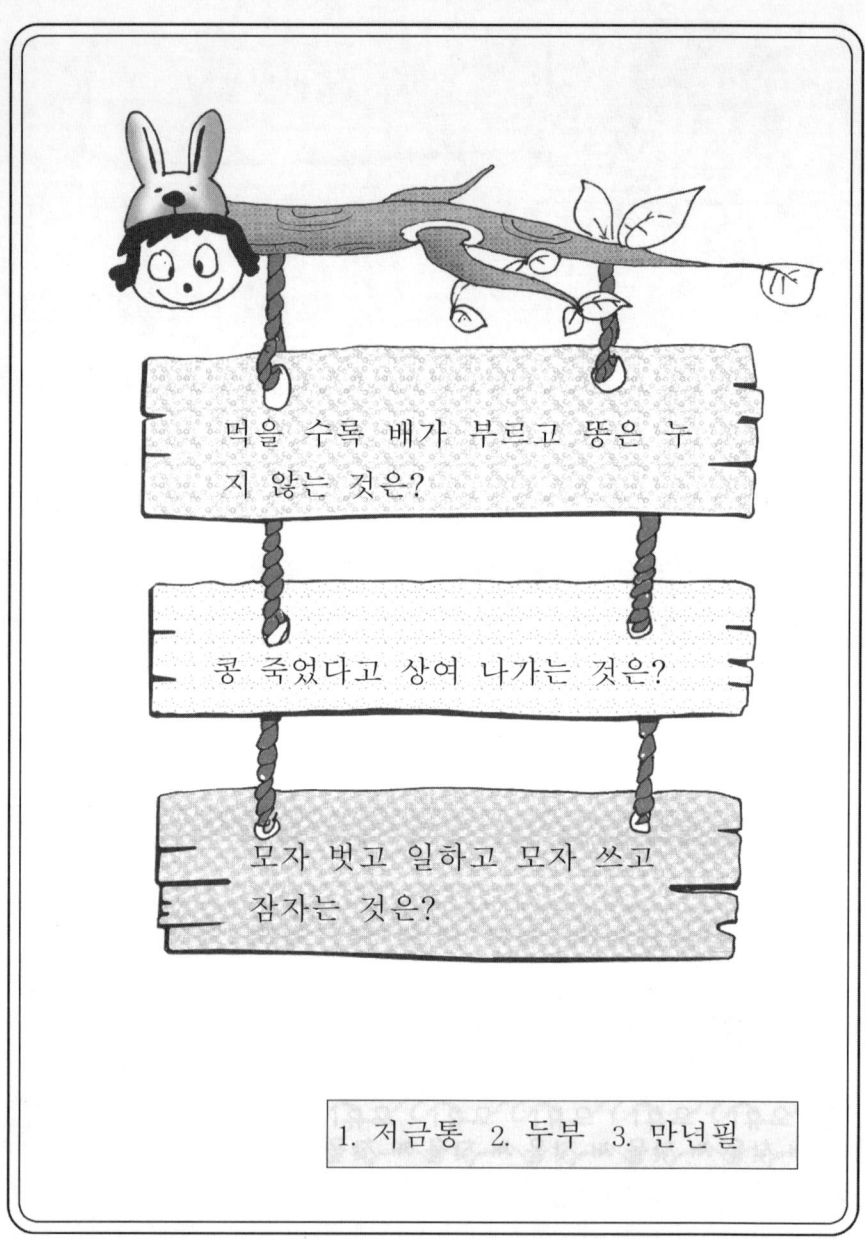

먹을 수록 배가 부르고 똥은 누지 않는 것은?

콩 죽었다고 상여 나가는 것은?

모자 벗고 일하고 모자 쓰고 잠자는 것은?

1. 저금통 2. 두부 3. 만년필

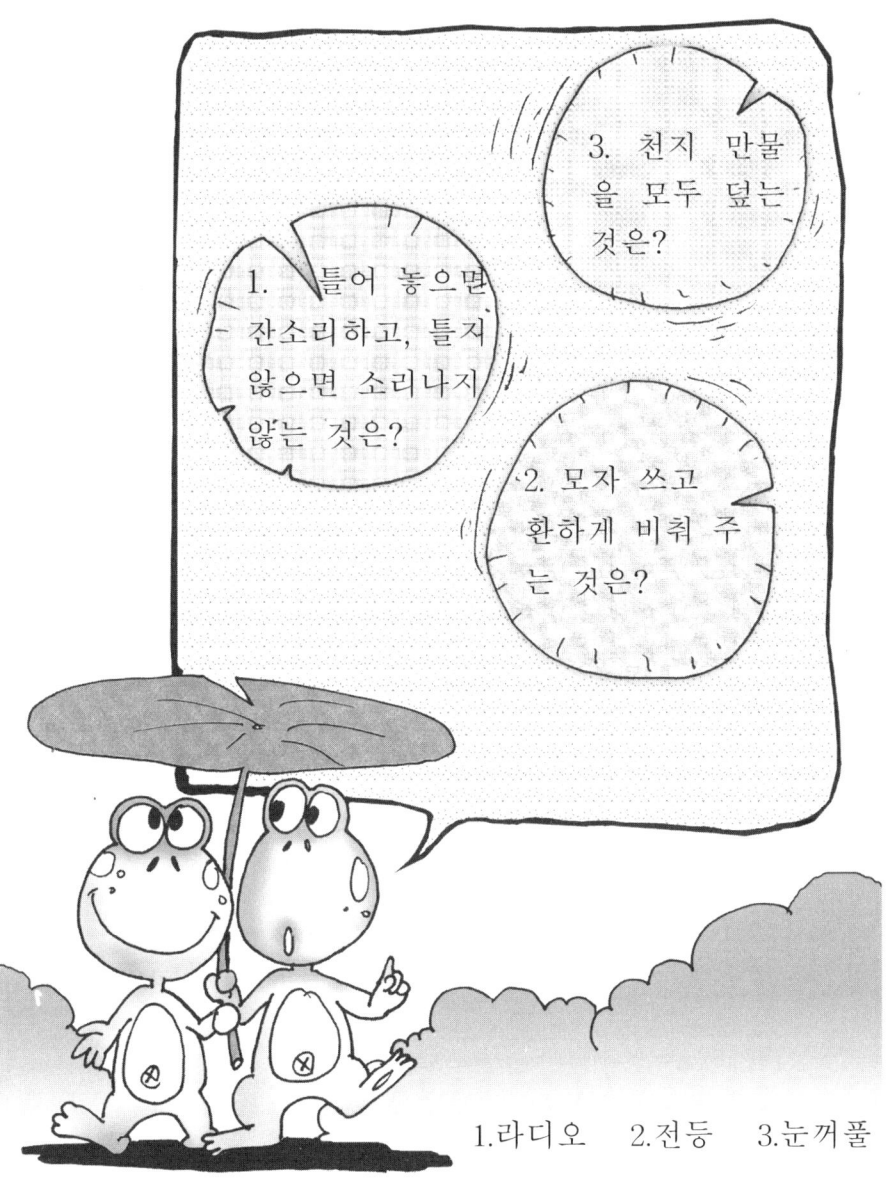

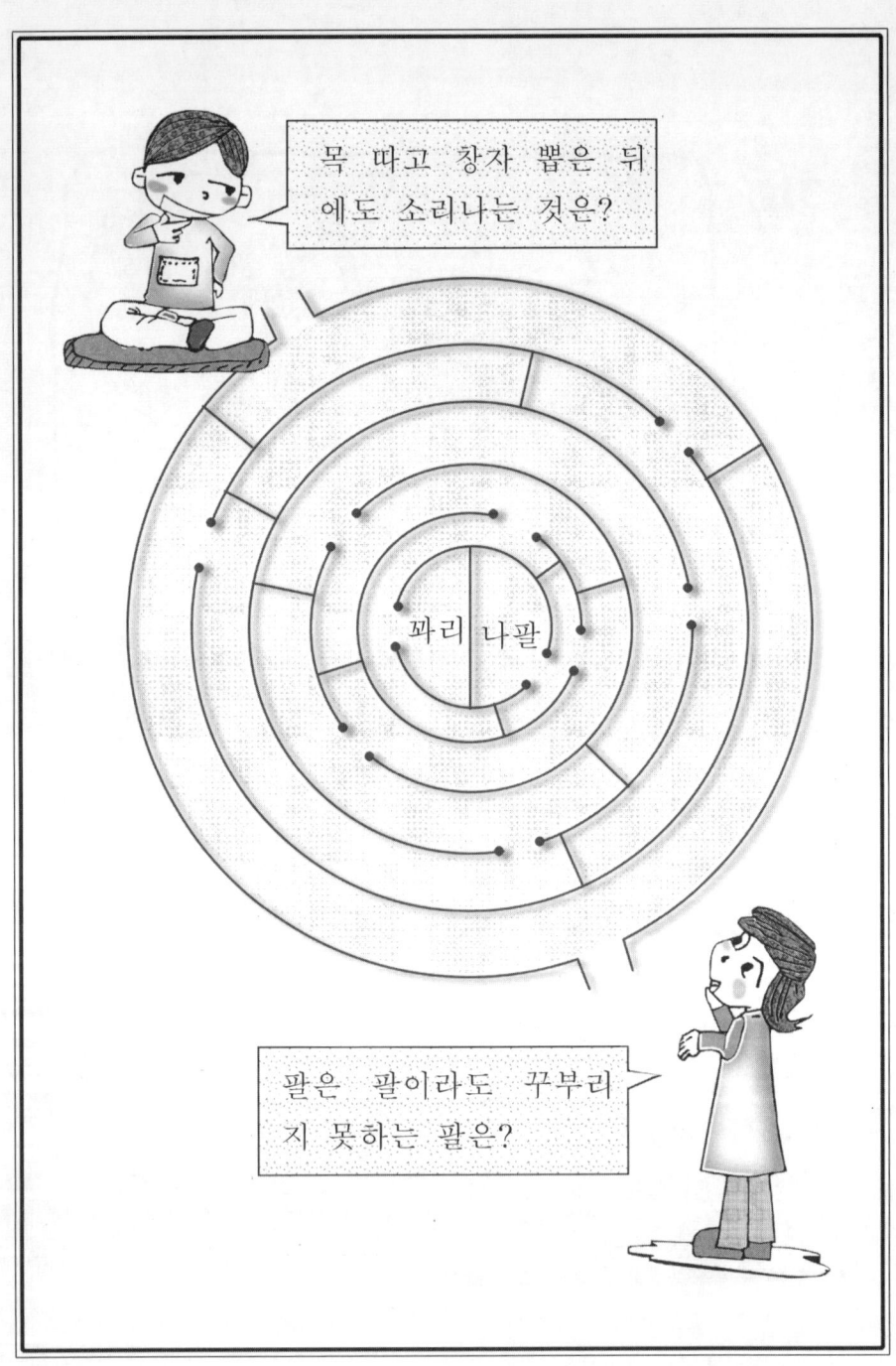

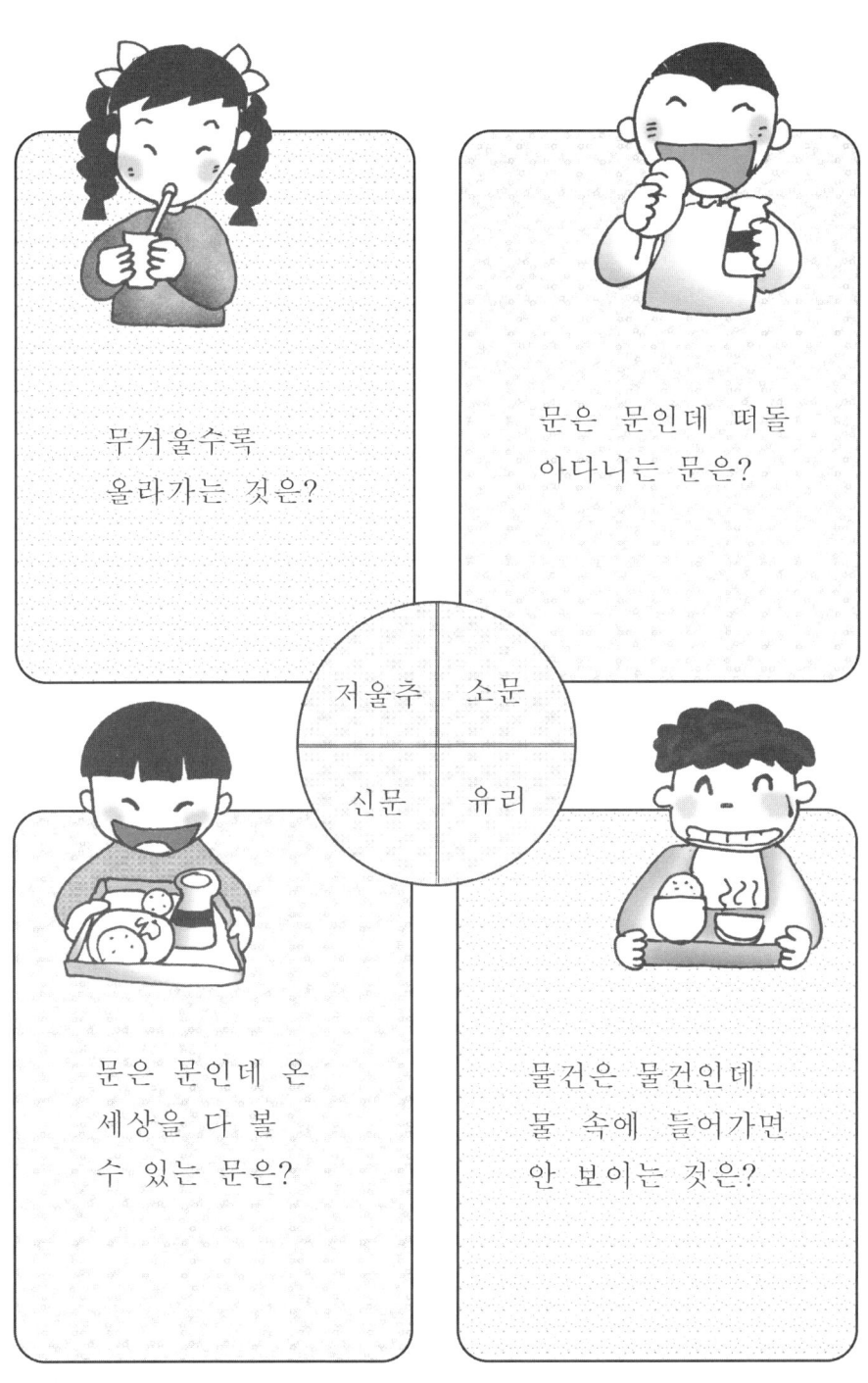

무거울수록
올라가는 것은?

문은 문인데 떠돌
아다니는 문은?

저울추 | 소문
신문 | 유리

문은 문인데 온
세상을 다 볼
수 있는 문은?

물건은 물건인데
물 속에 들어가면
안 보이는 것은?

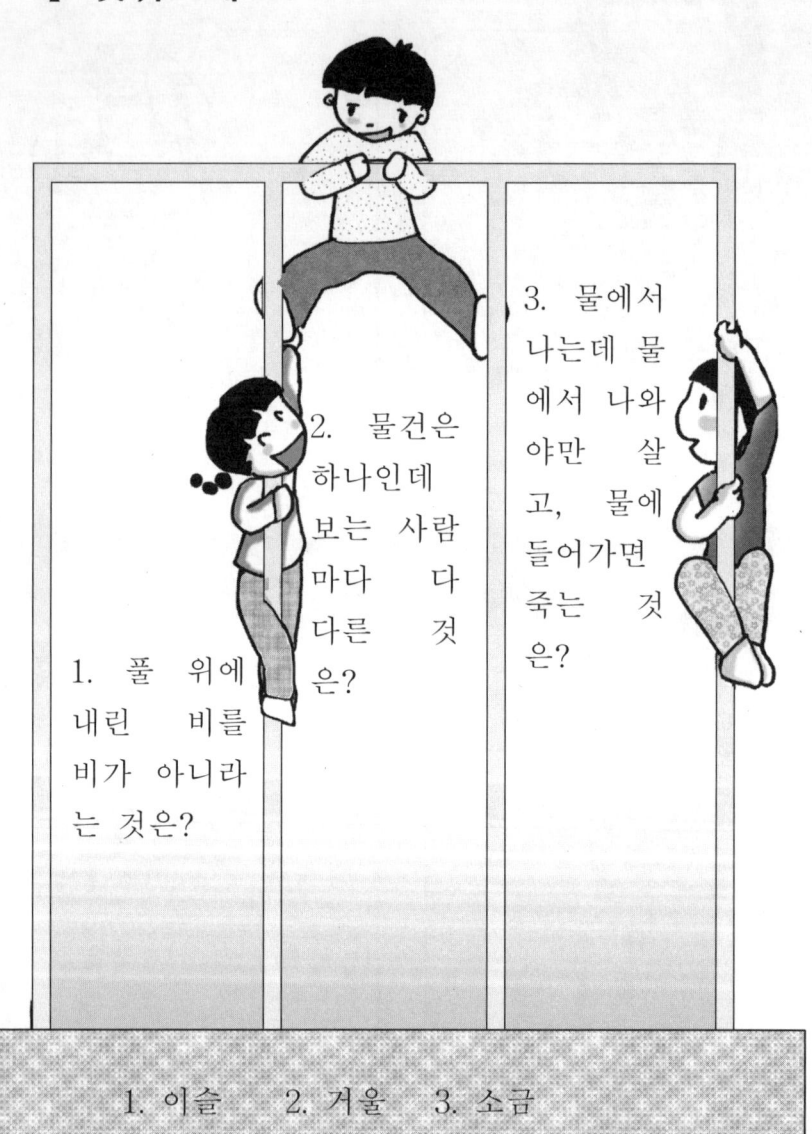

3. 물에서 나는데 물에서 나와야만 살고, 물에 들어가면 죽는 것은?

2. 물건은 하나인데 보는 사람마다 다 다른 것은?

1. 풀 위에 내린 비를 비가 아니라는 것은?

1. 이슬   2. 거울   3. 소금

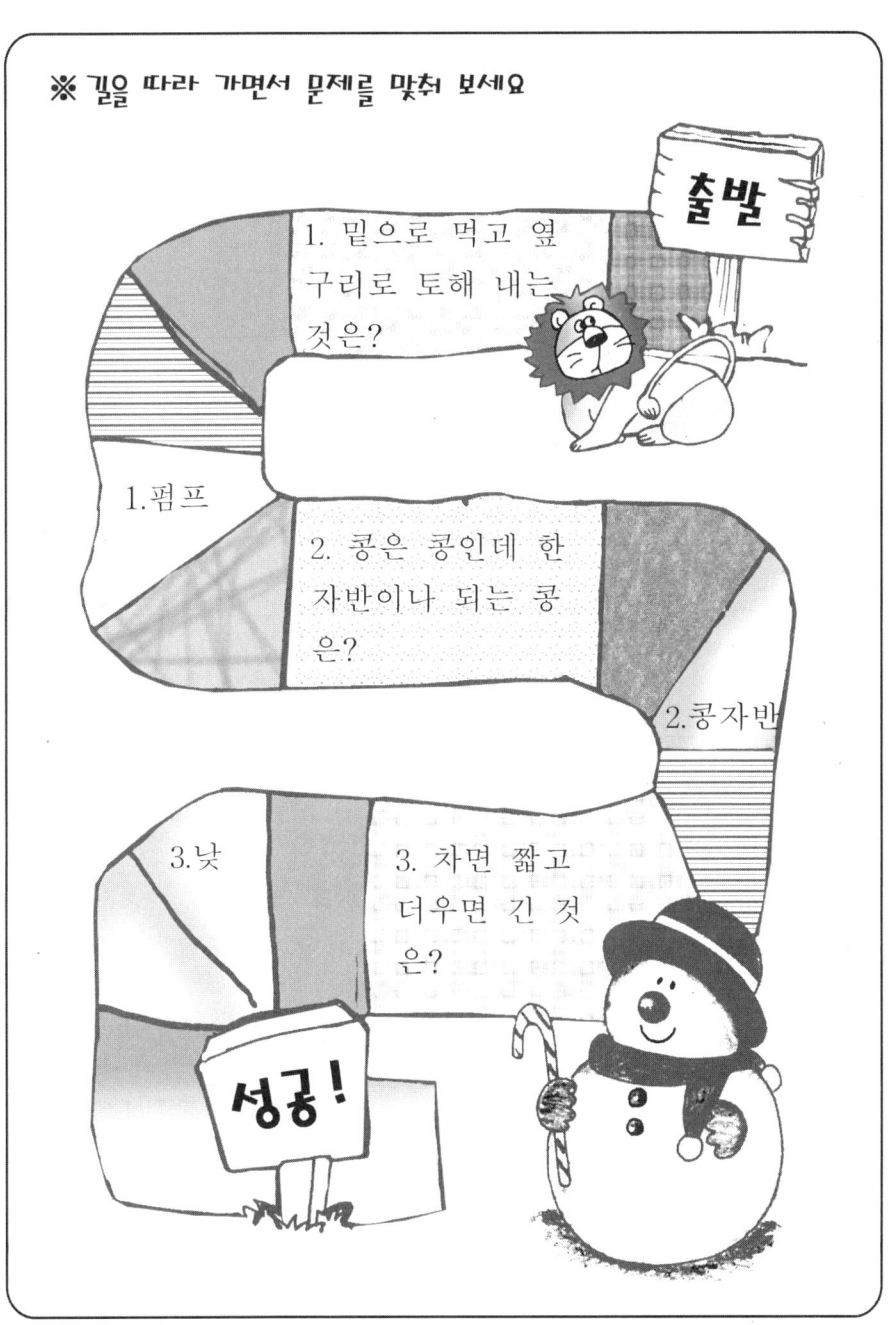

※ 길을 따라 가면서 문제를 맞춰 보세요

출발

1. 밑으로 먹고 옆구리로 토해 내는 것은?

1.펌프

2. 콩은 콩인데 한 자반이나 되는 콩은?

2.콩자반

3.낫

3. 차면 짧고 더우면 긴 것은?

성공!

자! 다음 문제를 풀어보세요.

1. 처음엔 검었다가 다음은 빨개지고,
또 검어지는 것은?

2. 만든 사람은 쓰지 못하고 쓰는 사람은
보지 못하는 것은?

1. 숯   2. 관

고양이는 지금 무슨 꿈을 꾸고 있는 걸까요

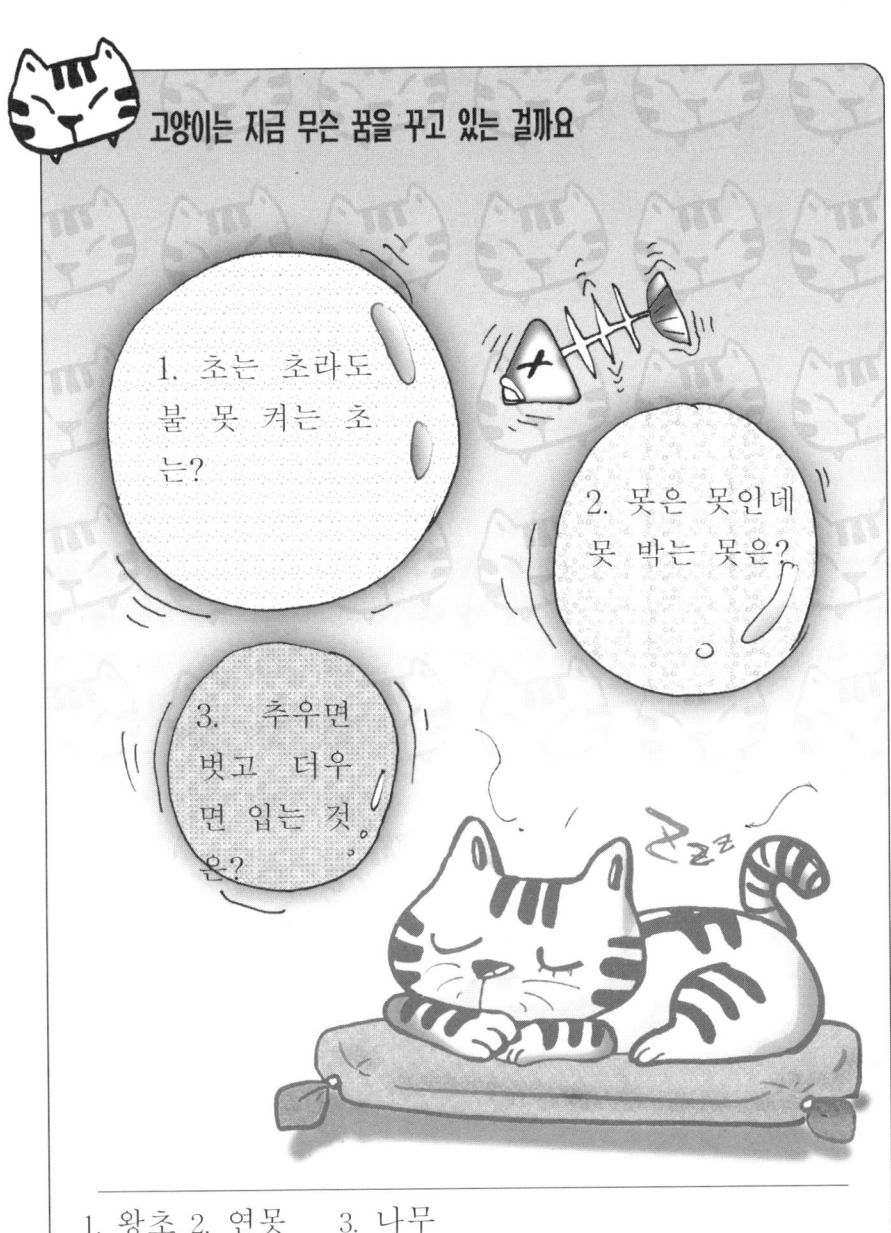

1. 초는 초라도 불 못 켜는 초는?

2. 못은 못인데 못 박는 못은?

3. 추우면 벗고 더우면 입는 것은?

1. 왕초   2. 연못   3. 나무

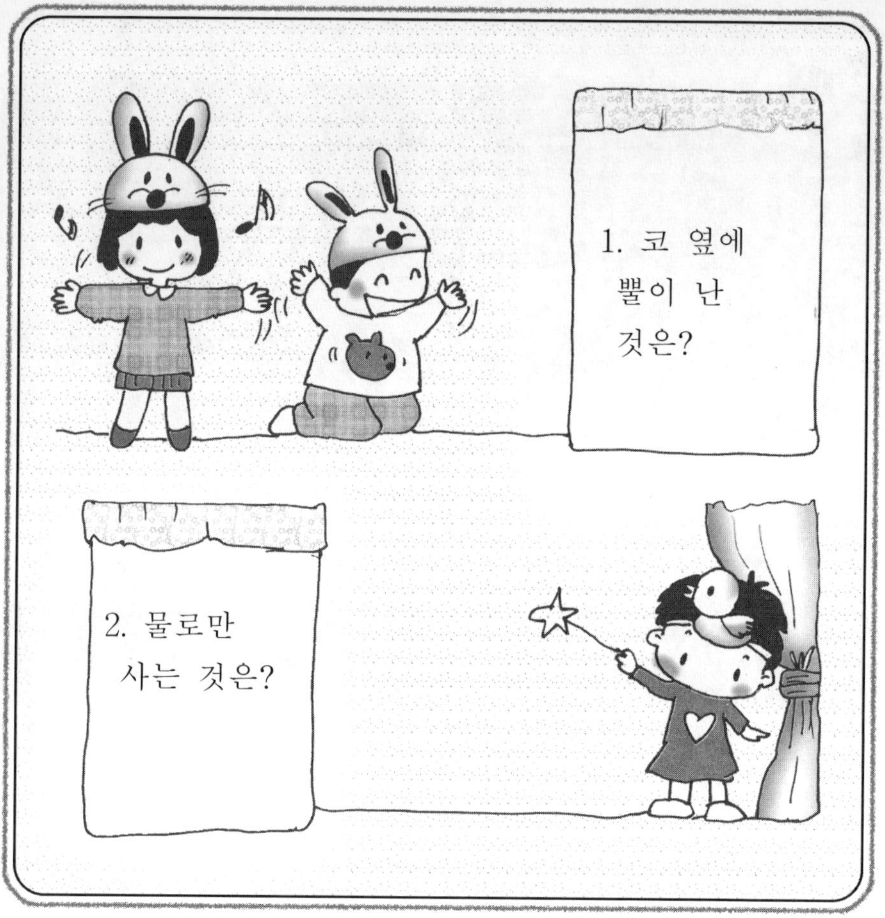

1. 코 옆에
   뿔이 난
   것은?

2. 물로만
   사는 것은?

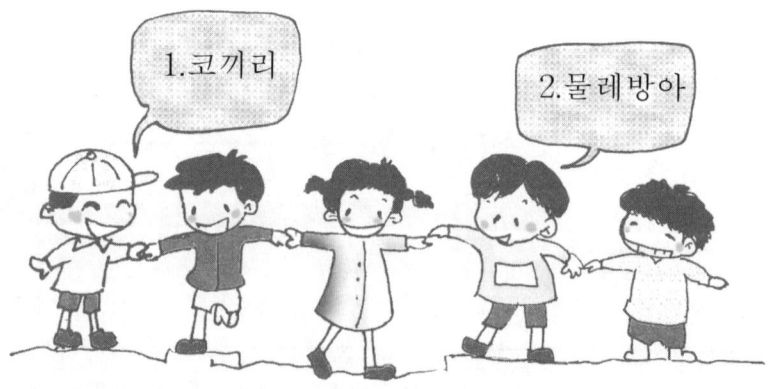

1.코끼리

2.물레방아

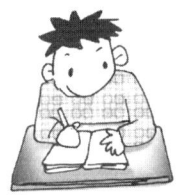 알맞은 답에 연결해 보세요

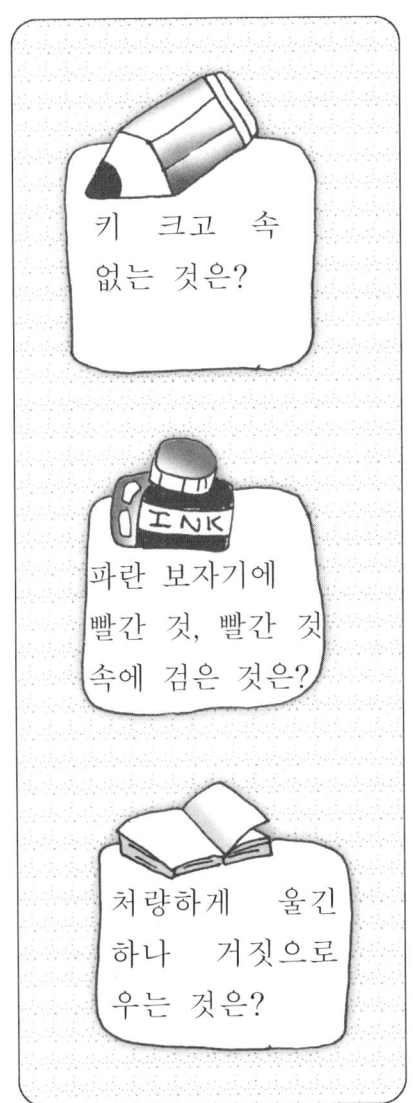

키 크고 속
없는 것은?

파란 보자기에
빨간 것, 빨간 것
속에 검은 것은?

처량하게 울긴
하나 거짓으로
우는 것은?

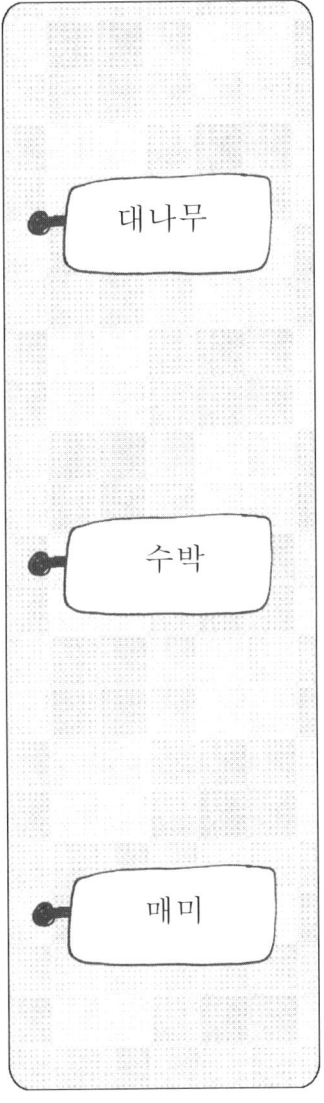

대나무

수박

매미

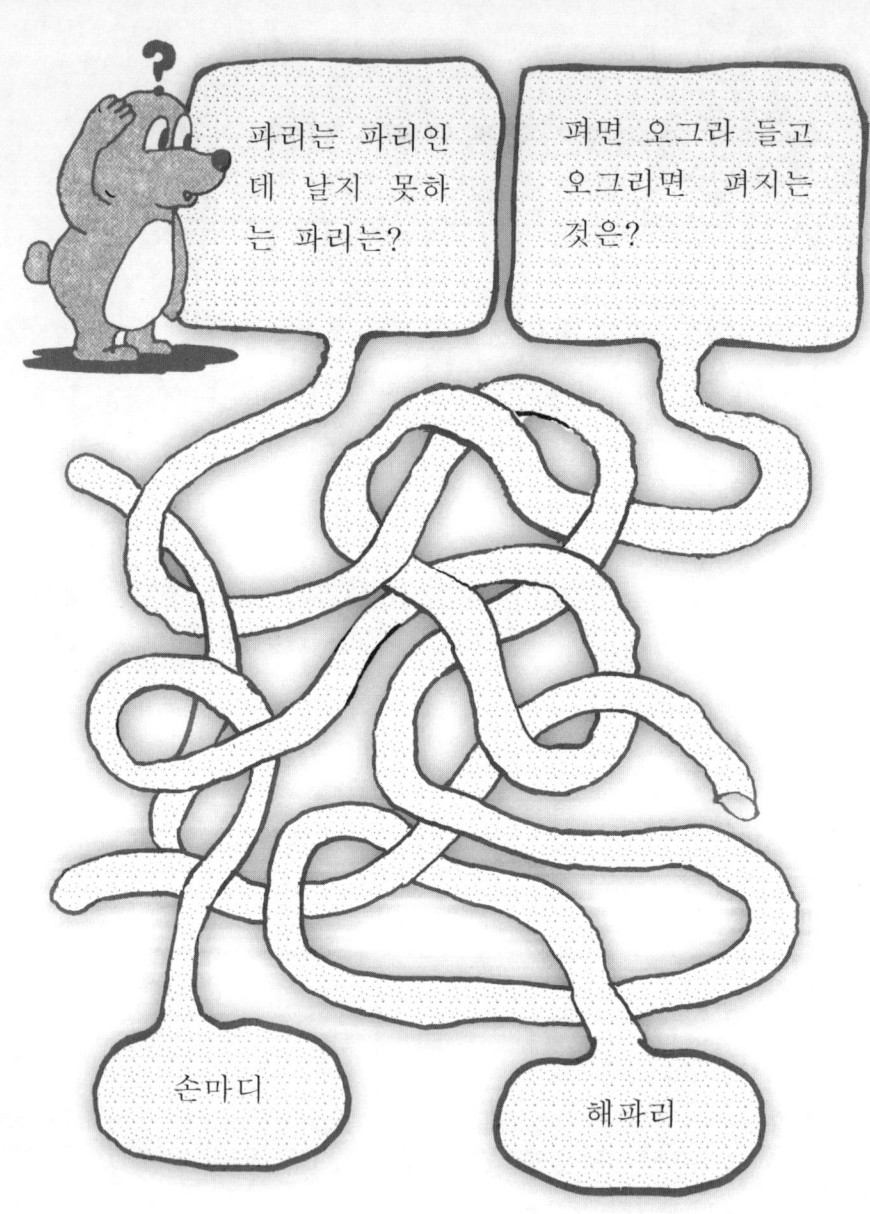

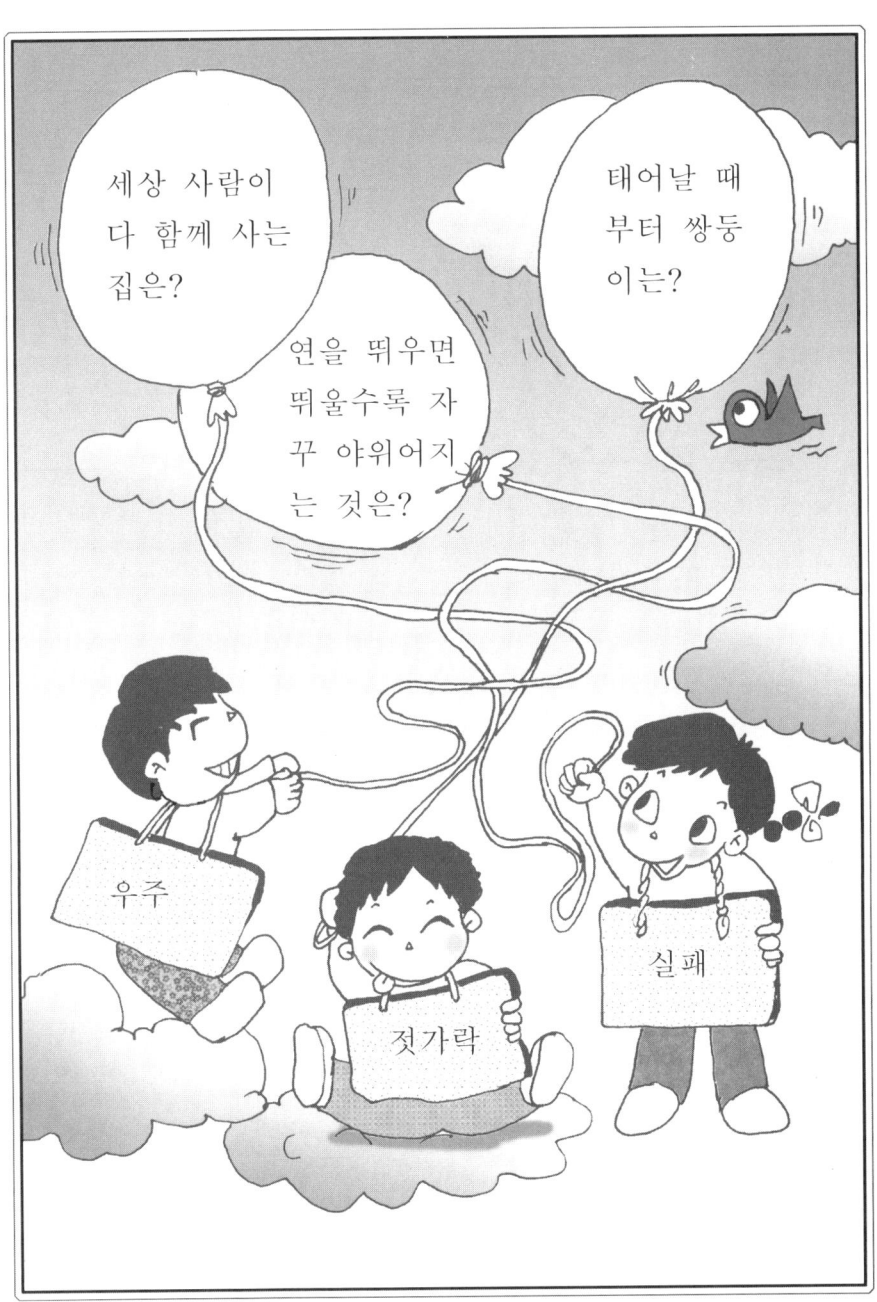

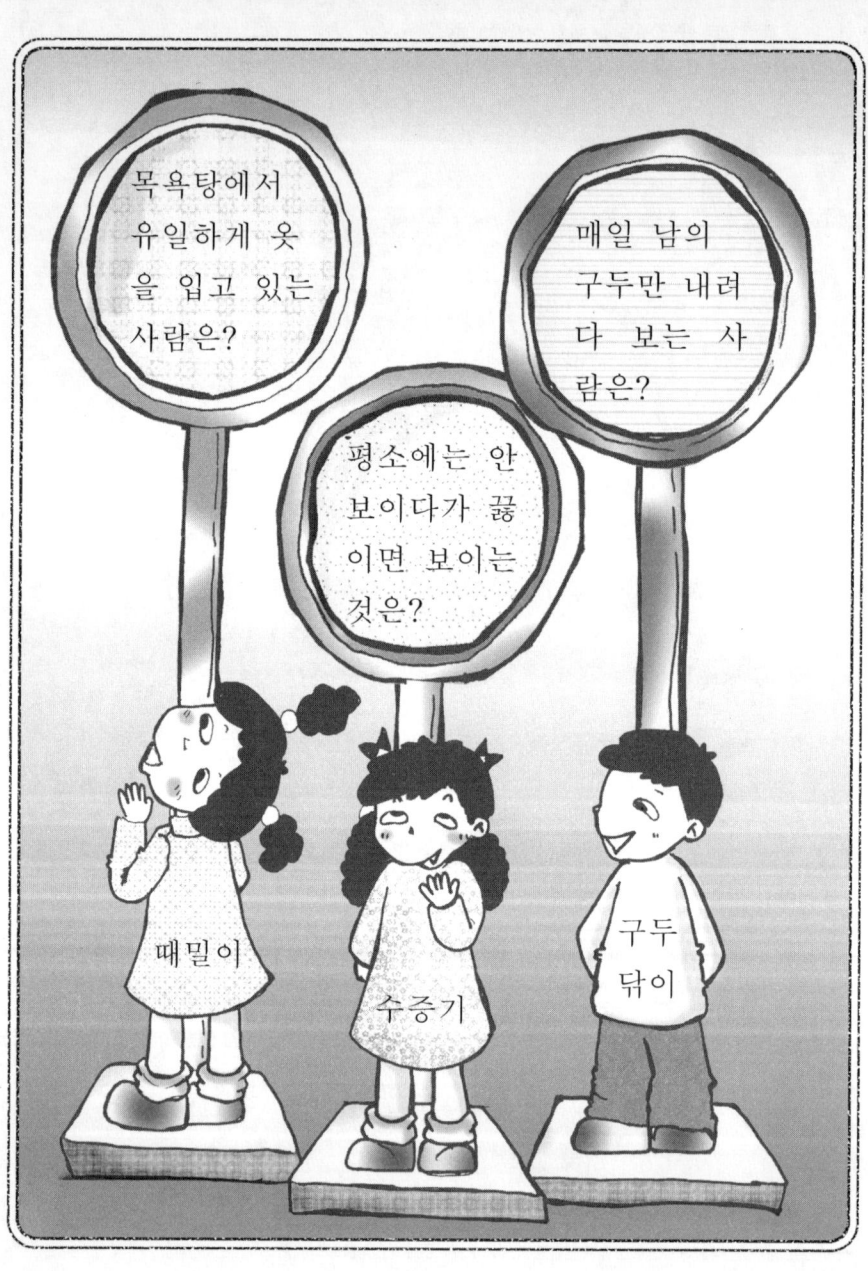

 ## 수수께끼를 맞춰 보세요

문제 1 큰 것은 들어가도 작은 것은 못 들어가는 것은?

문제 2 한쪽 발이 가만히 있어야 다른 발로 걸어다니는 것은?

문제 3 위로 가든 아래로 가든 늘 매를 맞는 것은?

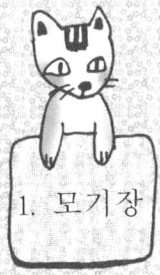 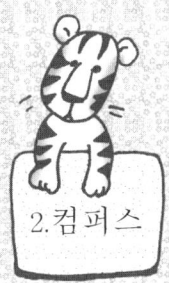 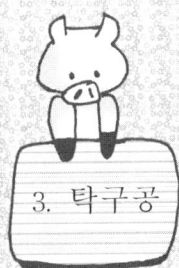

1. 모기장   2. 컴퍼스   3. 탁구공

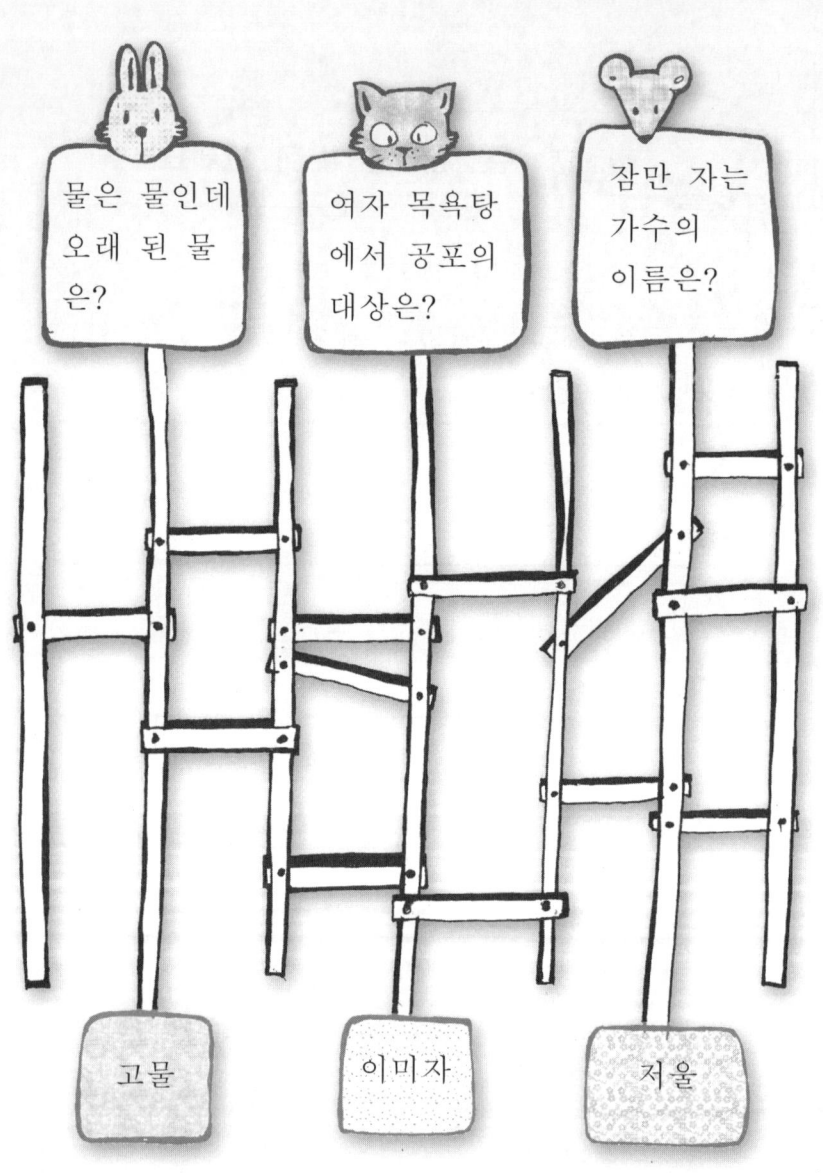

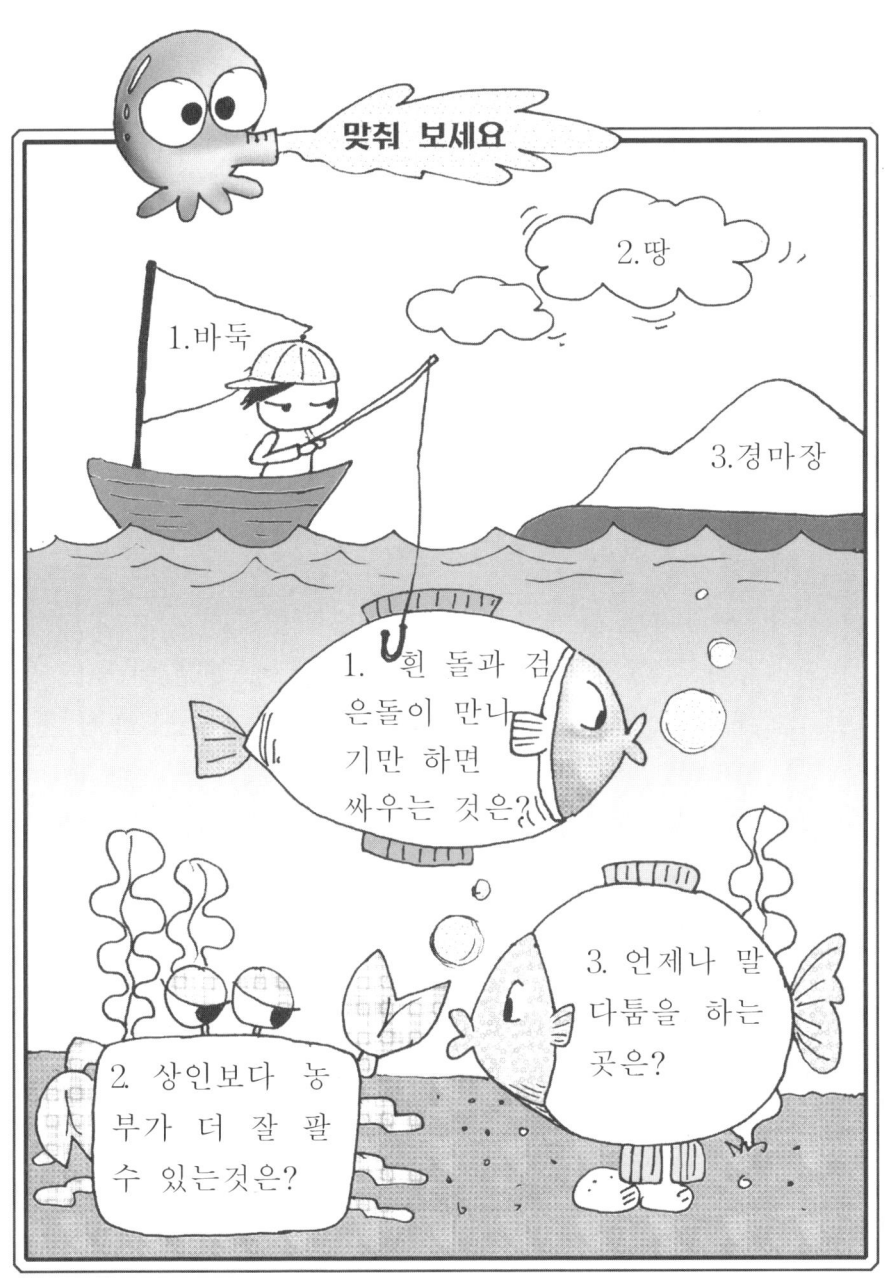

맞춰 보세요

1.바둑

2.땅

3.경마장

1. 흰 돌과 검은 돌이 만나기만 하면 싸우는 것은?

3. 언제나 말다툼을 하는 곳은?

2. 상인보다 농부가 더 잘 팔 수 있는것은?

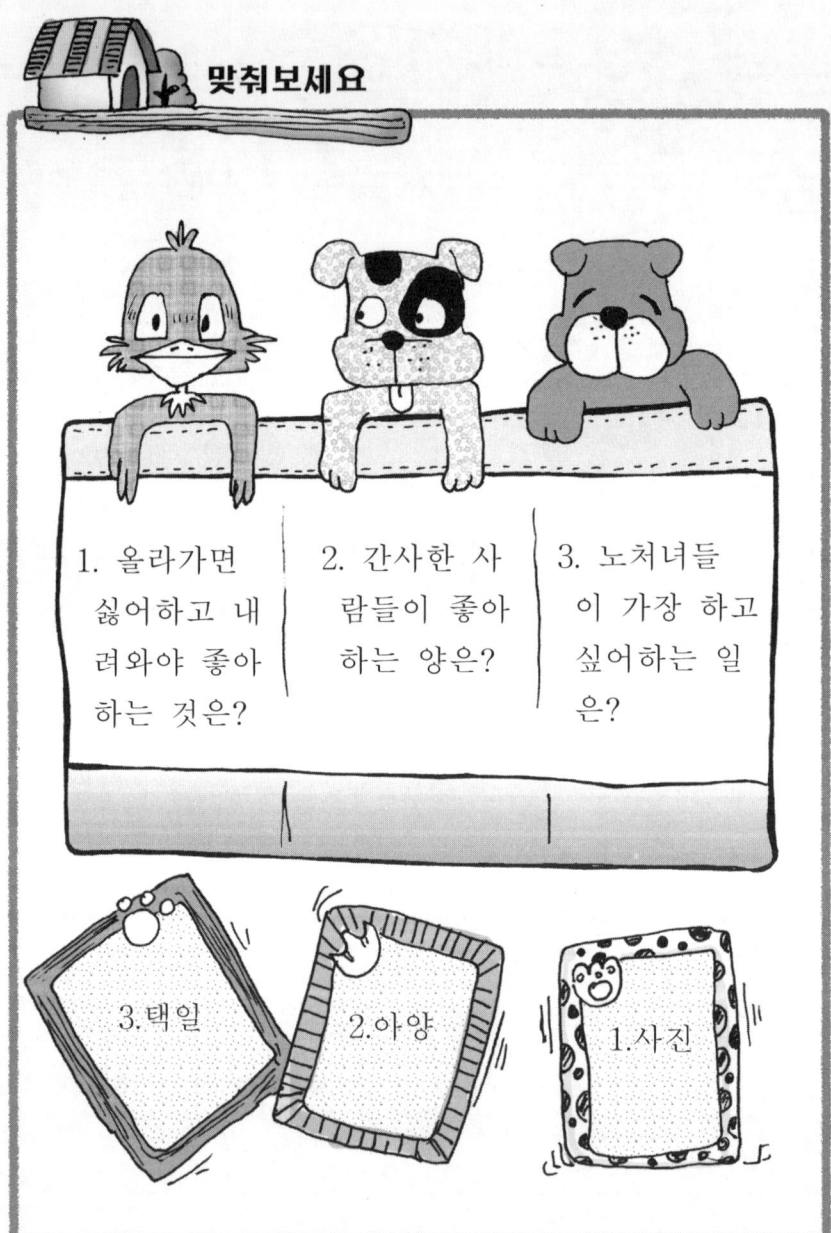

맞춰보세요

1. 올라가면 싫어하고 내려와야 좋아하는 것은?

2. 간사한 사람들이 좋아하는 양은?

3. 노처녀들이 가장 하고 싶어하는 일은?

3.택일

2.아양

1.사진

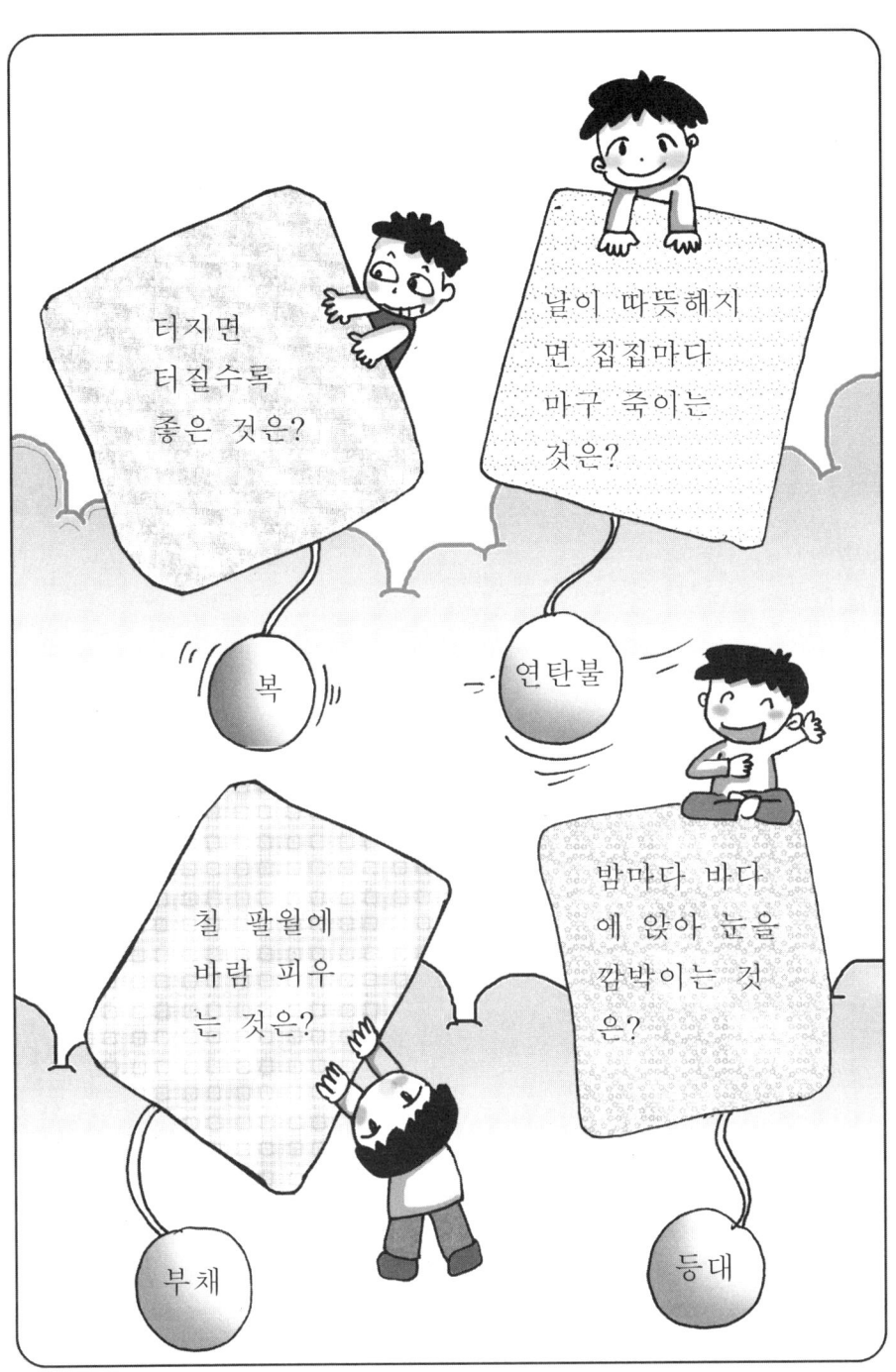

터지면
터질수록
좋은 것은?

복

날이 따뜻해지
면 집집마다
마구 죽이는
것은?

연탄불

칠 팔월에
바람 피우
는 것은?

부채

밤마다 바다
에 앉아 눈을
깜박이는 것
은?

등대

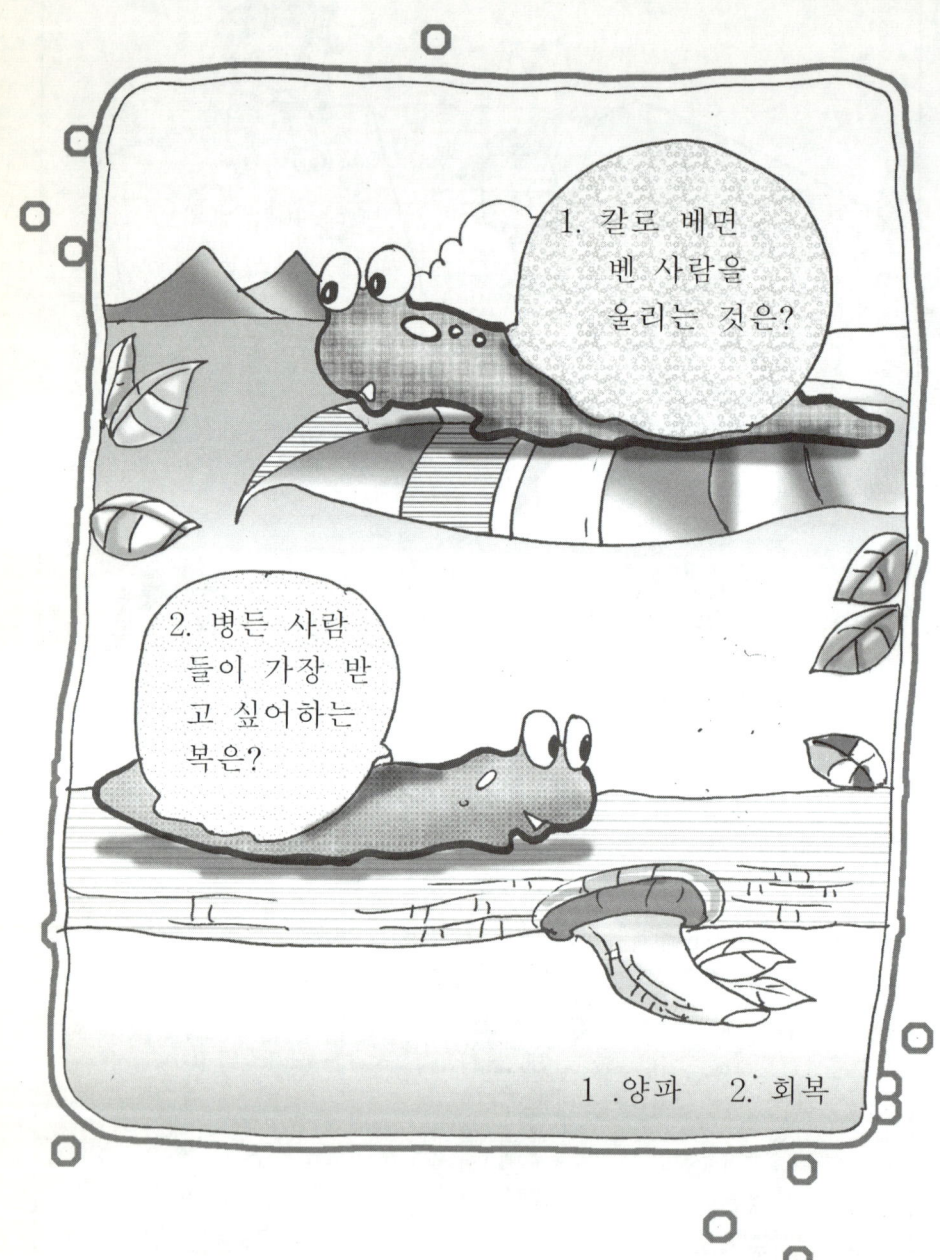

86

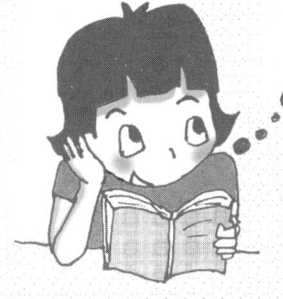

문제를 풀어보세요

1. 권투 선수가 잘 할수록 불리한 일은? _____

2. 남의 이름을 거꾸로 써야 먹고 살 수 있는 사람은? _____

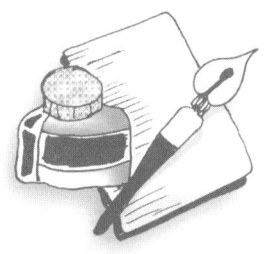

1. 못 치는 일   2. 도장 파는 사람

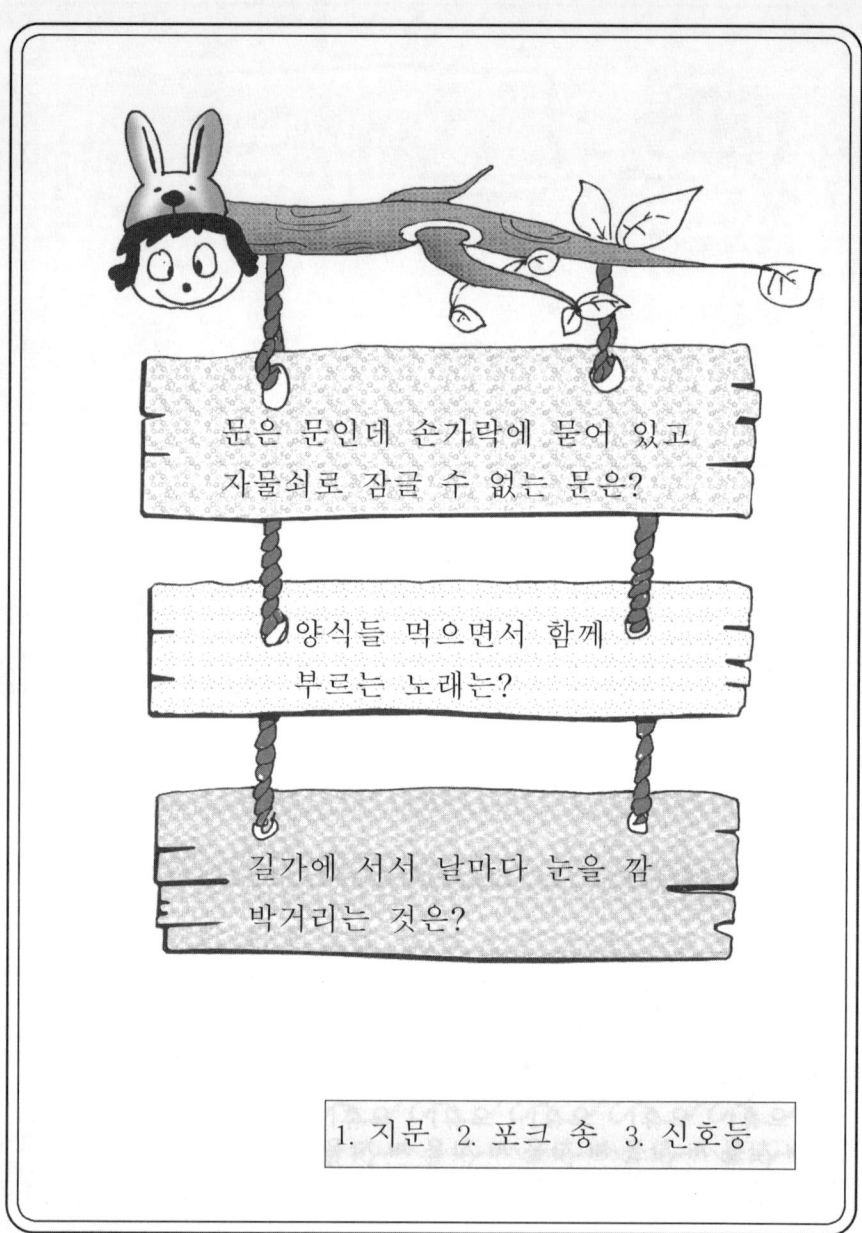

문은 문인데 손가락에 묻어 있고
자물쇠로 잠글 수 없는 문은?

양식들 먹으면서 함께
부르는 노래는?

길가에 서서 날마다 눈을 깜
박거리는 것은?

1. 지문 2. 포크 송 3. 신호등

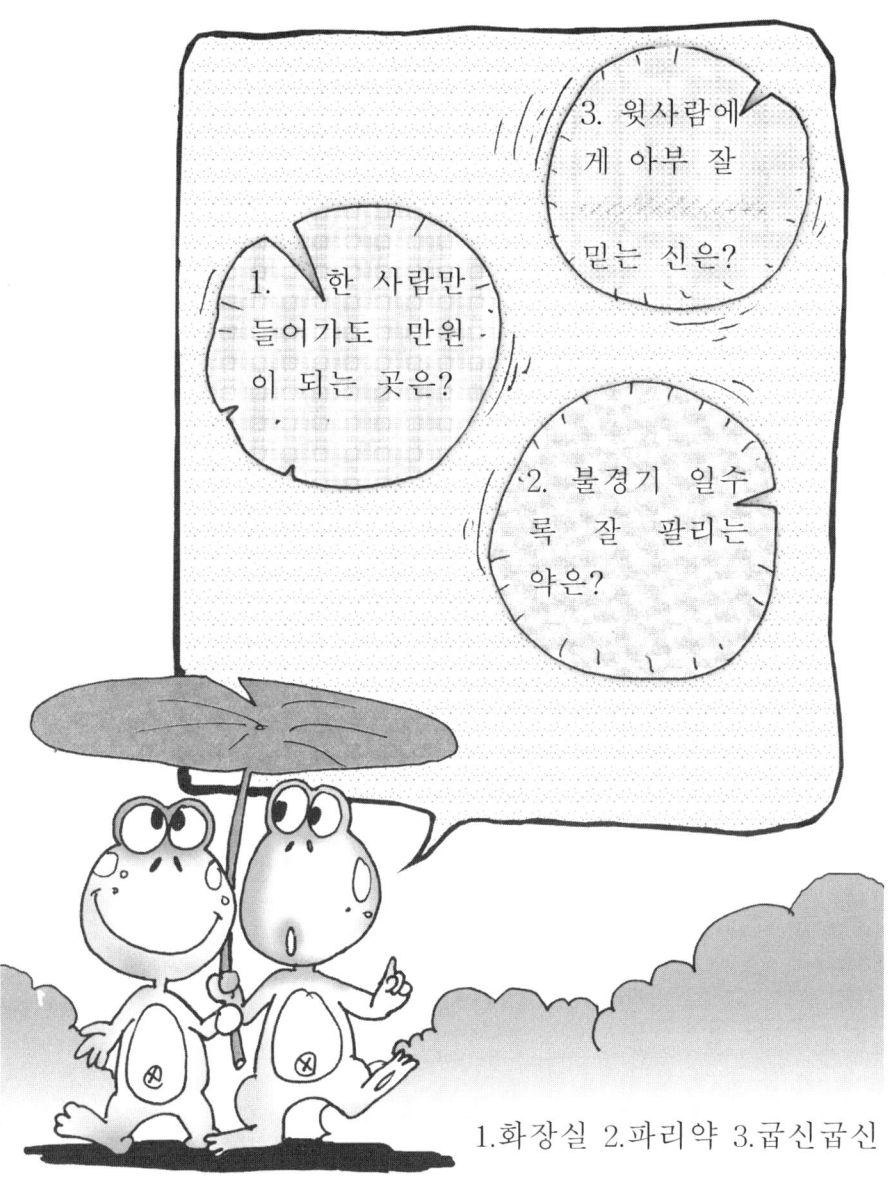

3. 윗사람에게 아부 잘 믿는 신은?

1. 한 사람만 들어가도 만원이 되는 곳은?

2. 불경기 일수록 잘 팔리는 약은?

1.화장실 2.파리약 3.굽신굽신

89

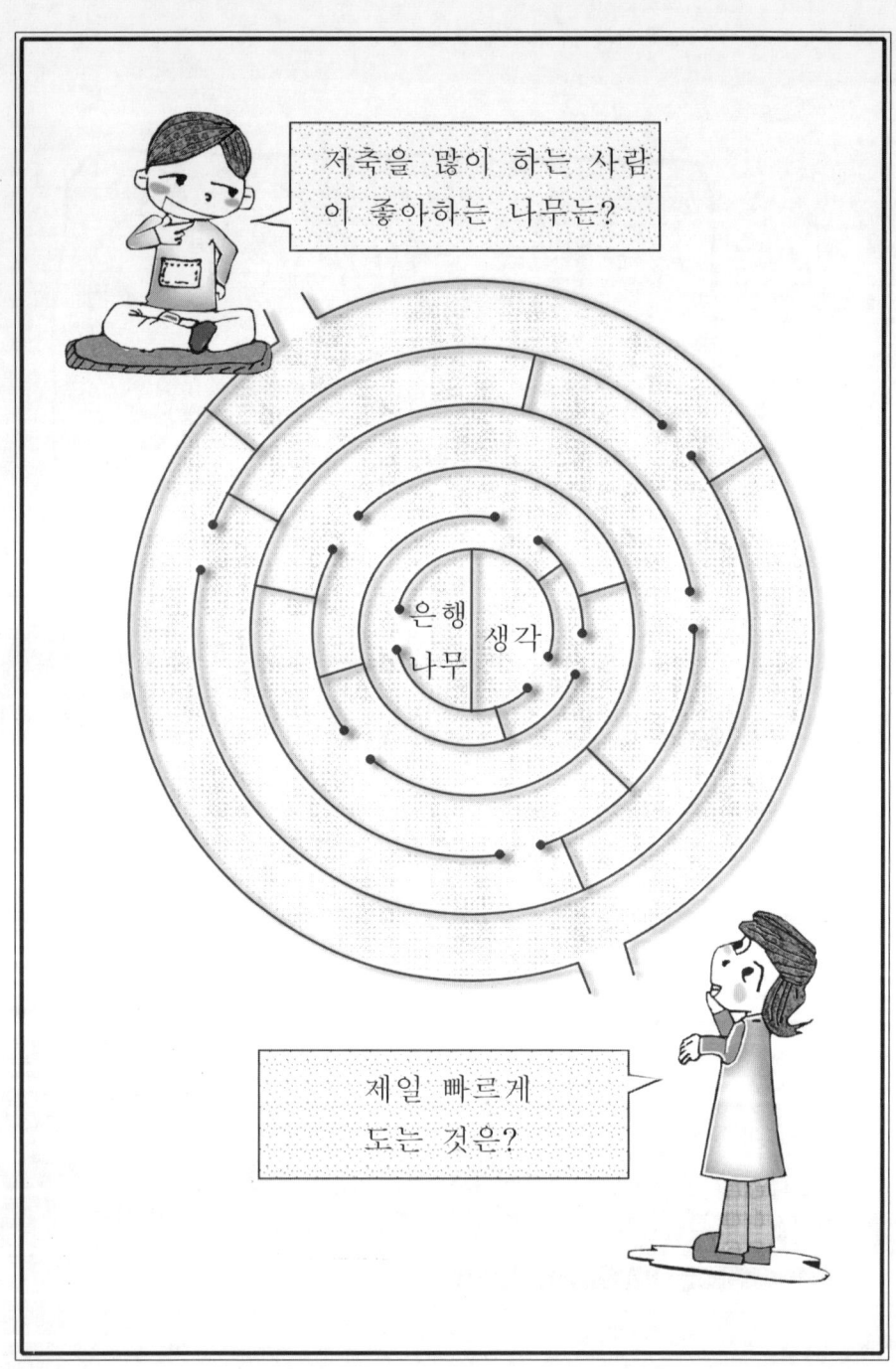

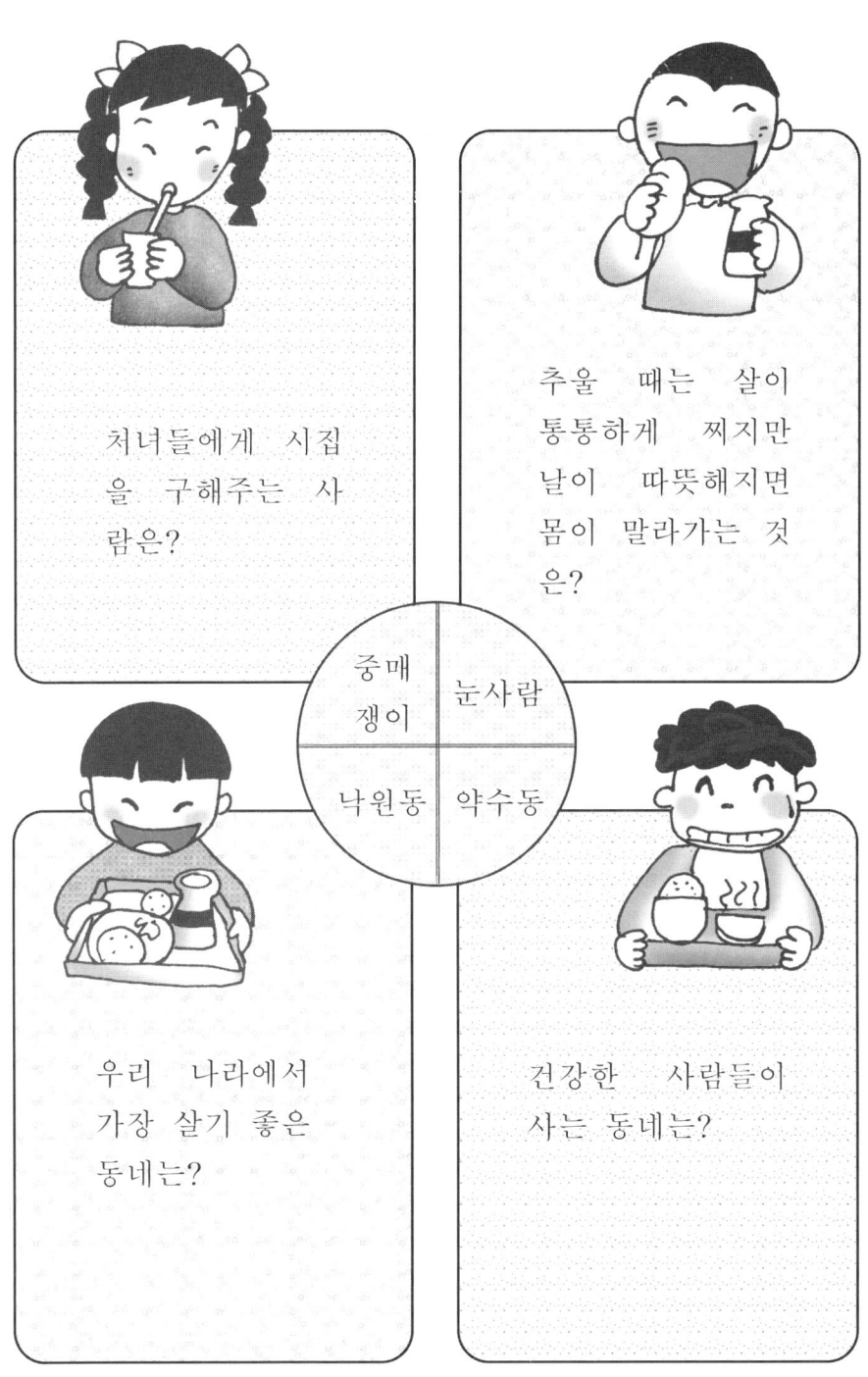

처녀들에게 시집
을 구해주는 사
람은?

추울 때는 살이
통통하게 찌지만
날이 따뜻해지면
몸이 말라가는 것
은?

중매
쟁이

눈사람

낙원동

약수동

우리 나라에서
가장 살기 좋은
동네는?

건강한 사람들이
사는 동네는?

♣ 맞춰보세요

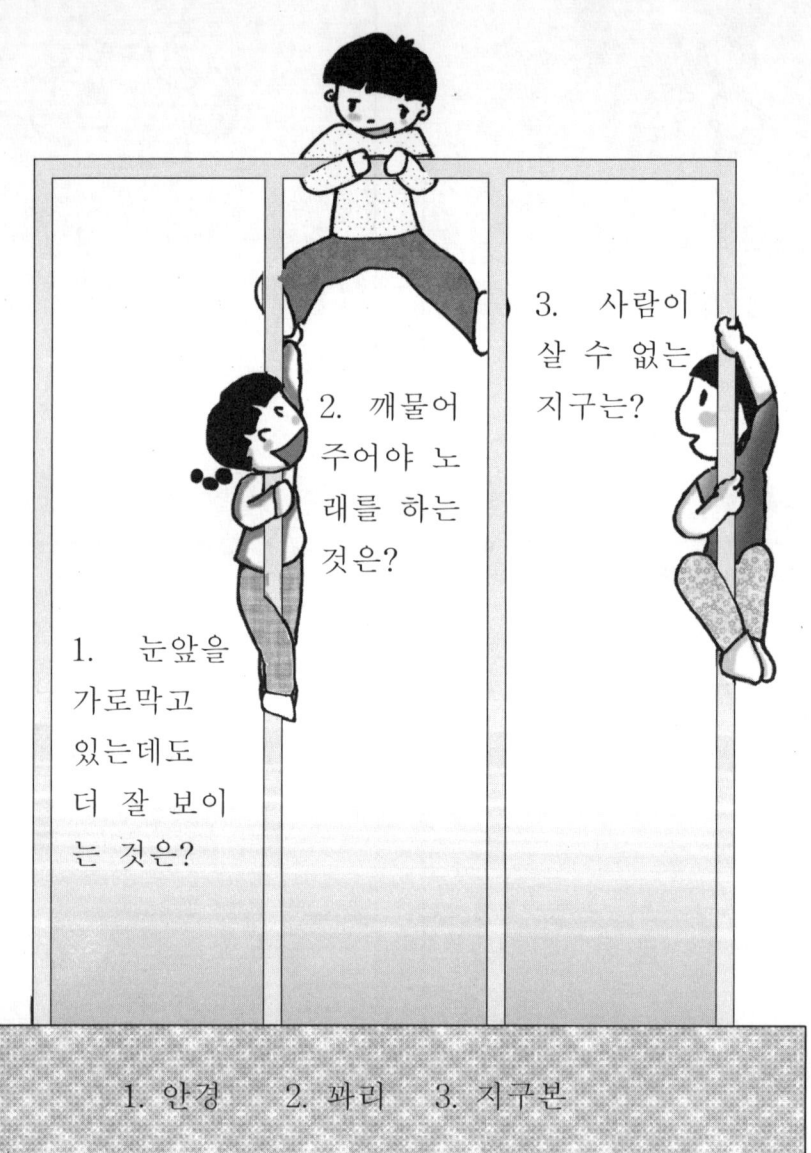

3. 사람이 살 수 없는 지구는?

2. 깨물어 주어야 노래를 하는 것은?

1. 눈앞을 가로막고 있는데도 더 잘 보이는 것은?

1. 안경 2. 꽈리 3. 지구본

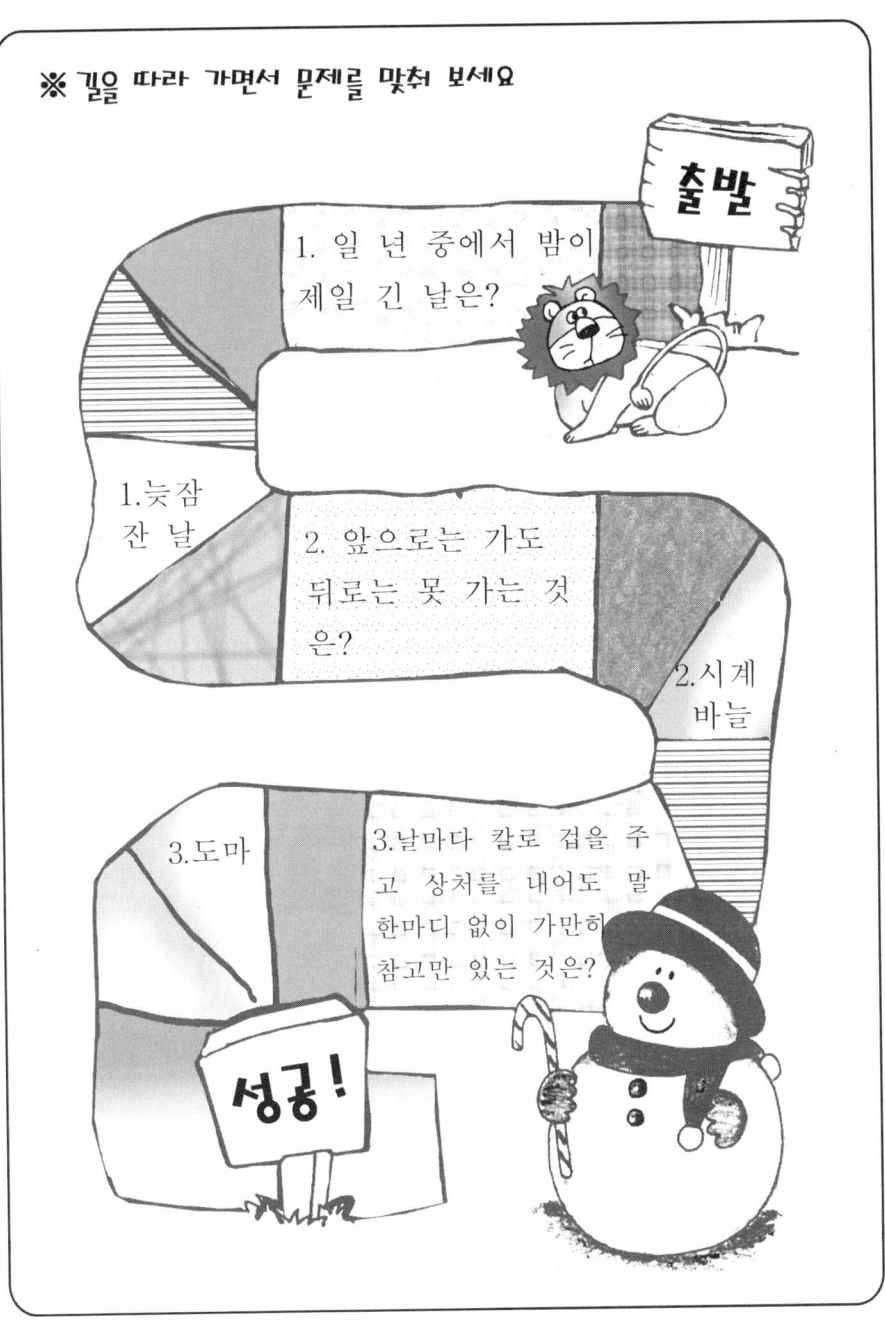

출발

1. 일 년 중에서 밤이 제일 긴 날은?

1.늦잠 잔 날

2. 앞으로는 가도 뒤로는 못 가는 것은?

2.시계 바늘

3.도마

3.날마다 칼로 겁을 주고 상처를 내어도 말 한마디 없이 가만히 참고만 있는 것은?

성공!

자! 다음 문제를 풀어보세요.

1. 이 산 저 산 돌아다니며 핥아먹는 것은?

2. 날지 못하는 파리는?

1. 산불   2. 해파리

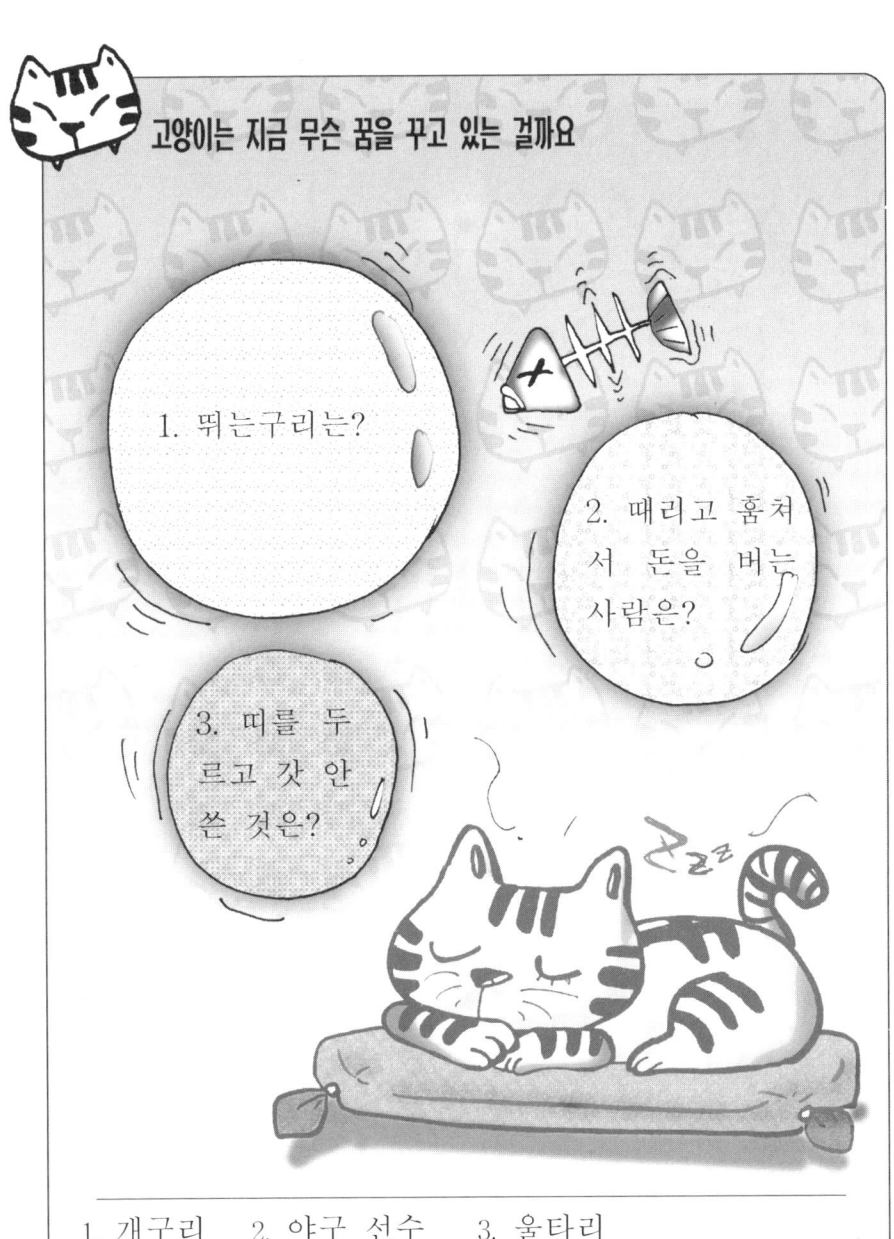

1. 뛰는구리는?

2. 때리고 훔쳐서 돈을 버는 사람은?

3. 띠를 두르고 갓 안 쓴 것은?

1. 개구리   2. 야구 선수   3. 울타리

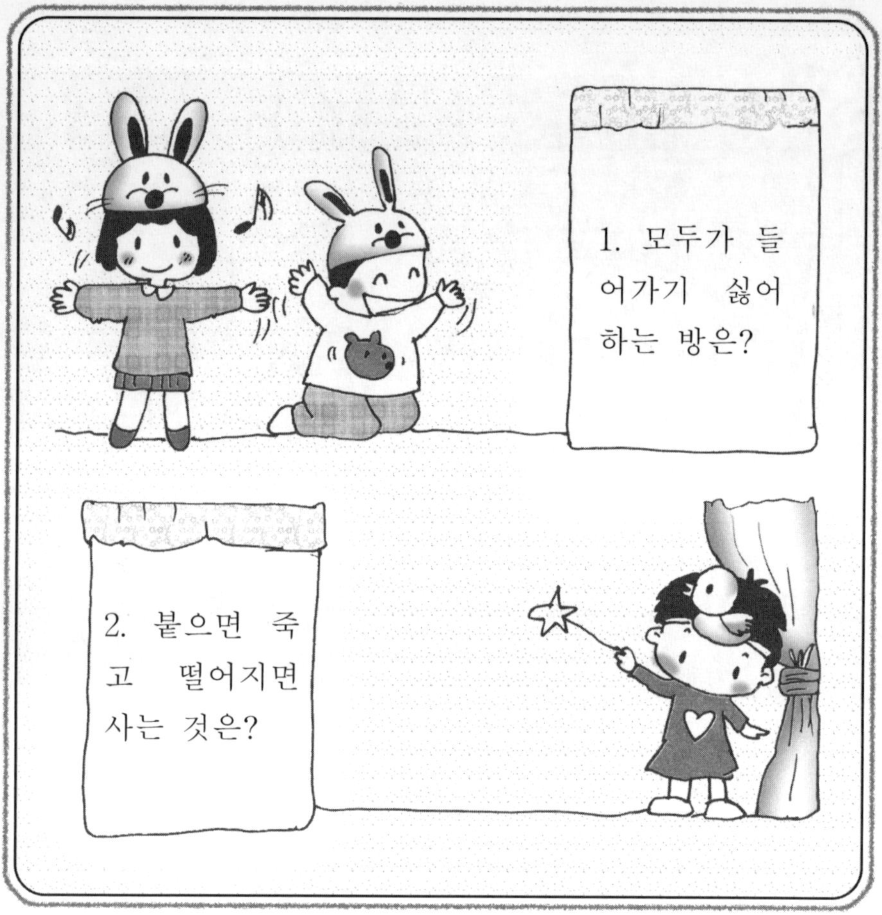

1. 모두가 들어가기 싫어하는 방은?

2. 붙으면 죽고 떨어지면 사는 것은?

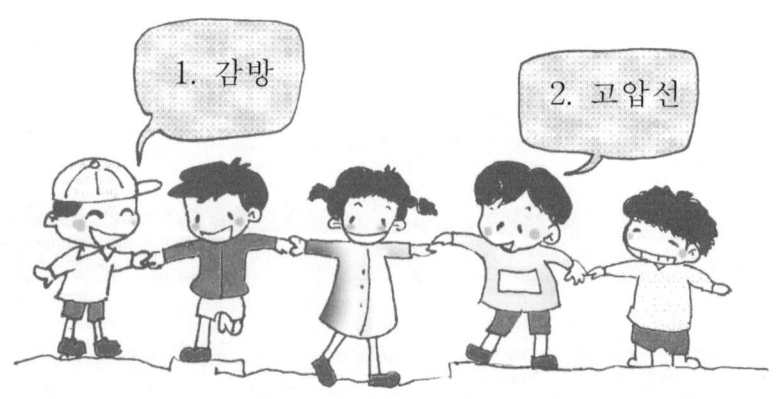

1. 감방

2. 고압선

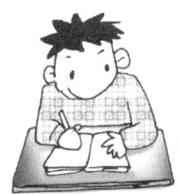 알맞은 답에 연결해 보세요

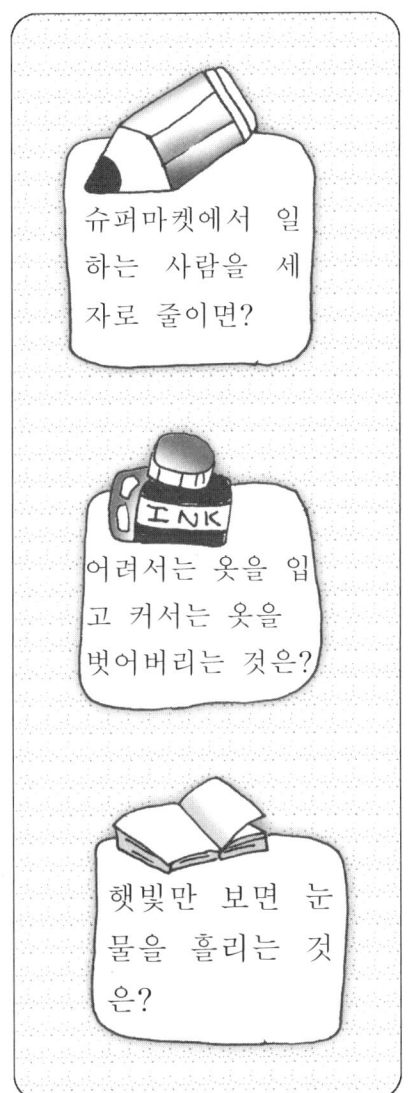

슈퍼마켓에서 일
하는 사람을 세
자로 줄이면?

어려서는 옷을 입
고 커서는 옷을
벗어버리는 것은?

햇빛만 보면 눈
물을 흘리는 것
은?

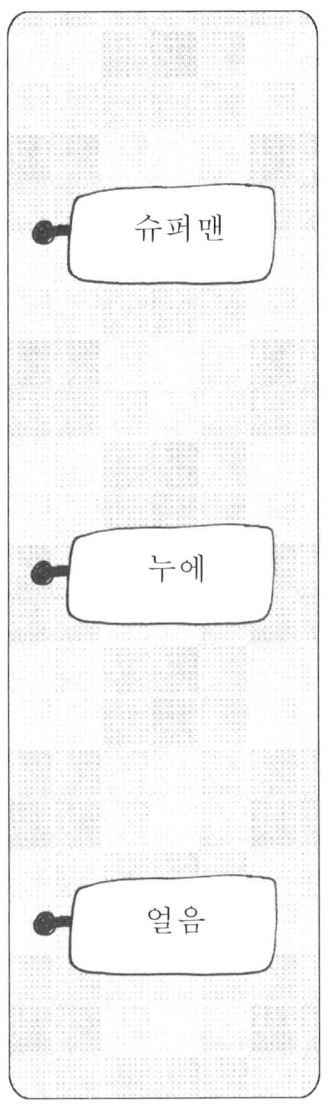

슈퍼맨

누에

얼음

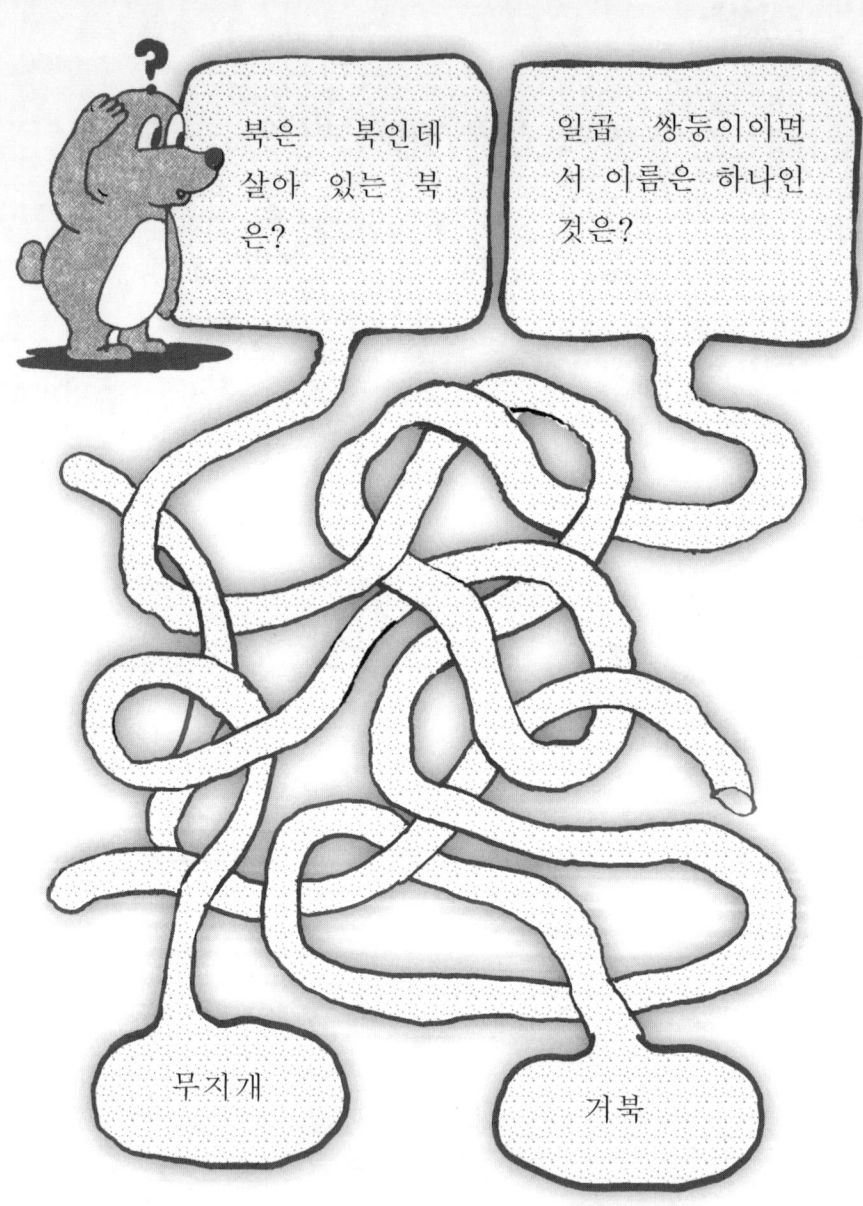

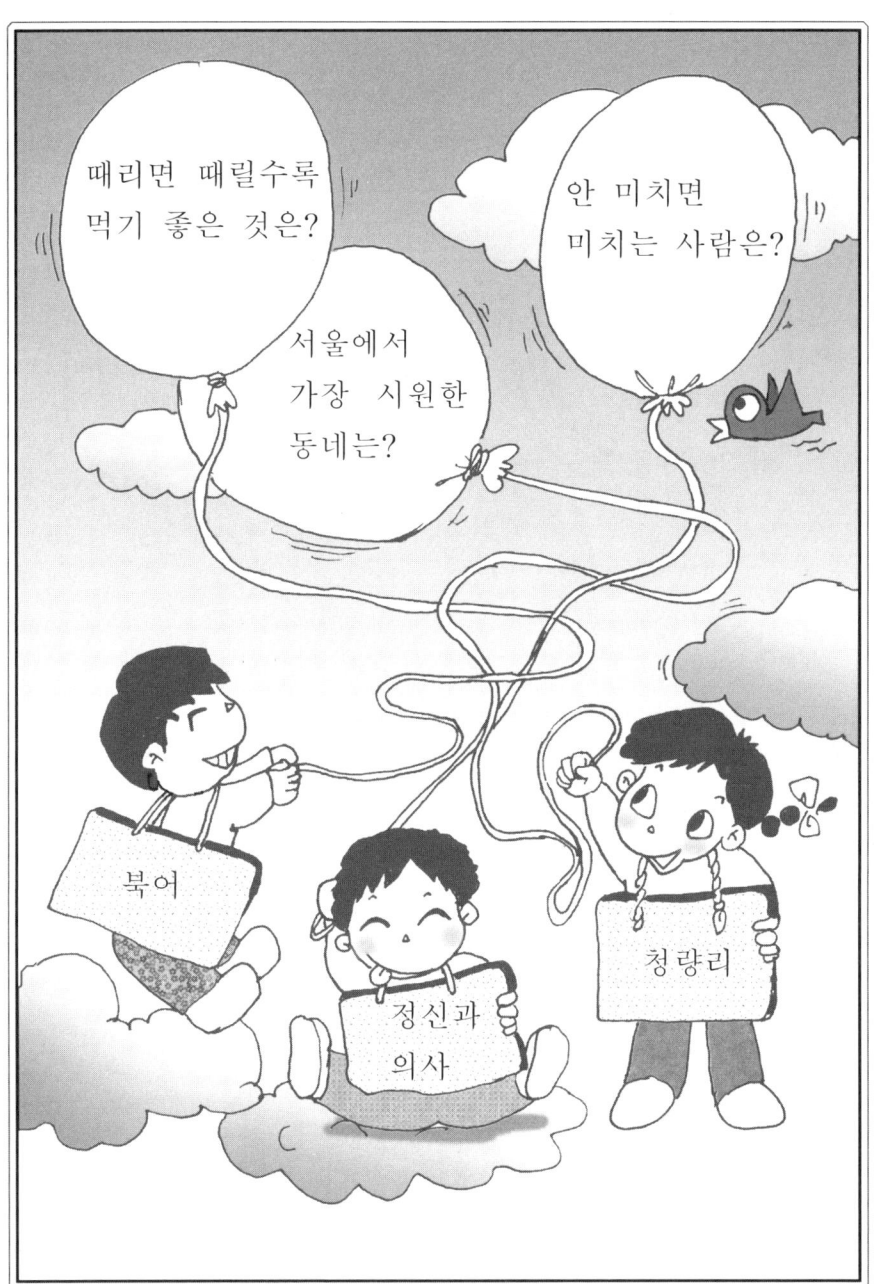

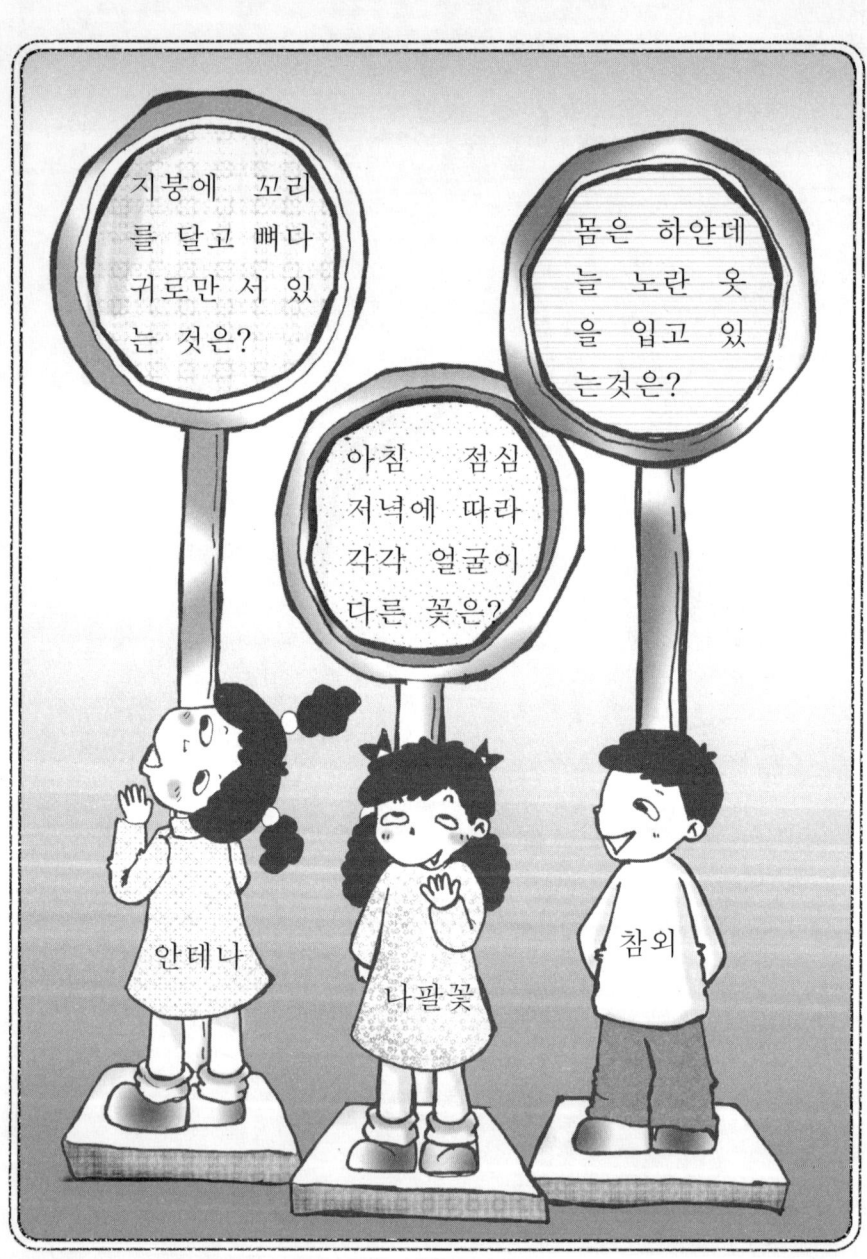

수수께끼를 맞춰 보세요

문제1 우리 나라에서 국수 가게가 가장 많은 동네는?
_____

문제2 깨끗한 친구를 사귀기 위해 가는 곳은?
_____

문제3 귀로 먹고 입으로 뱉는 것은?
_____

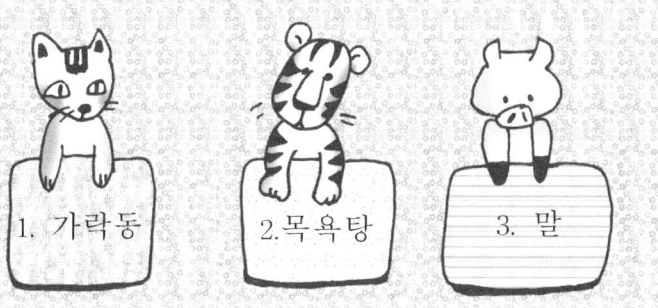

1. 가락동   2.목욕탕   3. 말

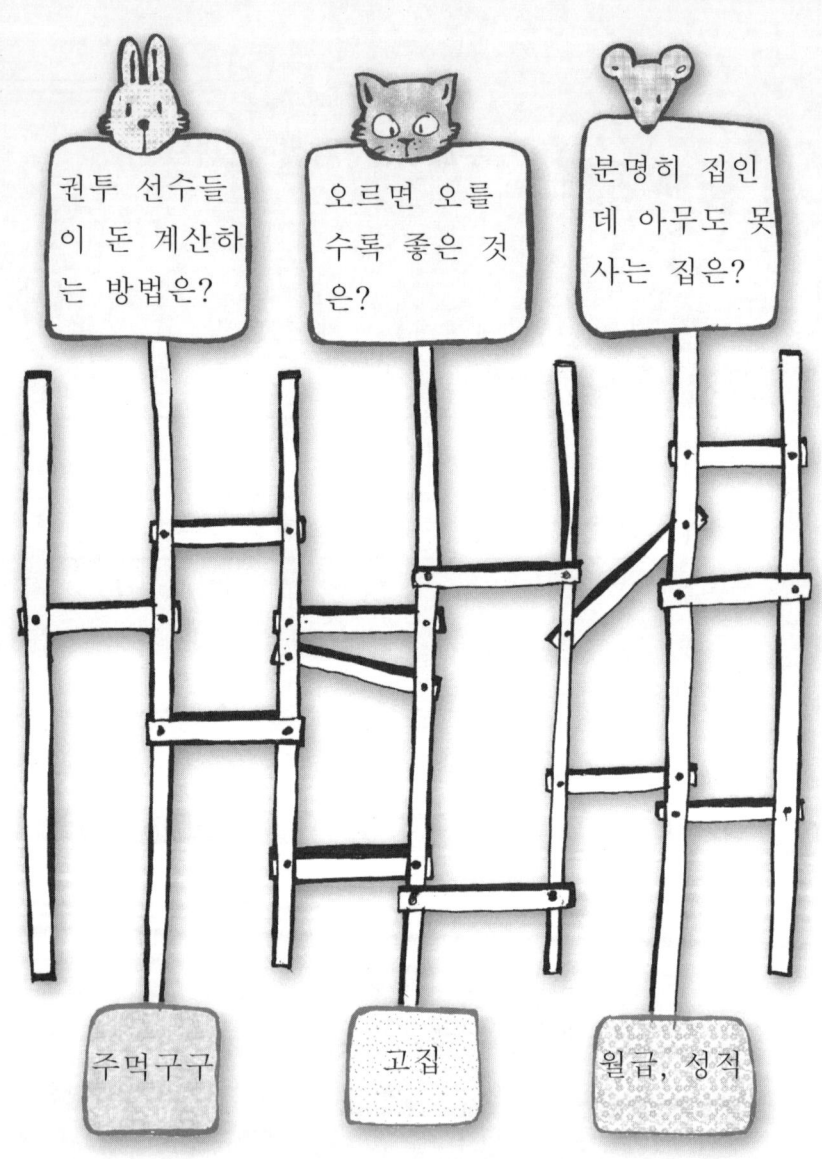

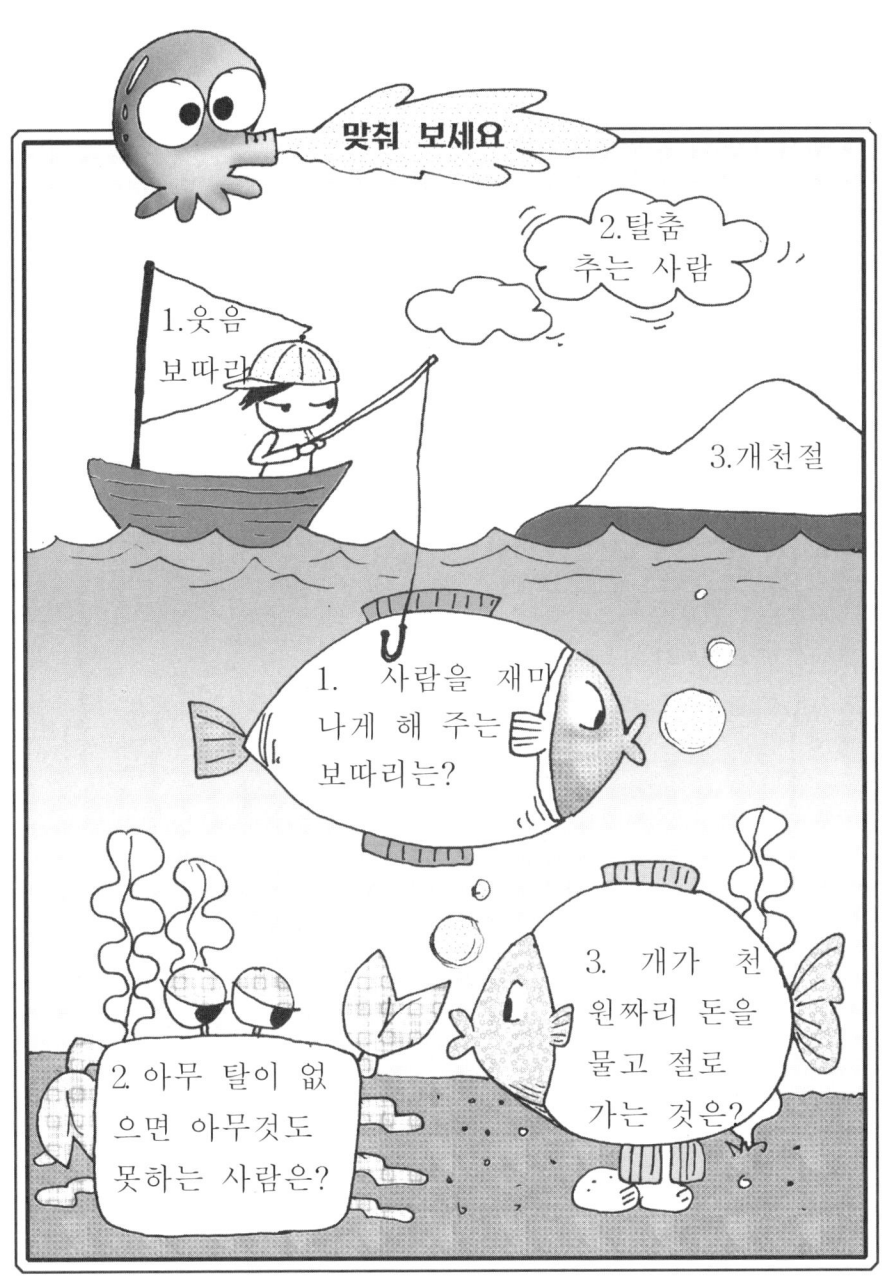
맞춰 보세요

1.웃음 보따리

2.탈춤 추는 사람

3.개천절

1. 사람을 재미나게 해 주는 보따리는?

2. 아무 탈이 없으면 아무것도 못하는 사람은?

3. 개가 천 원짜리 돈을 물고 절로 가는 것은?

맞춰보세요

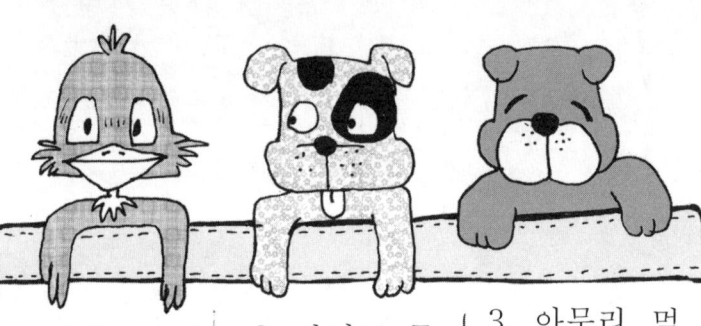

1. 목을 조이는 것인데도 기쁘게 받는 선물은?

2. 날지도 못하고 뜨지도 못하면서 행패만 부리는 오리는?

3. 아무리 먹고 싶어도 먹을 수 없으면서 옷에 걸고 다녀야 하는 빵은?

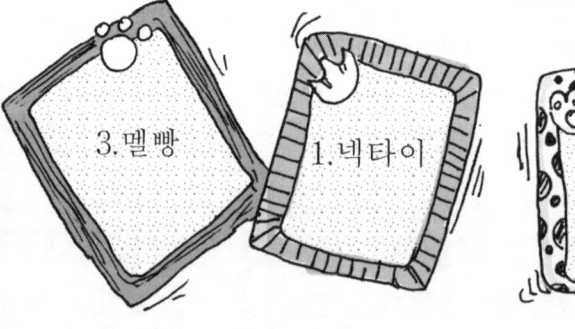

3.멜빵

1.넥타이

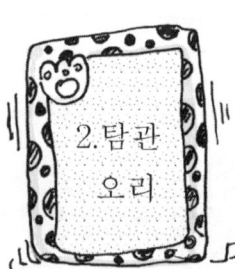

2.탐관
오리

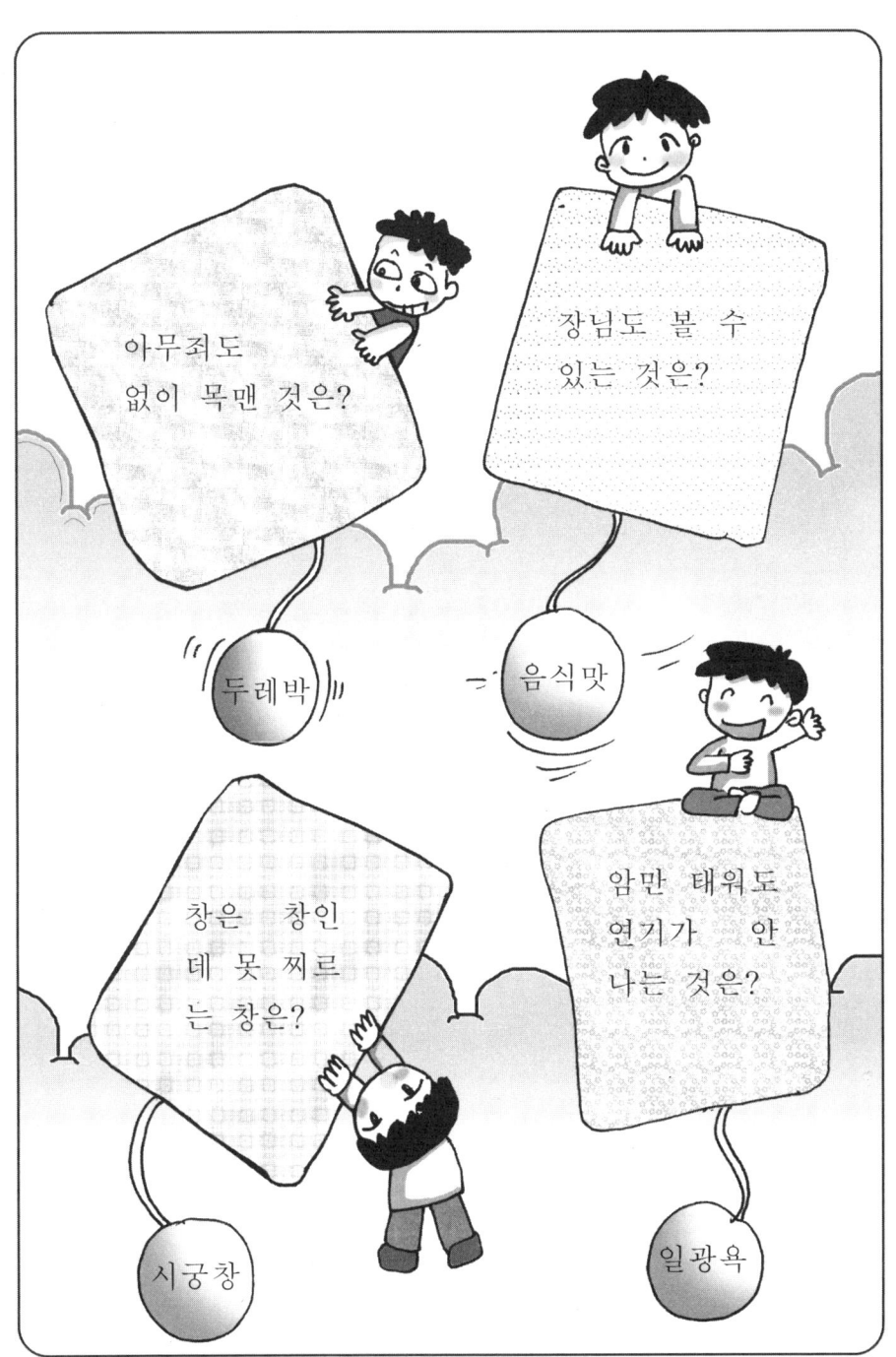

105

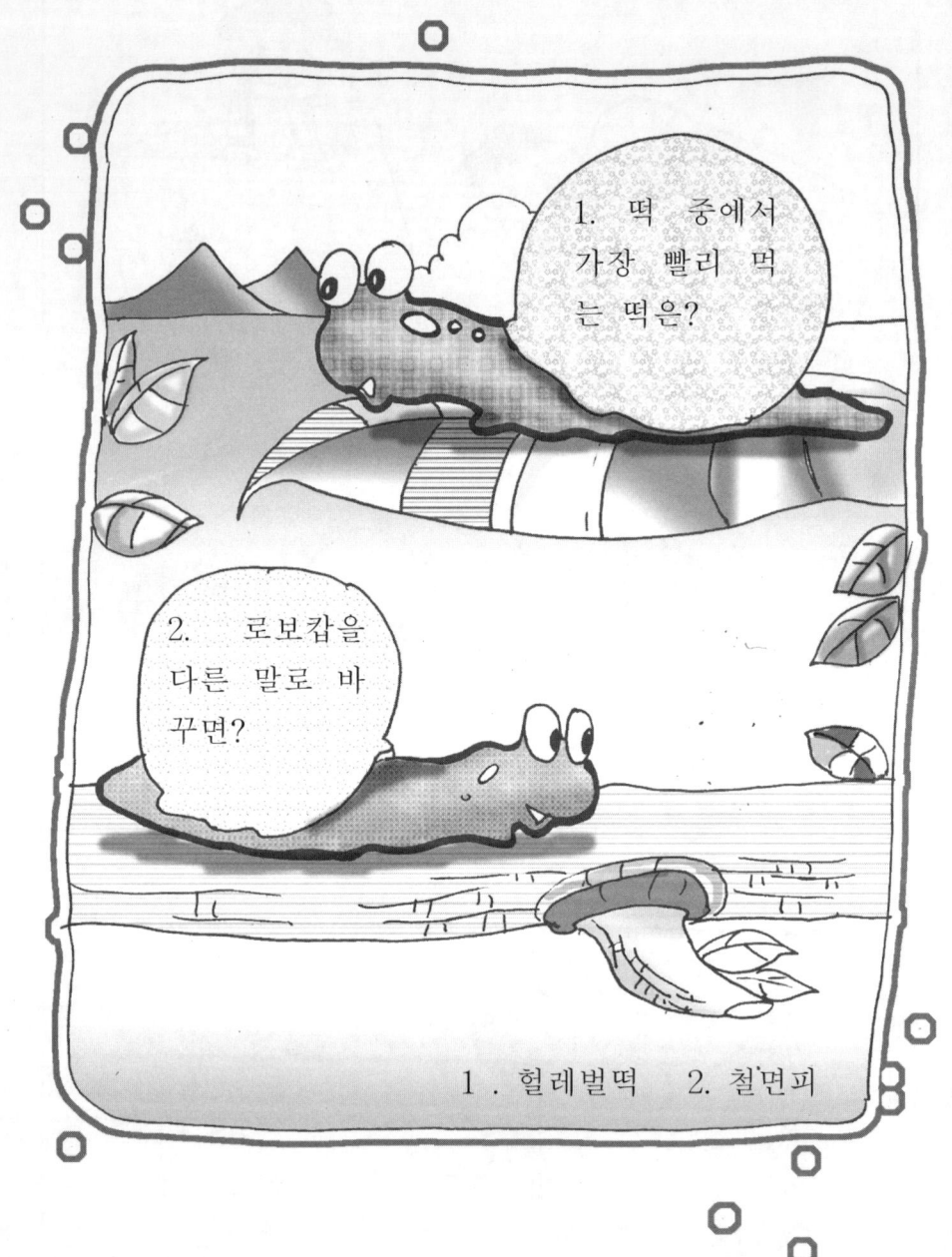

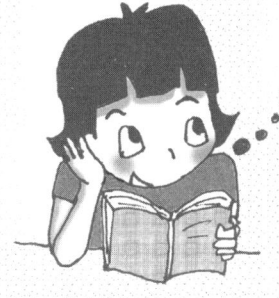

문제를 풀어보세요

1. 마구 죽여도 누구도 화를 내지 않는 스포츠가 있다. 어떤 스포츠일까?

2. 부인이 남편에게 매일 주는 상은?

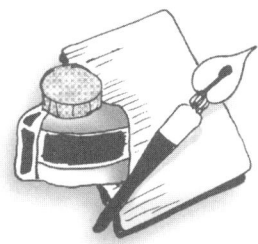

1. 야구   2. 밥상

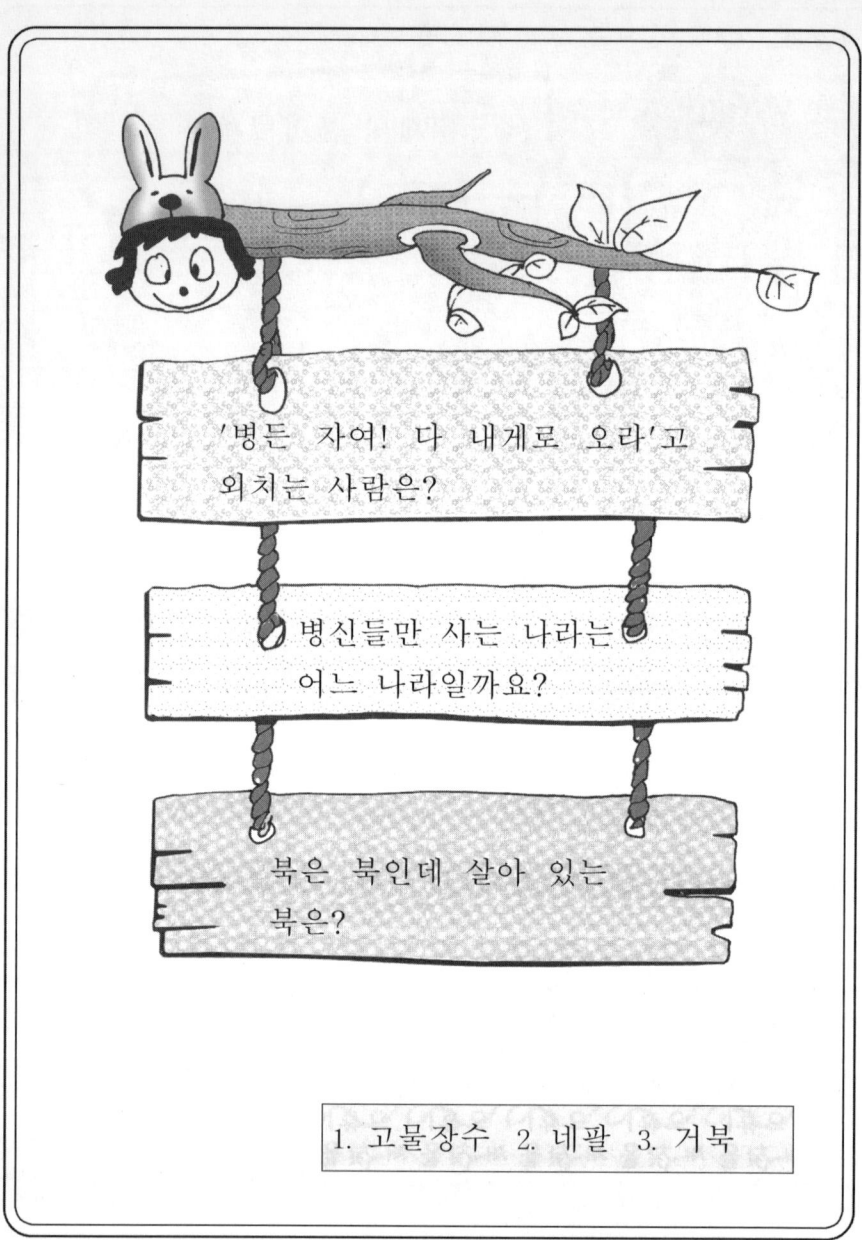

'병든 자여! 다 내게로 오라'고 외치는 사람은?

병신들만 사는 나라는 어느 나라일까요?

북은 북인데 살아 있는 북은?

1. 고물장수 2. 네팔 3. 거북

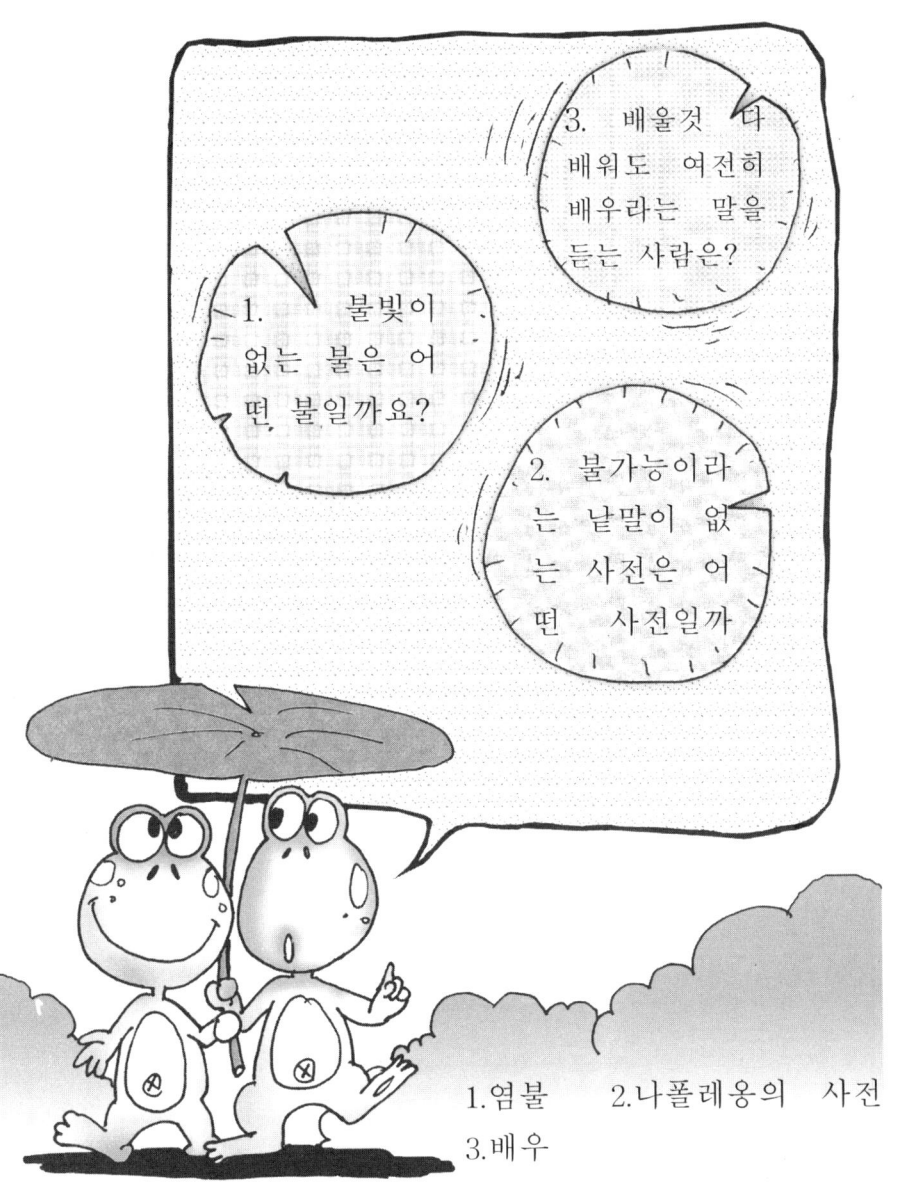

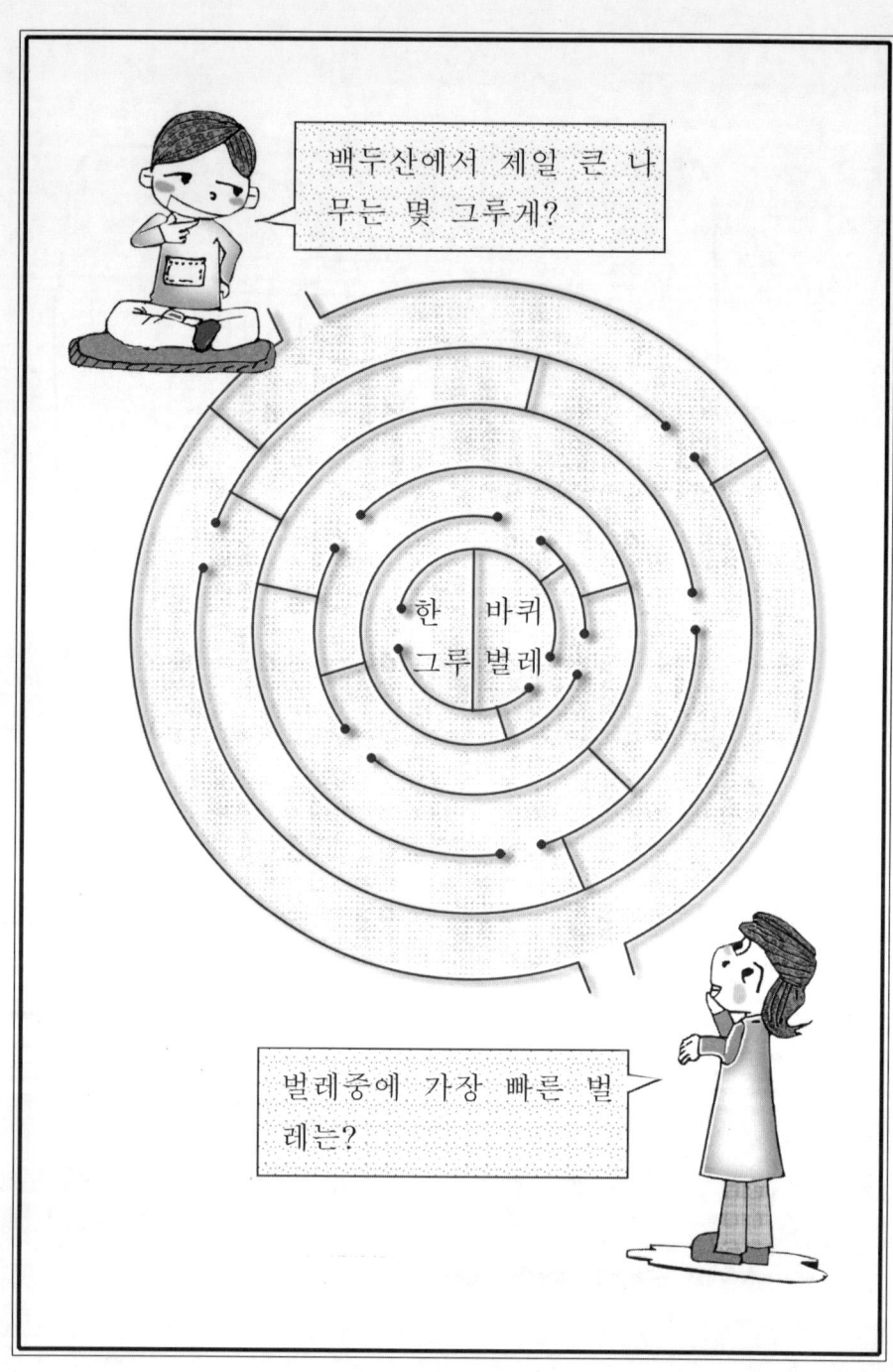

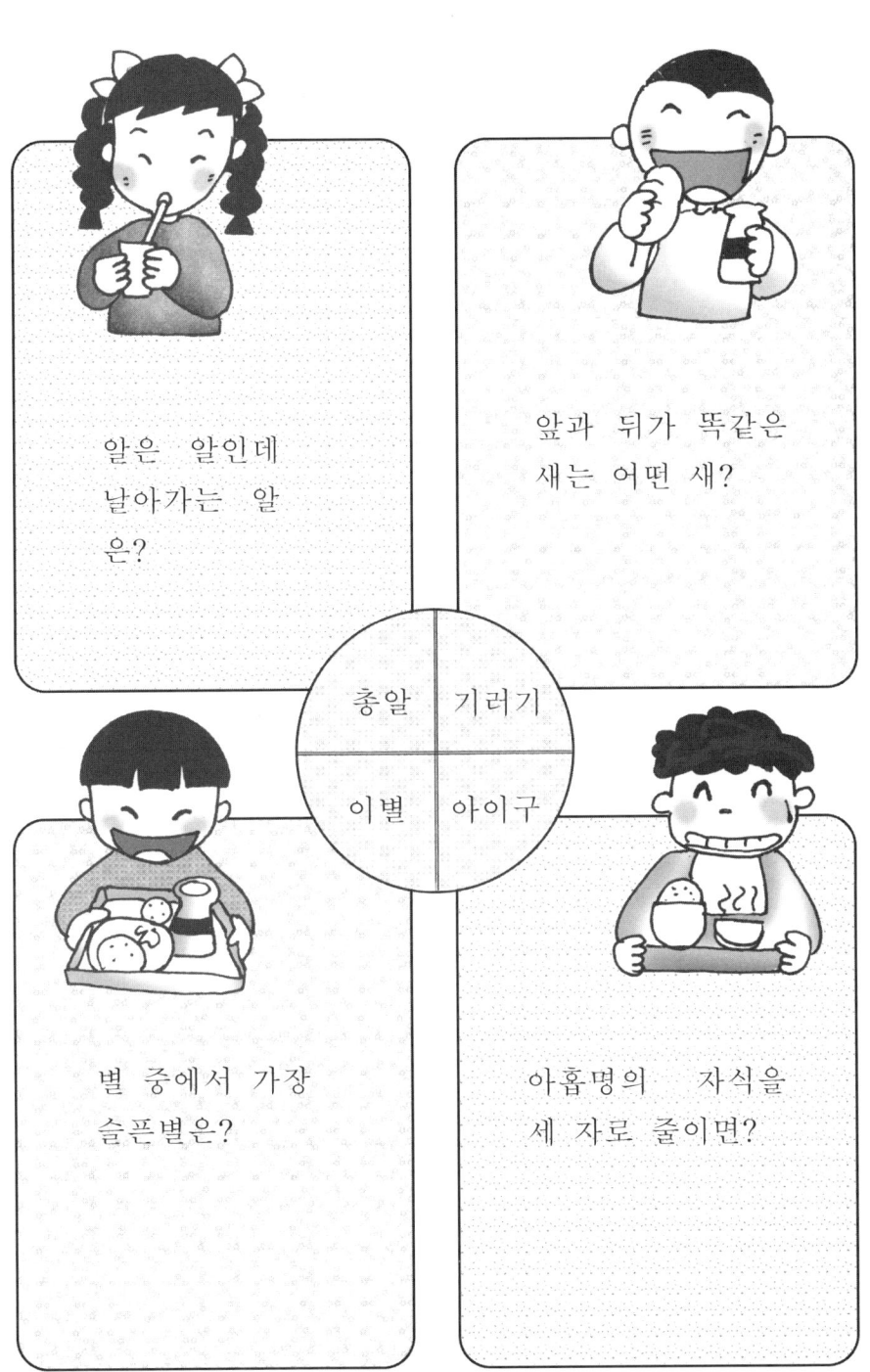

알은 알인데
날아가는 알
은?

앞과 뒤가 똑같은
새는 어떤 새?

총알	기러기
이별	아이구

별 중에서 가장
슬픈별은?

아홉명의 자식을
세 자로 줄이면?

111

♣ 맞춰보세요

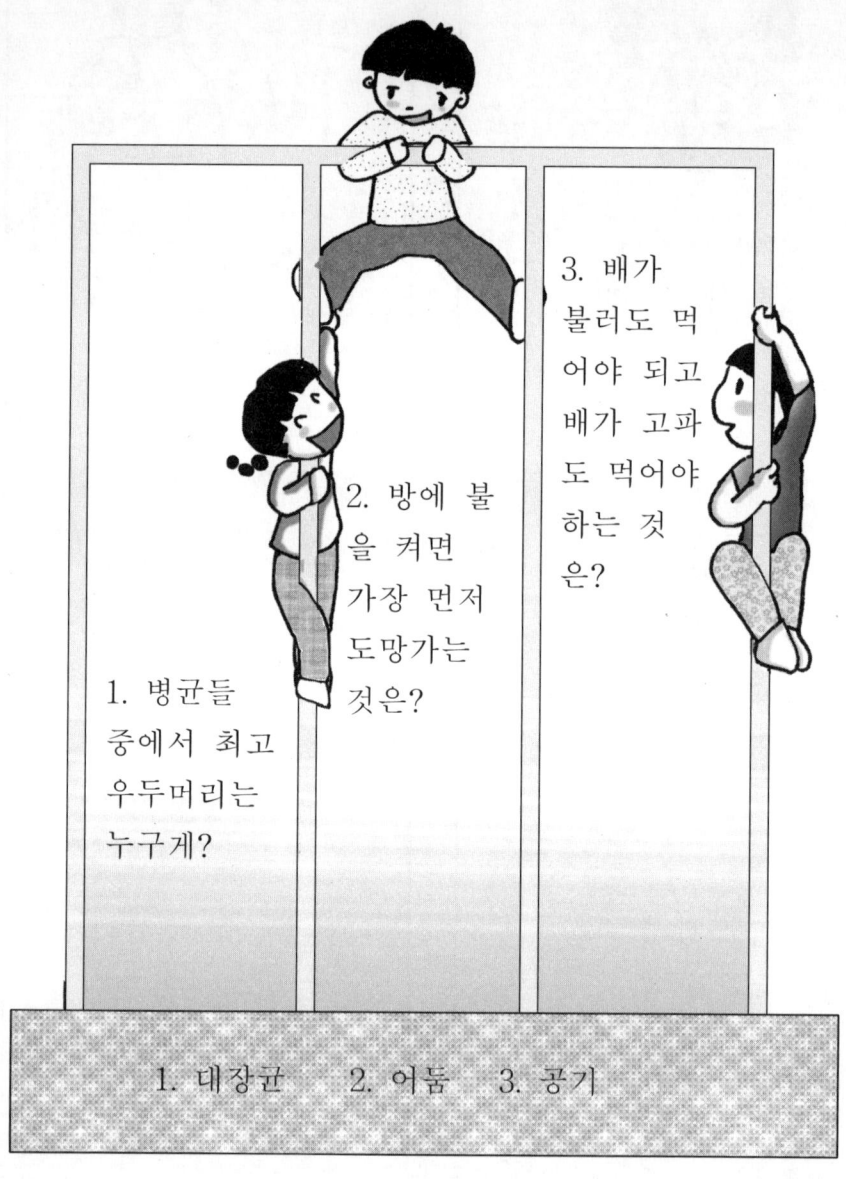

3. 배가 불러도 먹어야 되고 배가 고파도 먹어야 하는 것은?

2. 방에 불을 켜면 가장 먼저 도망가는 것은?

1. 병균들 중에서 최고 우두머리는 누구게?

1. 대장균   2. 어둠   3. 공기

※ 길을 따라 가면서 문제를 맞춰 보세요

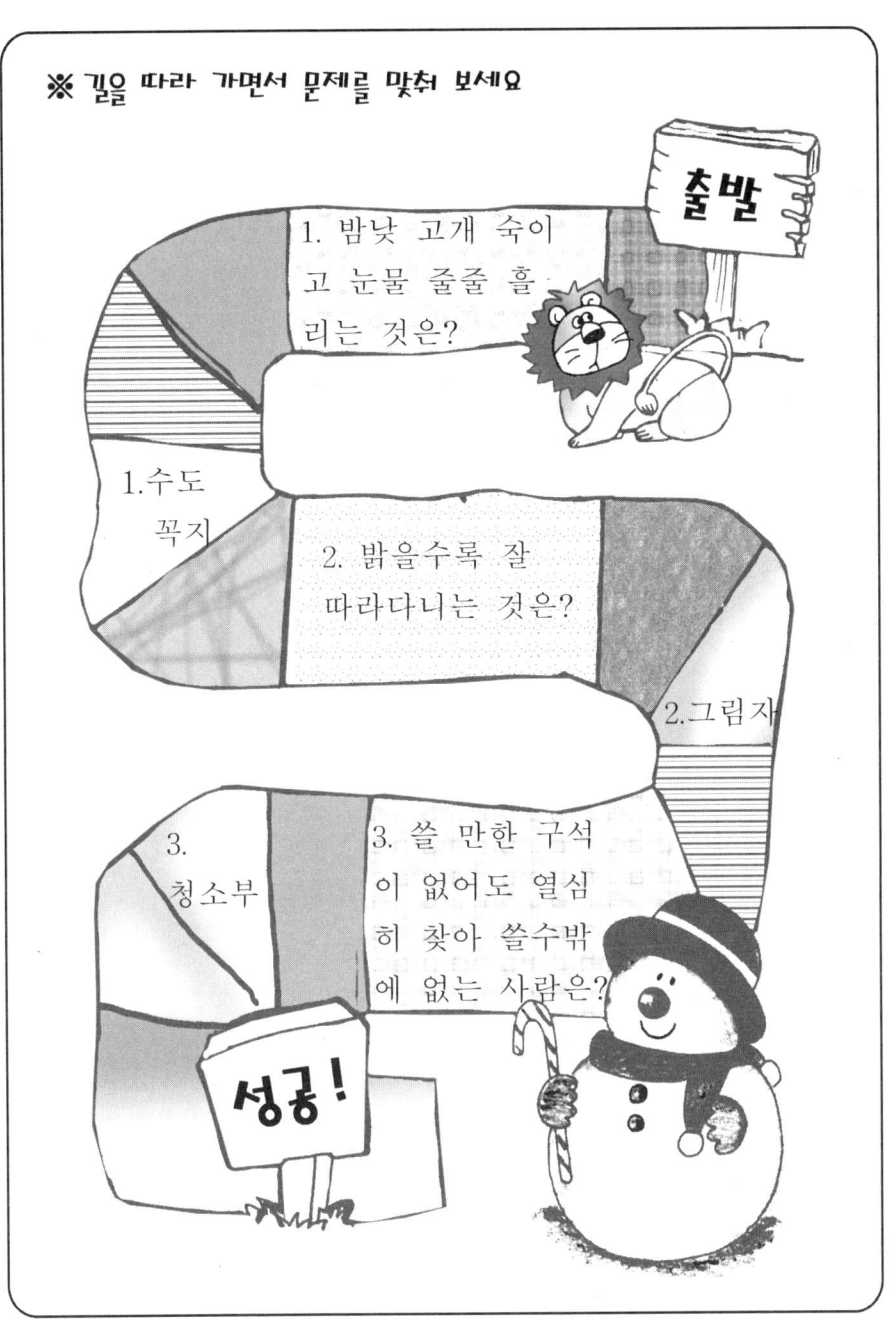

출발

1. 밤낮 고개 숙이고 눈물 줄줄 흘리는 것은?

1.수도꼭지

2. 밝을수록 잘 따라다니는 것은?

2.그림자

3. 청소부

3. 쓸 만한 구석이 없어도 열심히 찾아 쓸수밖에 없는 사람은?

성공!

자! 다음 문제를 풀어보세요.

1. 씨는 씨인데 심어도 싹이 나지 않는 씨는?

2. 이 세상에서 가장 명이 짧은 동물은?

1. 솜씨   2. 하루살이

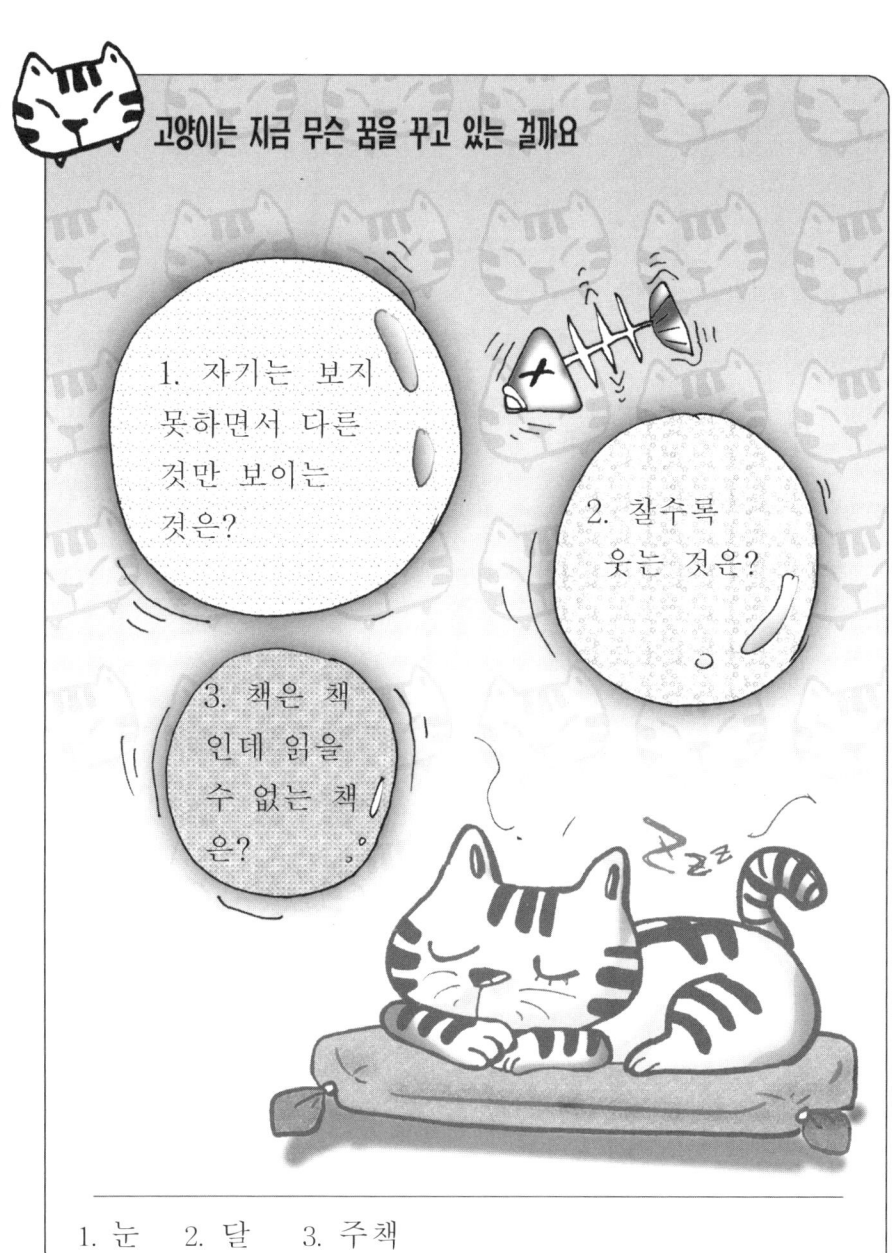

1. 자기는 보지 못하면서 다른 것만 보이는 것은?

2. 찰수록 웃는 것은?

3. 책은 책인데 읽을 수 없는 책은?

1. 눈   2. 달   3. 주책

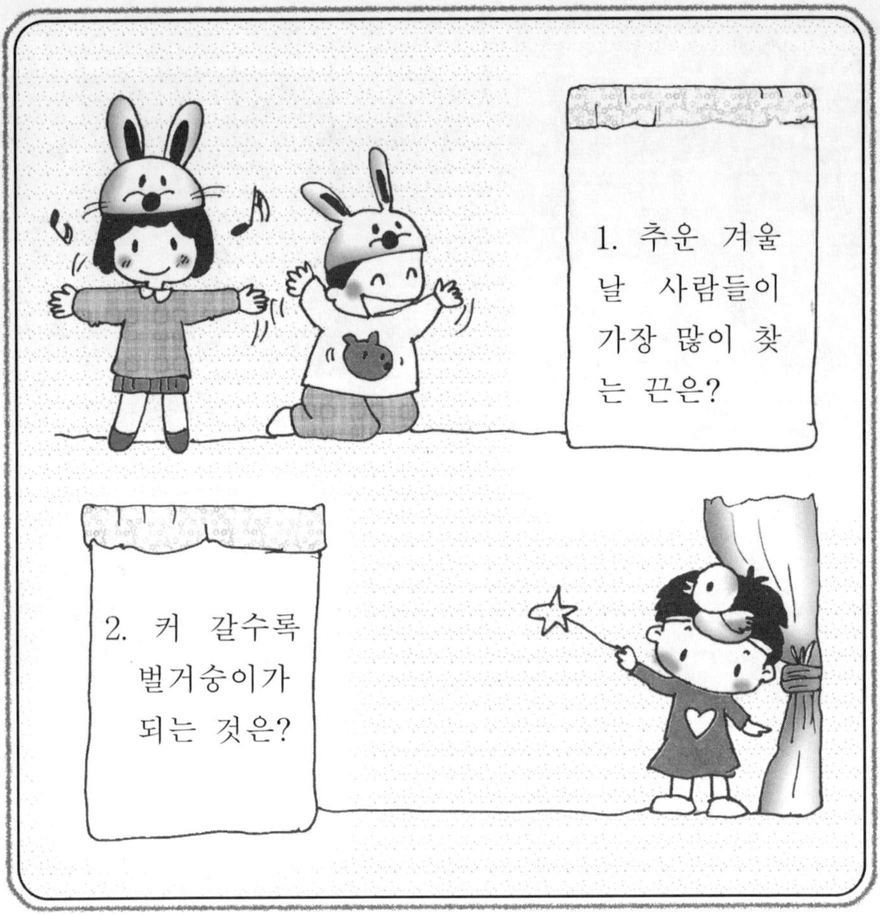

1. 추운 겨울 날 사람들이 가장 많이 찾는 끈은?

2. 커 갈수록 벌거숭이가 되는 것은?

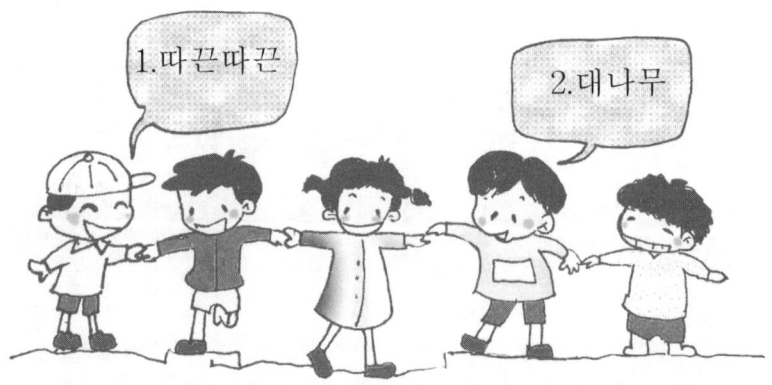

1.따끈따끈

2.대나무

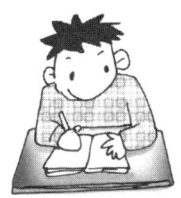

알맞은 답에 연결해 보세요

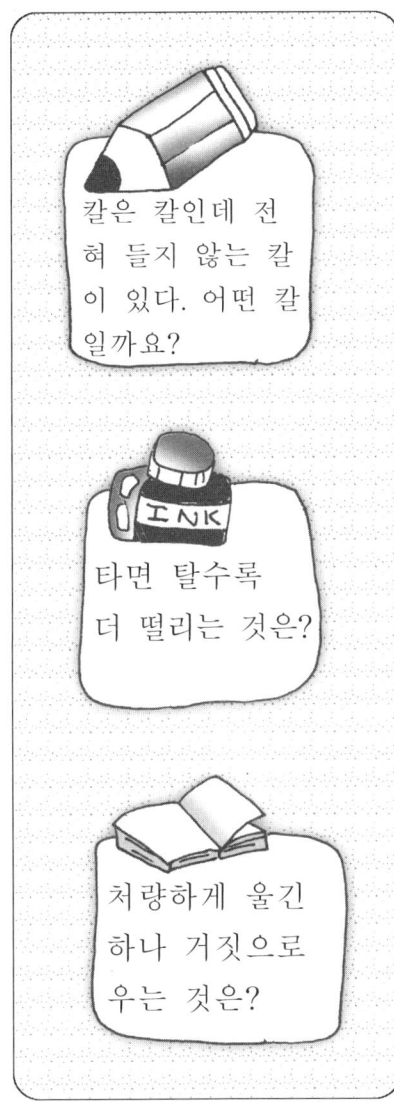

칼은 칼인데 전혀 들지 않는 칼이 있다. 어떤 칼일까요?

타면 탈수록 더 떨리는 것은?

처량하게 울긴 하나 거짓으로 우는 것은?

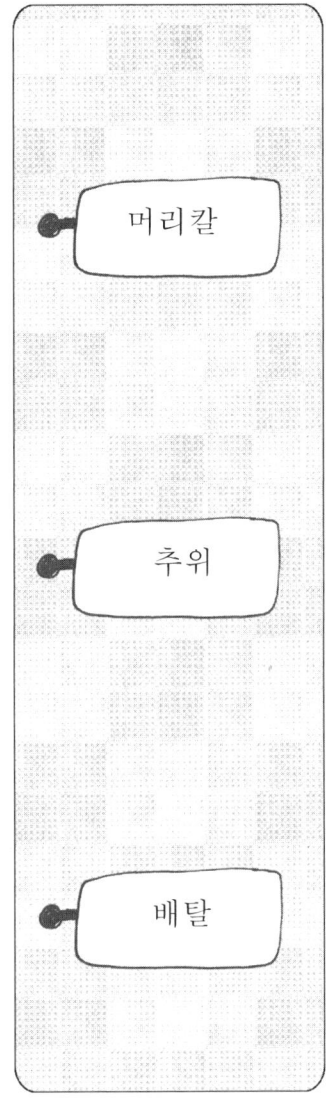

머리칼

추위

배탈

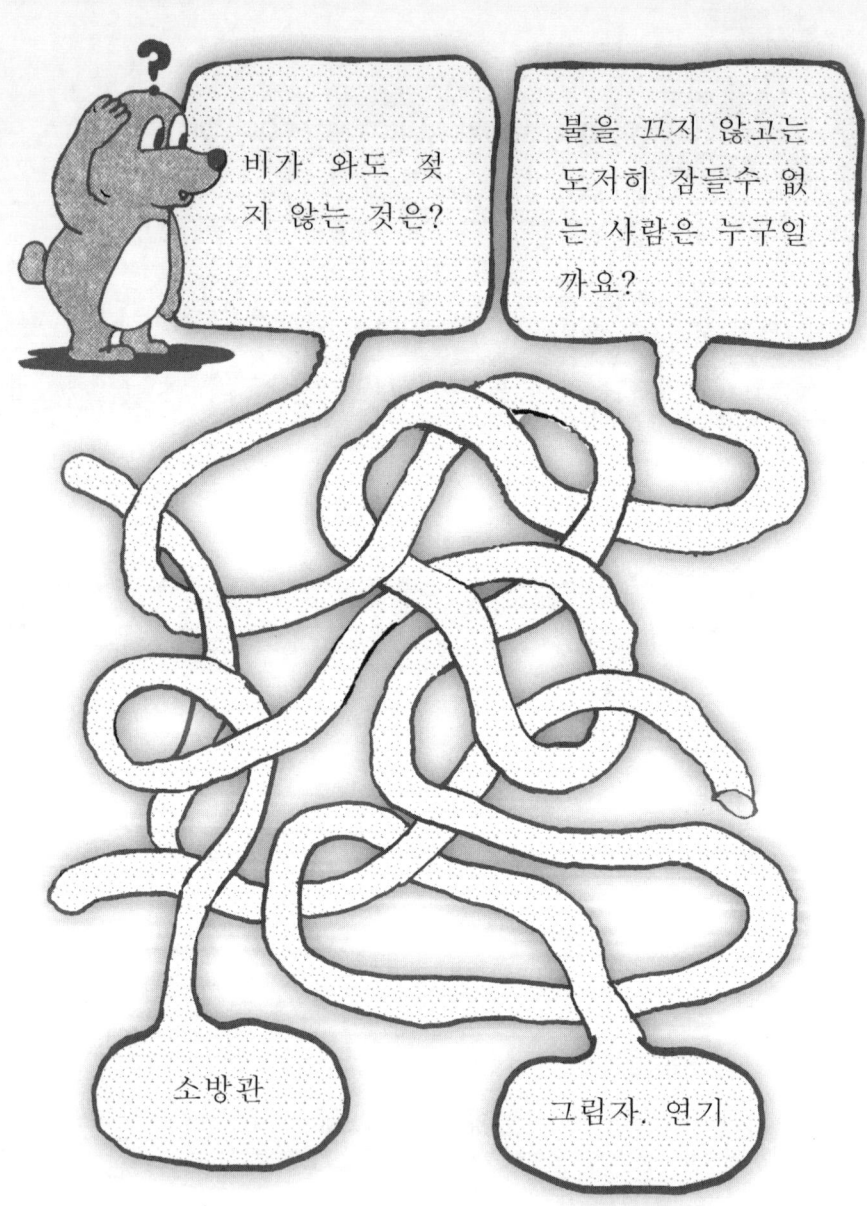

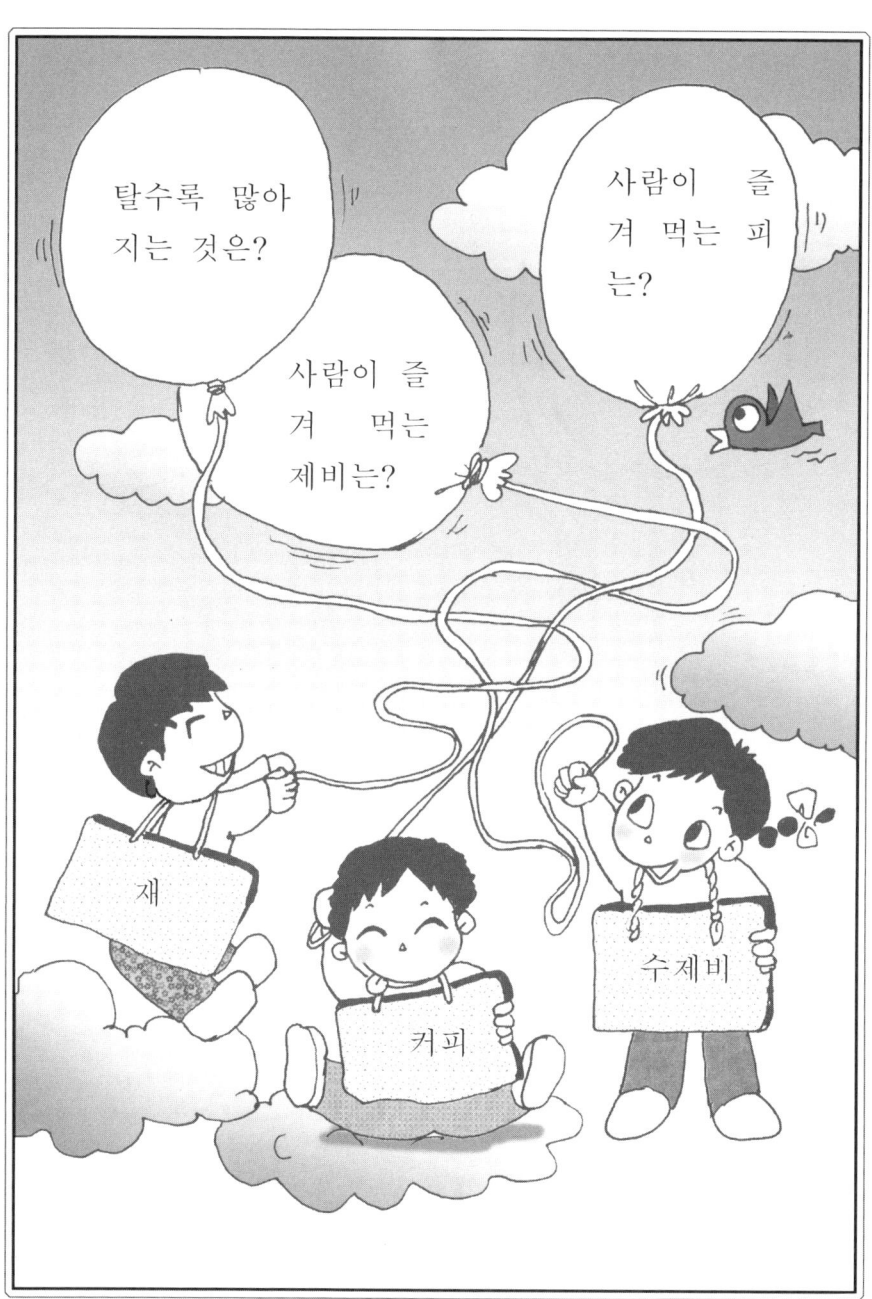

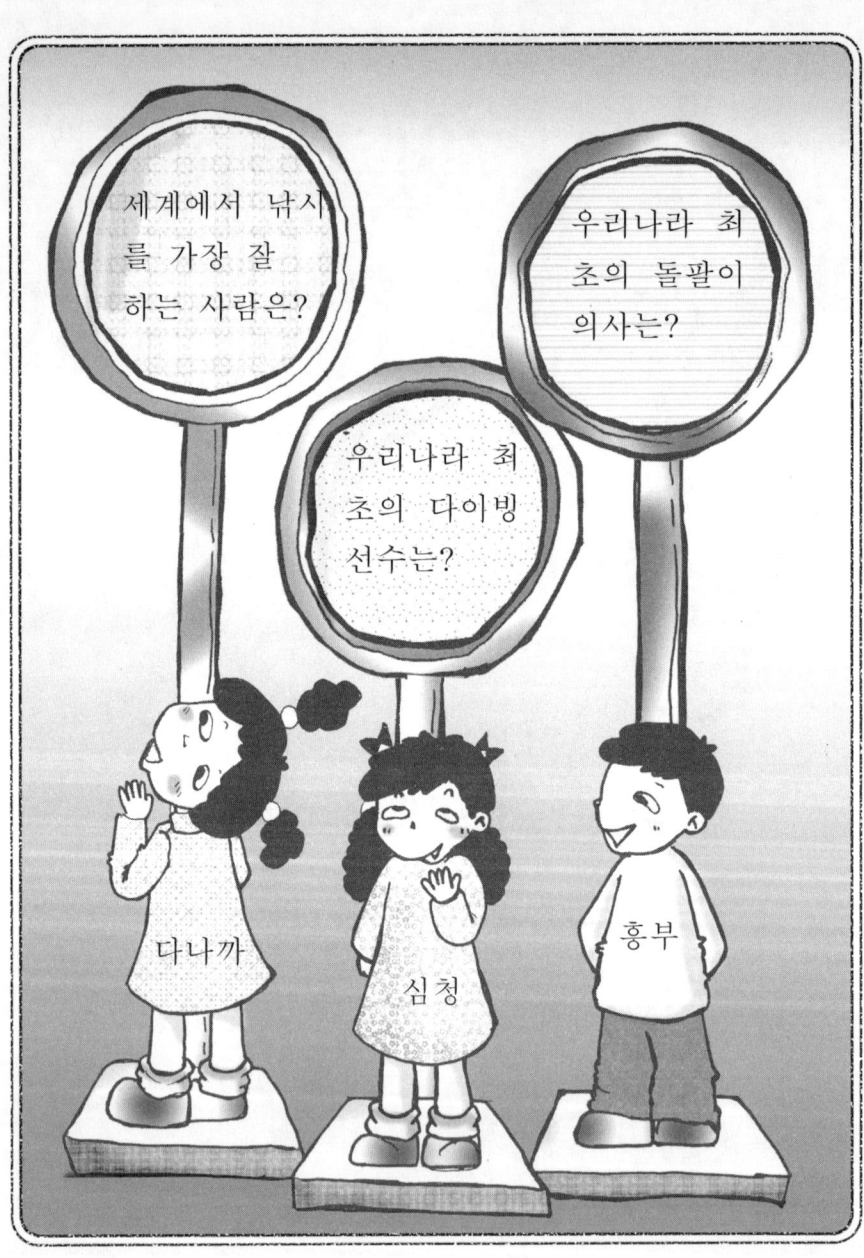

 **수수께끼를 맞춰 보세요**

문제 1 세 명이 바닷가에서 다이빙을 했다. 그런데 한 명의 머리털이 젖지 않았다. 이유는?

문제 2 전쟁중인 장군이 가장 받고 싶어하는 복은?

문제 3 정말로 먹고 살기가 힘든 사람은?

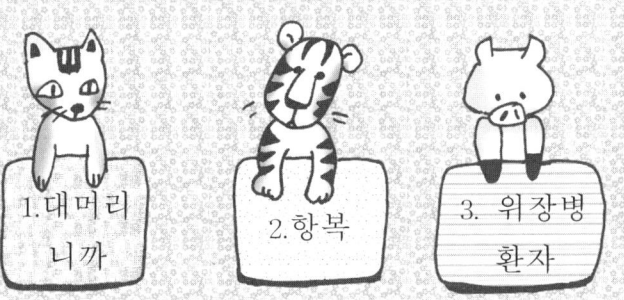

1.대머리니까

2.항복

3. 위장병 환자

121

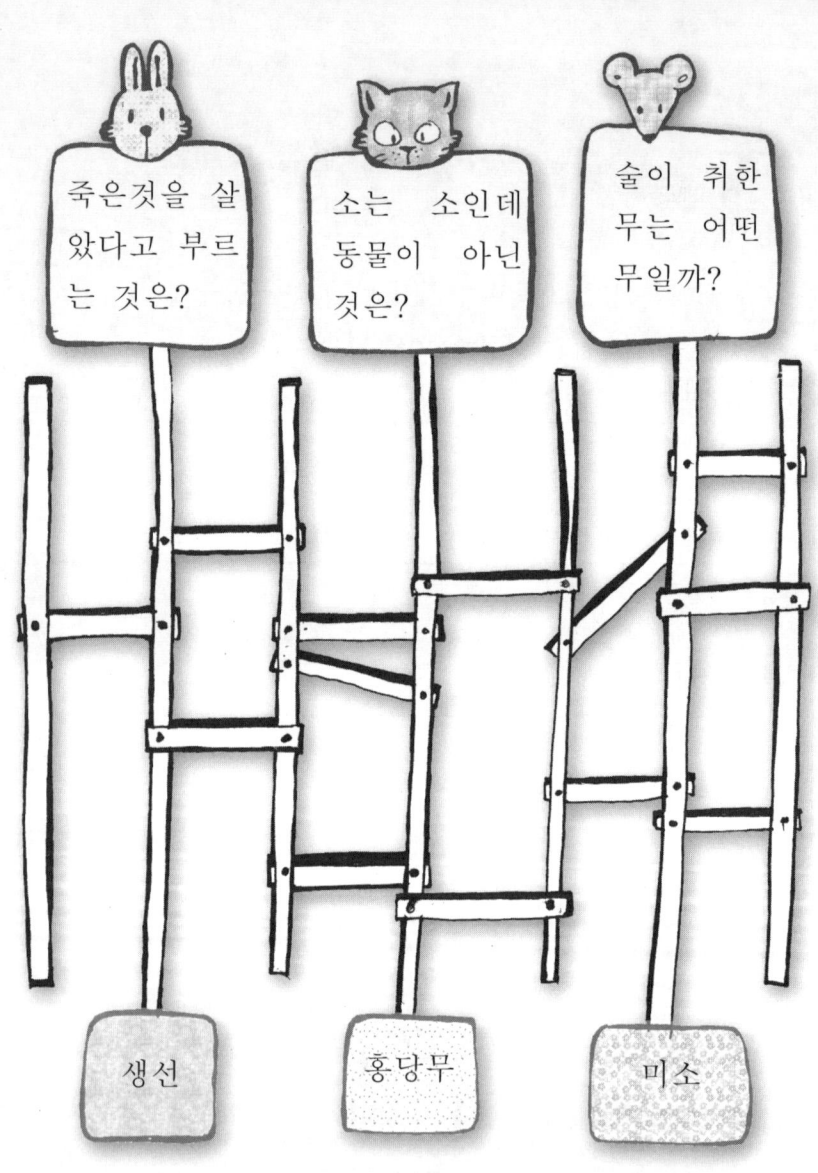

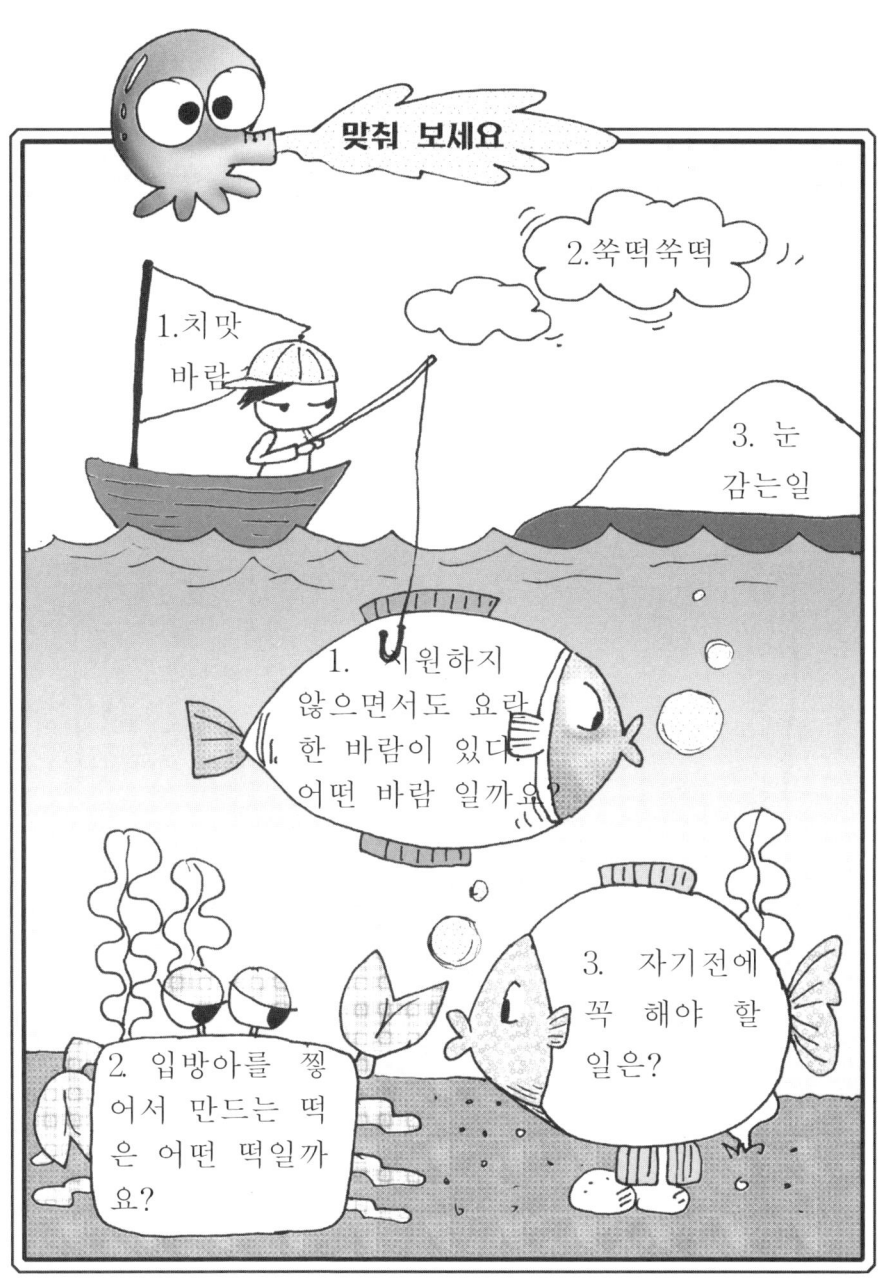

맞춰 보세요

2.쑥떡쑥떡

1.치맛
바람

3. 눈
감는일

1. 시원하지
않으면서도 요란
한 바람이 있다.
어떤 바람 일까요?

3. 자기전에
꼭 해야 할
일은?

2. 입방아를 찧
어서 만드는 떡
은 어떤 떡일까
요?

123

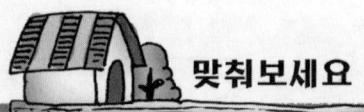

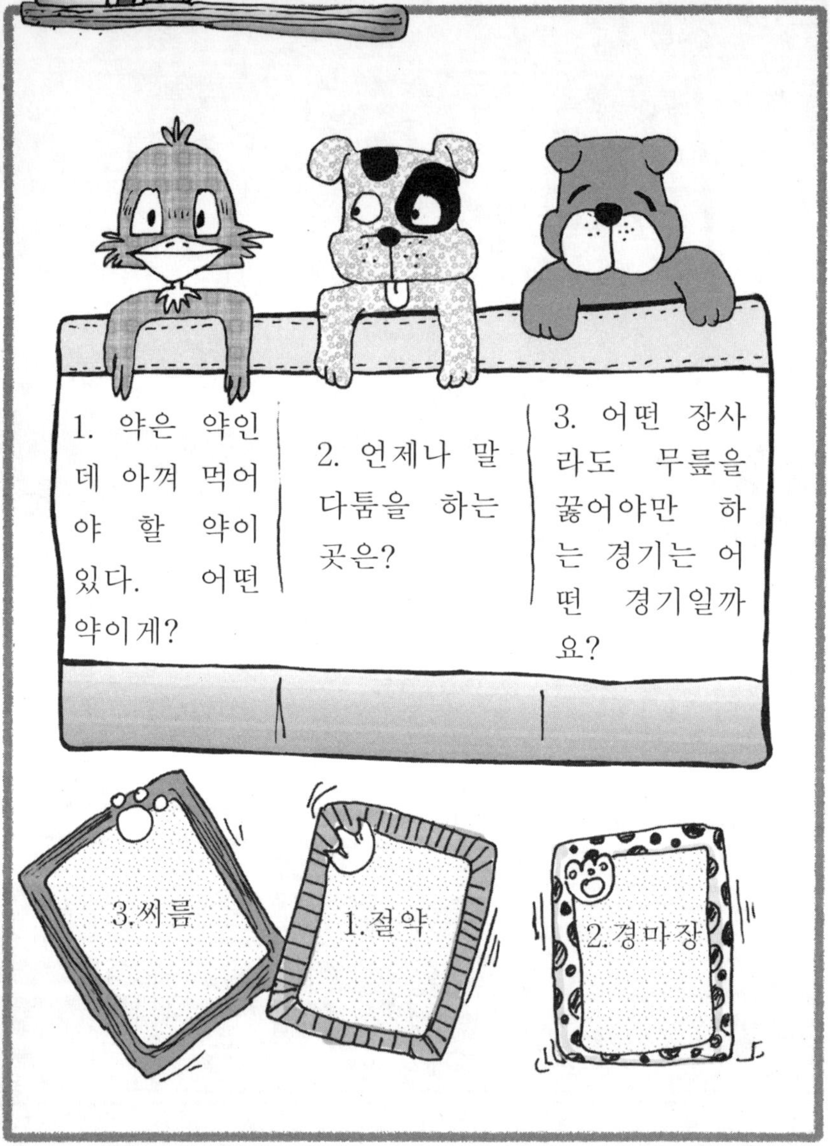

1. 약은 약인데 아껴 먹어야 할 약이 있다. 어떤 약이게?

2. 언제나 말다툼을 하는 곳은?

3. 어떤 장사라도 무릎을 꿇어야만 하는 경기는 어떤 경기일까요?

3.씨름

1.절약

2.경마장

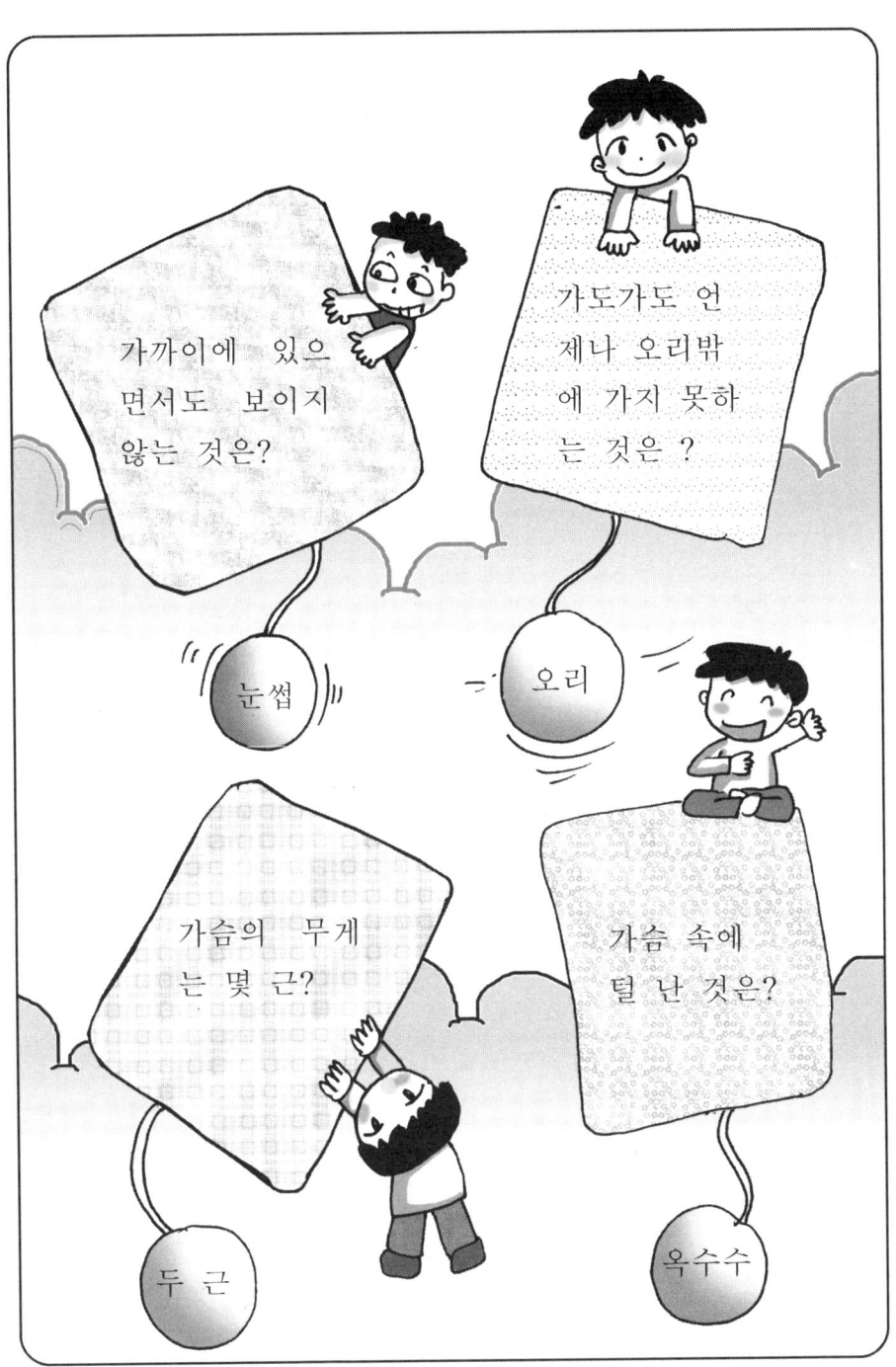

가까이에 있으면서도 보이지 않는 것은?

눈썹

가도가도 언제나 오리밖에 가지 못하는 것은 ?

오리

가슴의 무게는 몇 근?

두 근

가슴 속에 털 난 것은?

옥수수

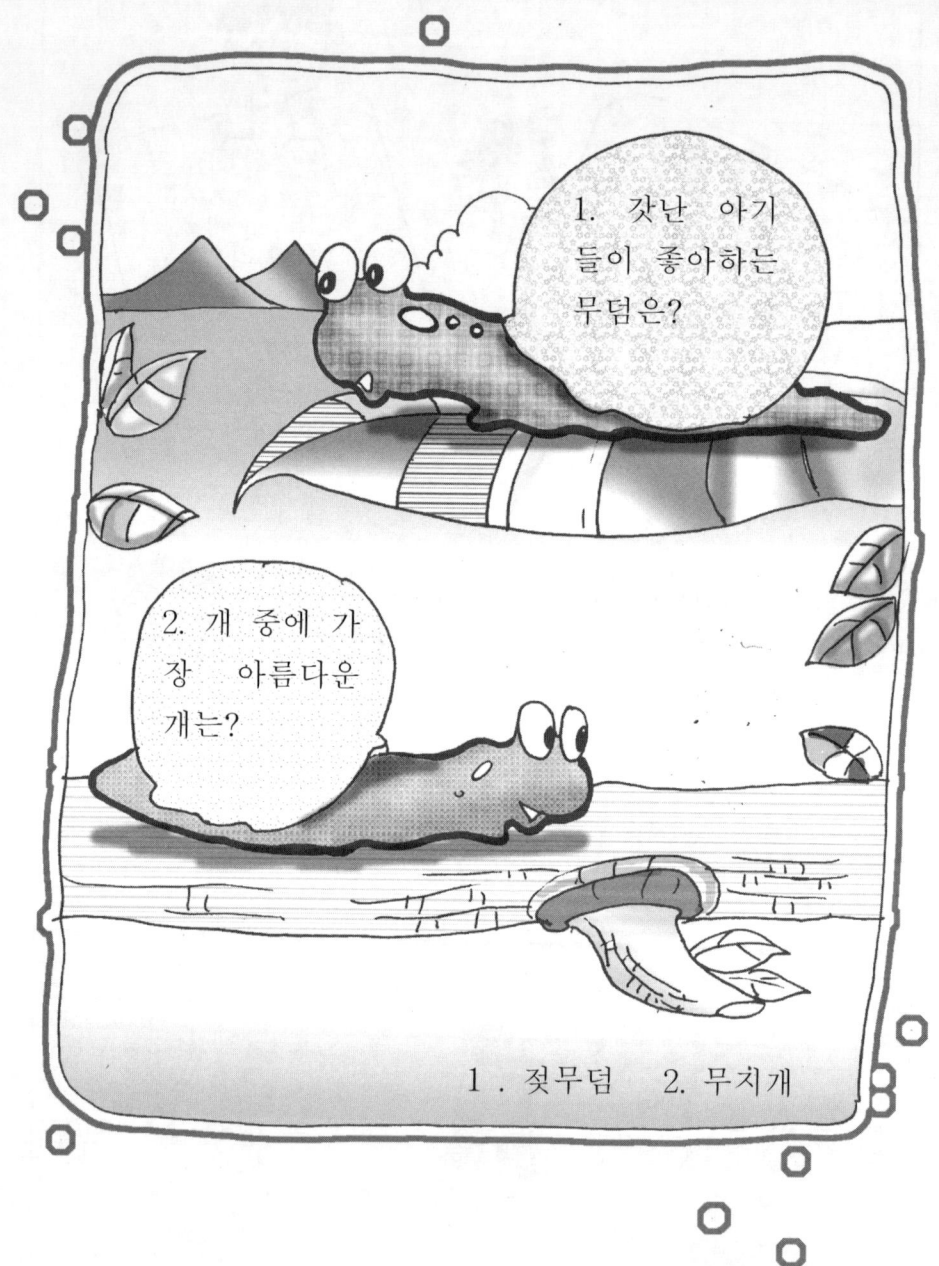

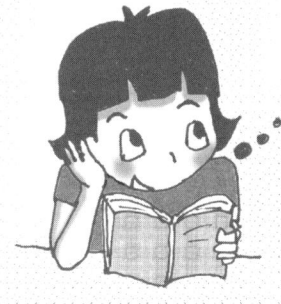

문제를 풀어보세요

1. 가리면 보이고 가리지 않으면 보이지 않는 것은?

2. 갓 태어난 병아리가 제일 잘 먹는 약은?

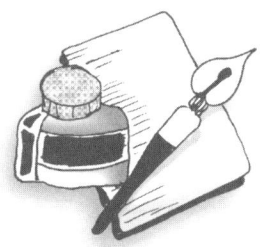

1. 안경   2. 삐약

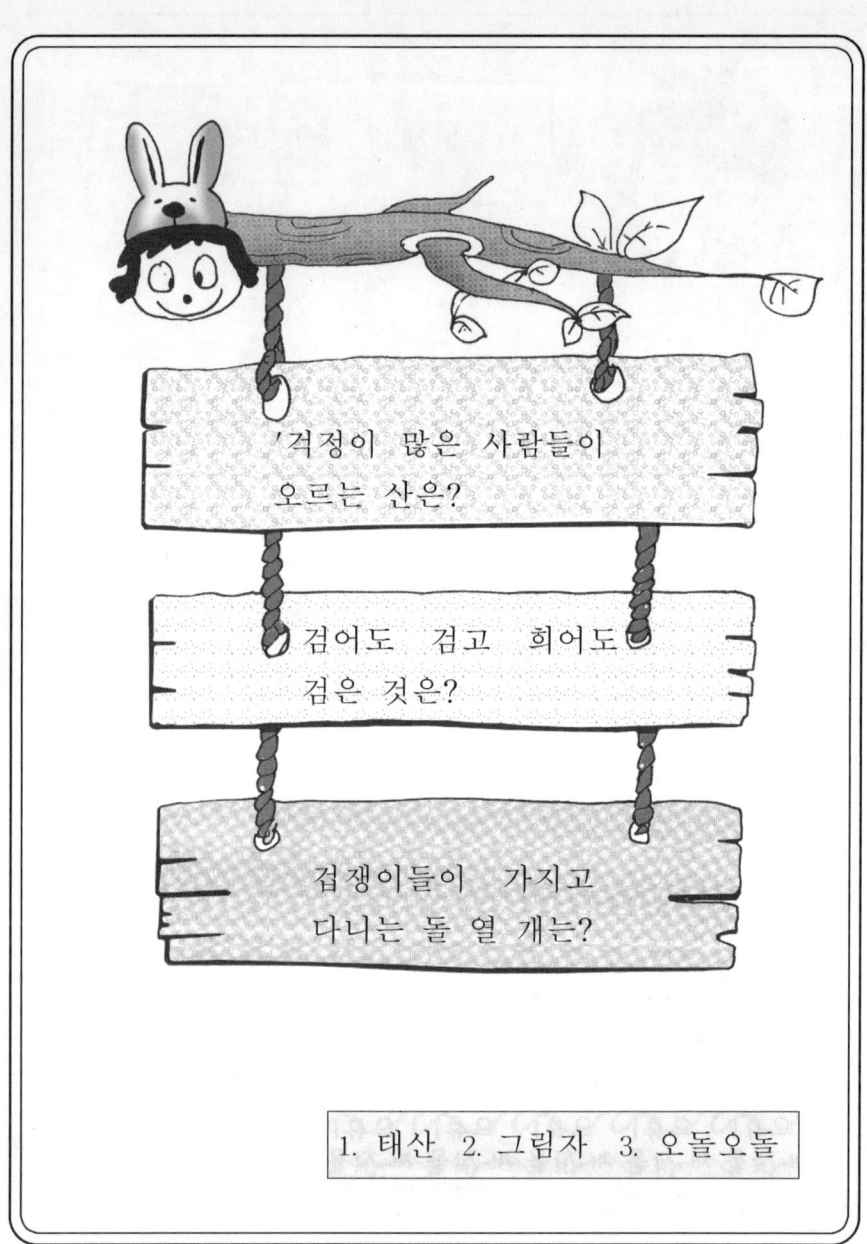

'걱정이 많은 사람들이
오르는 산은?

검어도 검고 희어도
검은 것은?

겁쟁이들이 가지고
다니는 돌 열 개는?

1. 태산 2. 그림자 3. 오돌오돌

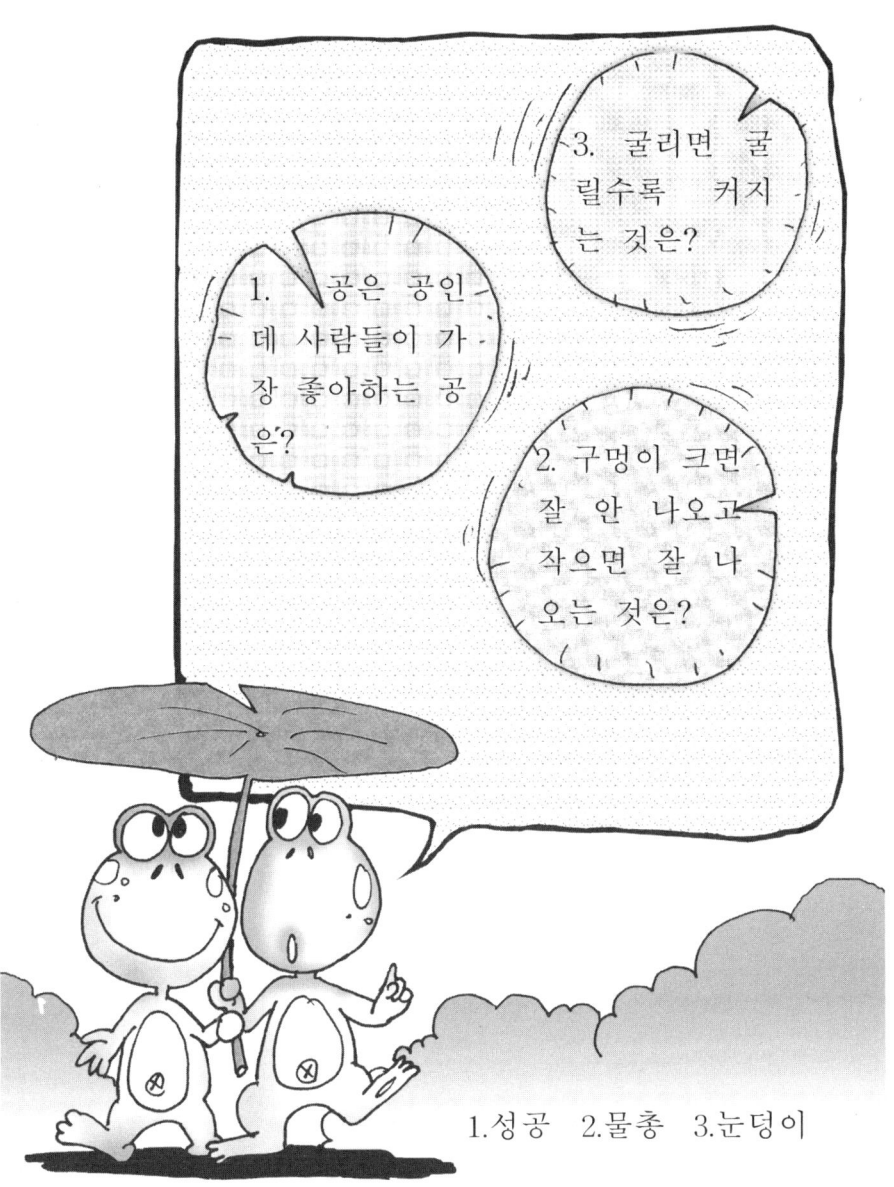

1.성공 2.물총 3.눈덩이

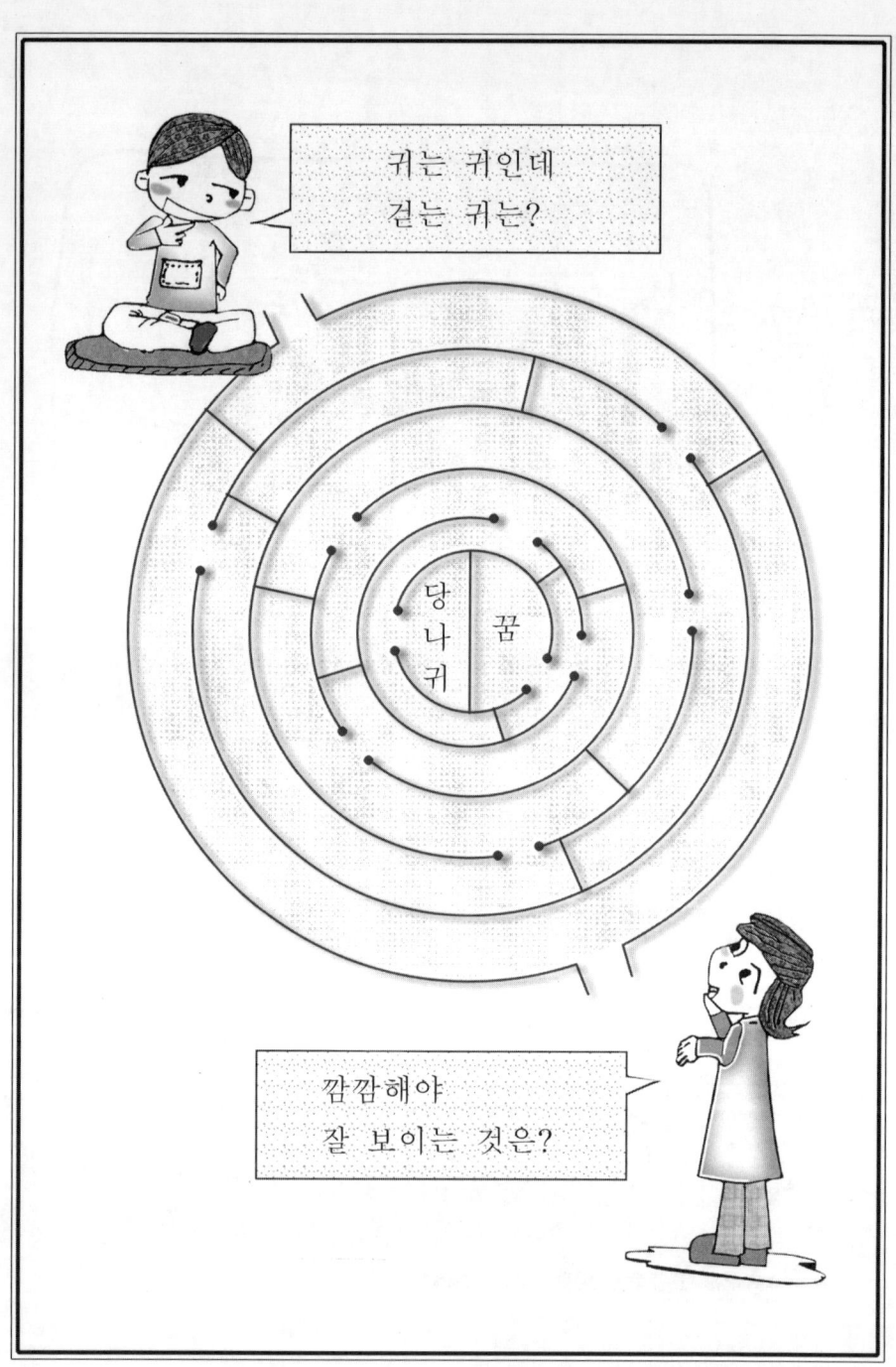

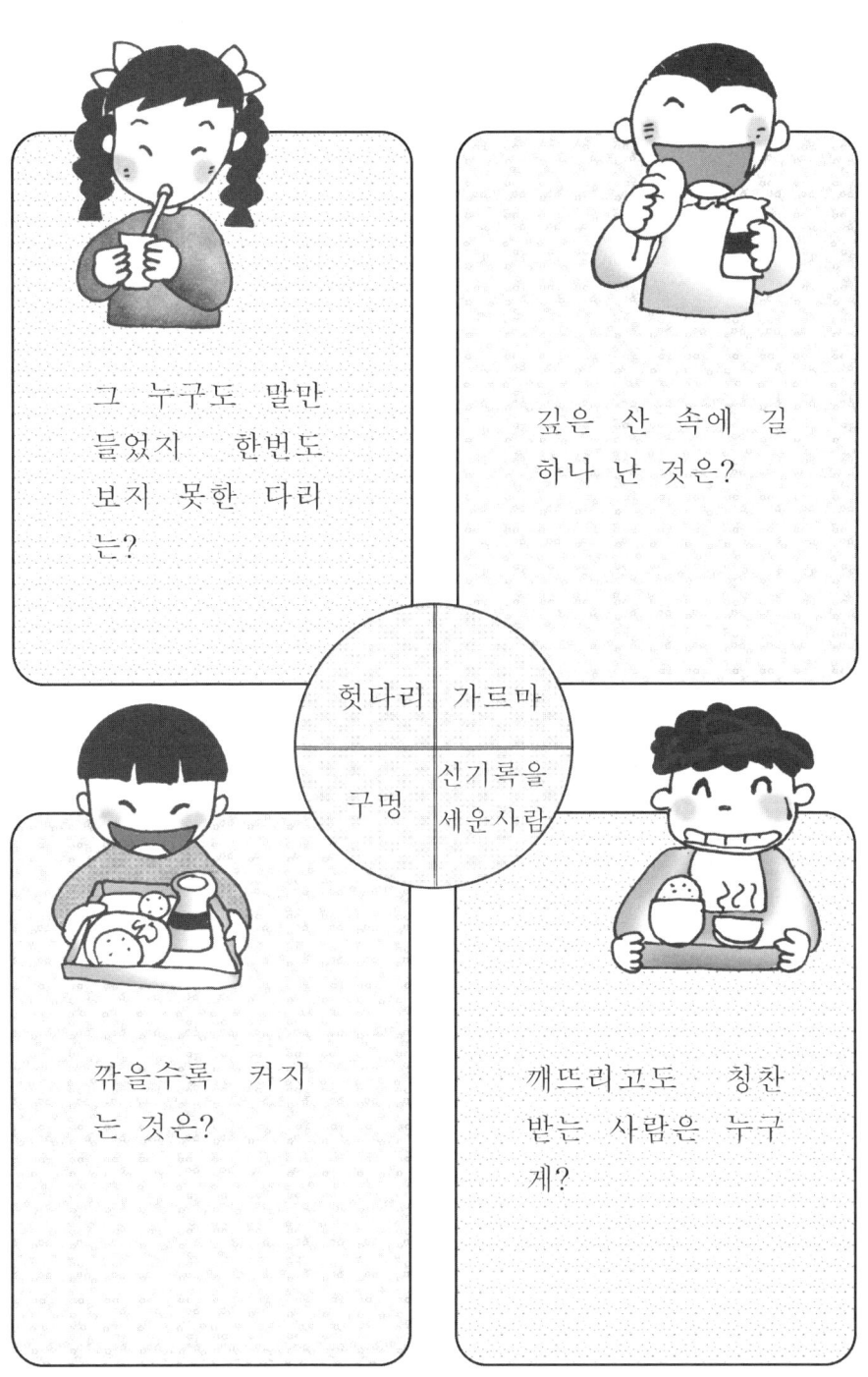

그 누구도 말만
들었지 한번도
보지 못한 다리
는?

깊은 산 속에 길
하나 난 것은?

헛다리 가르마

구멍 신기록을
세운사람

깎을수록 커지
는 것은?

깨뜨리고도 칭찬
받는 사람은 누구
게?

♣ 맞춰보세요

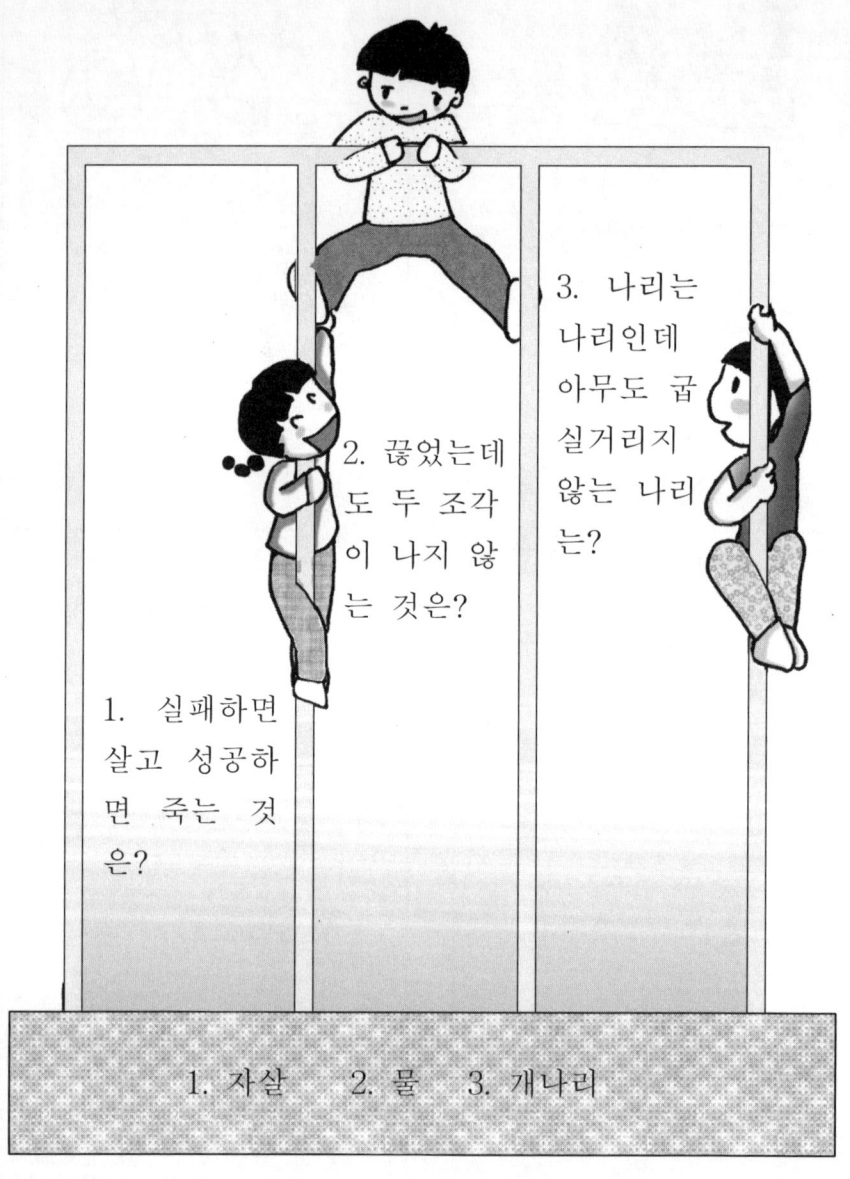

3. 나리는 나리인데 아무도 굽실거리지 않는 나리는?

2. 끊었는데도 두 조각이 나지 않는 것은?

1. 실패하면 살고 성공하면 죽는 것은?

1. 자살   2. 물   3. 개나리

※ 길을 따라 가면서 문제를 맞춰 보세요

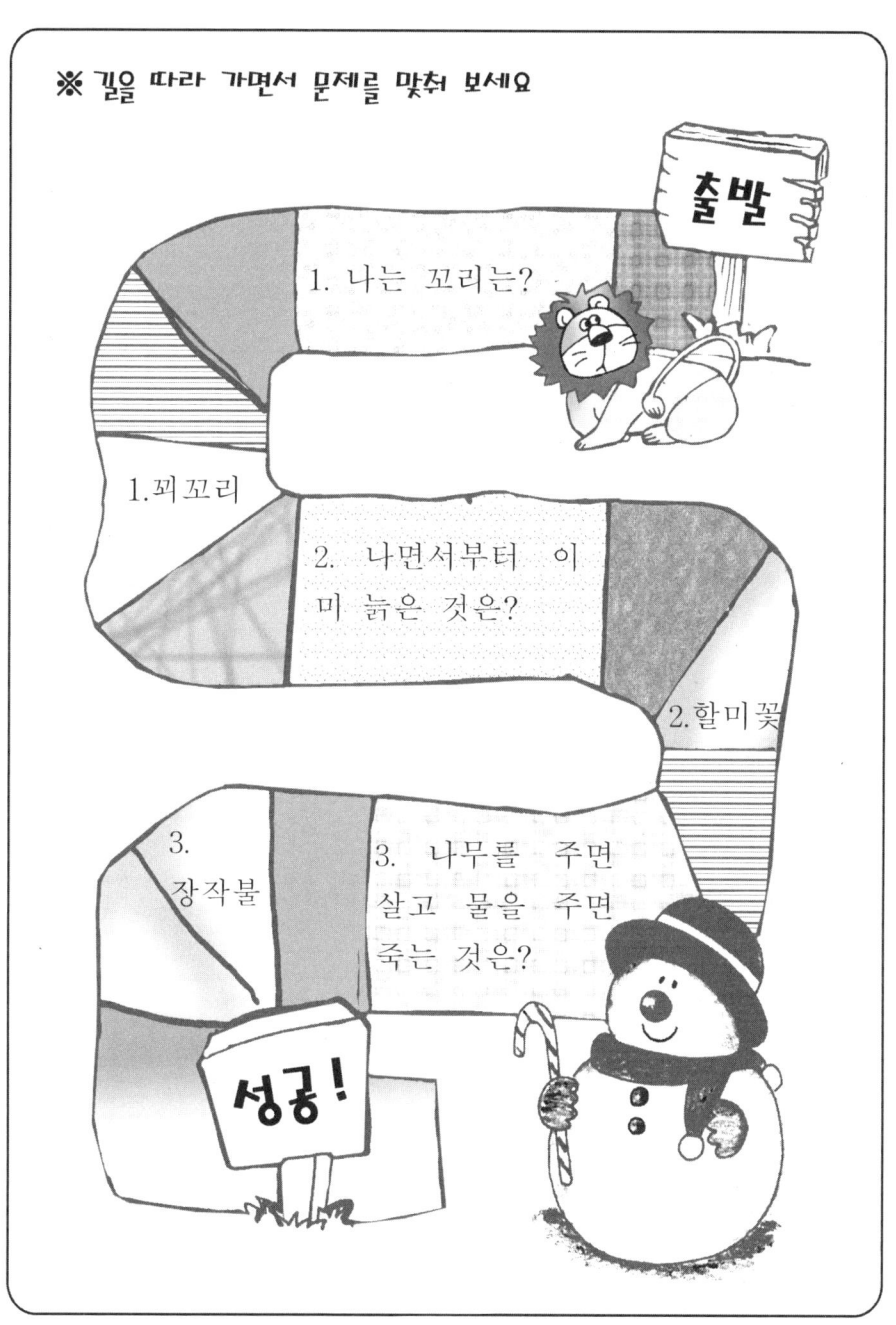

출발

1. 나는 꼬리는?

1.꾀꼬리

2. 나면서부터 이
미 늙은 것은?

2.할미꽃

3.
장작불

3. 나무를 주면
살고 물을 주면
죽는 것은?

성공!

133

자! 다음 문제를 풀어보세요.

1. 날씨가 따뜻해지면 이 집 저 집에서 마구 죽이는 것은?

2. 남보다 위대한 사람은 어떤 일을 가장 잘할까?

1. 연탄불   2. 먹는 일

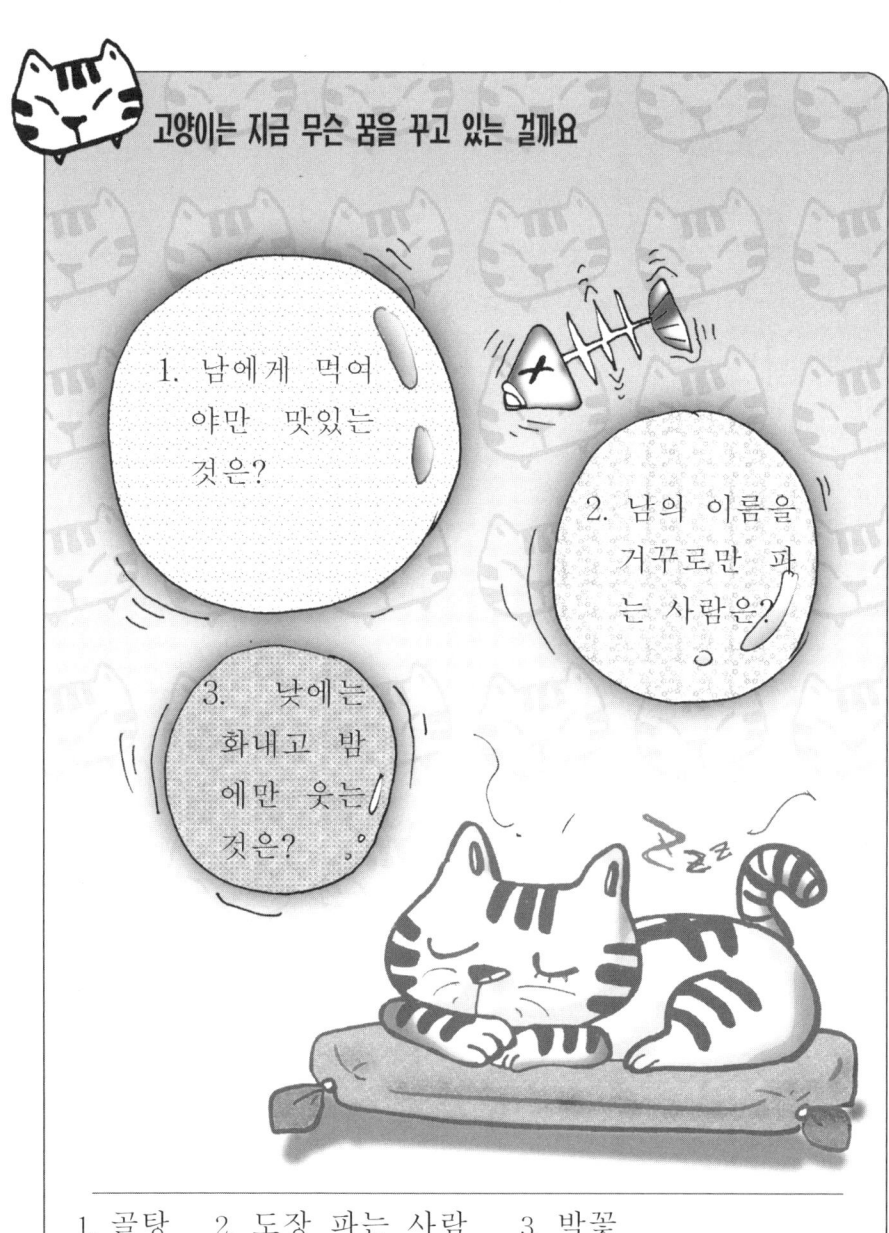

고양이는 지금 무슨 꿈을 꾸고 있는 걸까요

1. 남에게 먹여야만 맛있는 것은?

2. 남의 이름을 거꾸로만 파는 사람은?

3. 낮에는 화내고 밤에만 웃는 것은?

---

1. 골탕   2. 도장 파는 사람   3. 박꽃

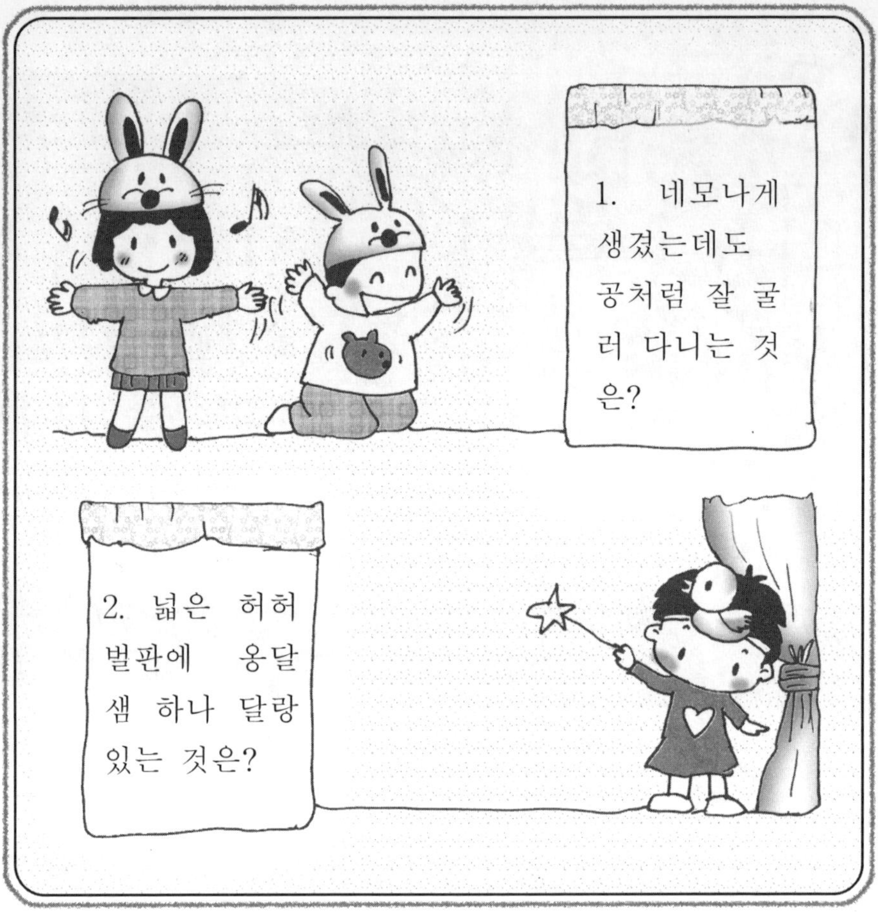

1. 네모나게 생겼는데도 공처럼 잘 굴러 다니는 것은?

2. 넓은 허허벌판에 옹달샘 하나 달랑 있는 것은?

1. 지폐

2. 배꼽

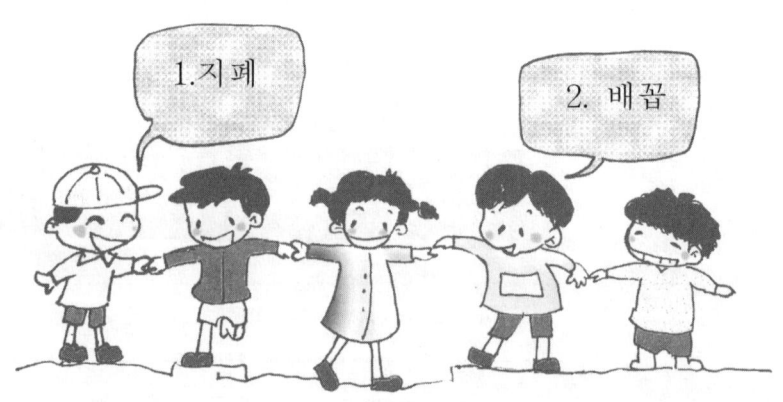

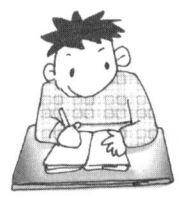 **알맞은 답에 연결해 보세요**

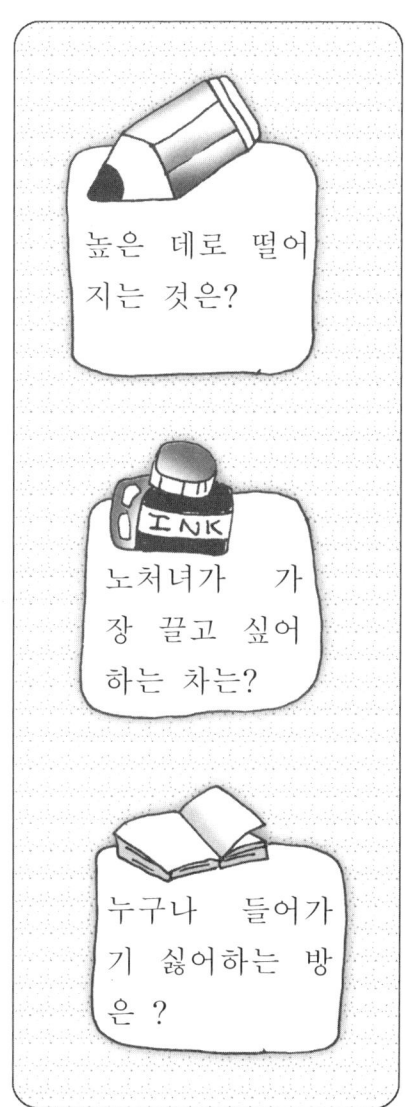

높은 데로 떨어지는 것은?

노처녀가 가장 끌고 싶어하는 차는?

누구나 들어가기 싫어하는 방은?

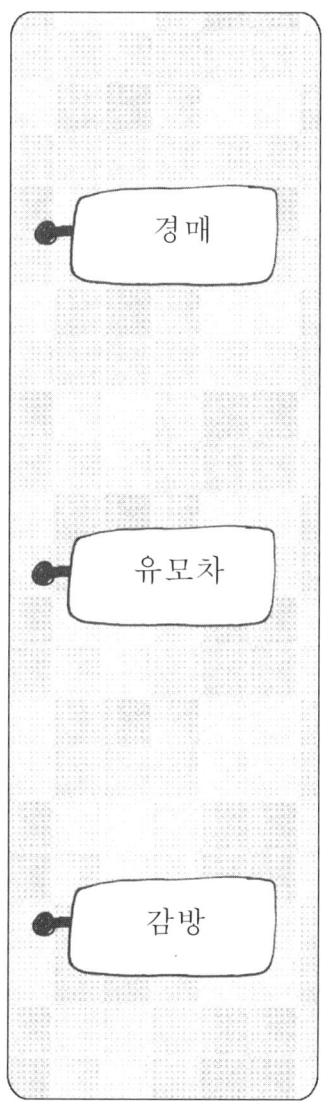

경매

유모차

감방

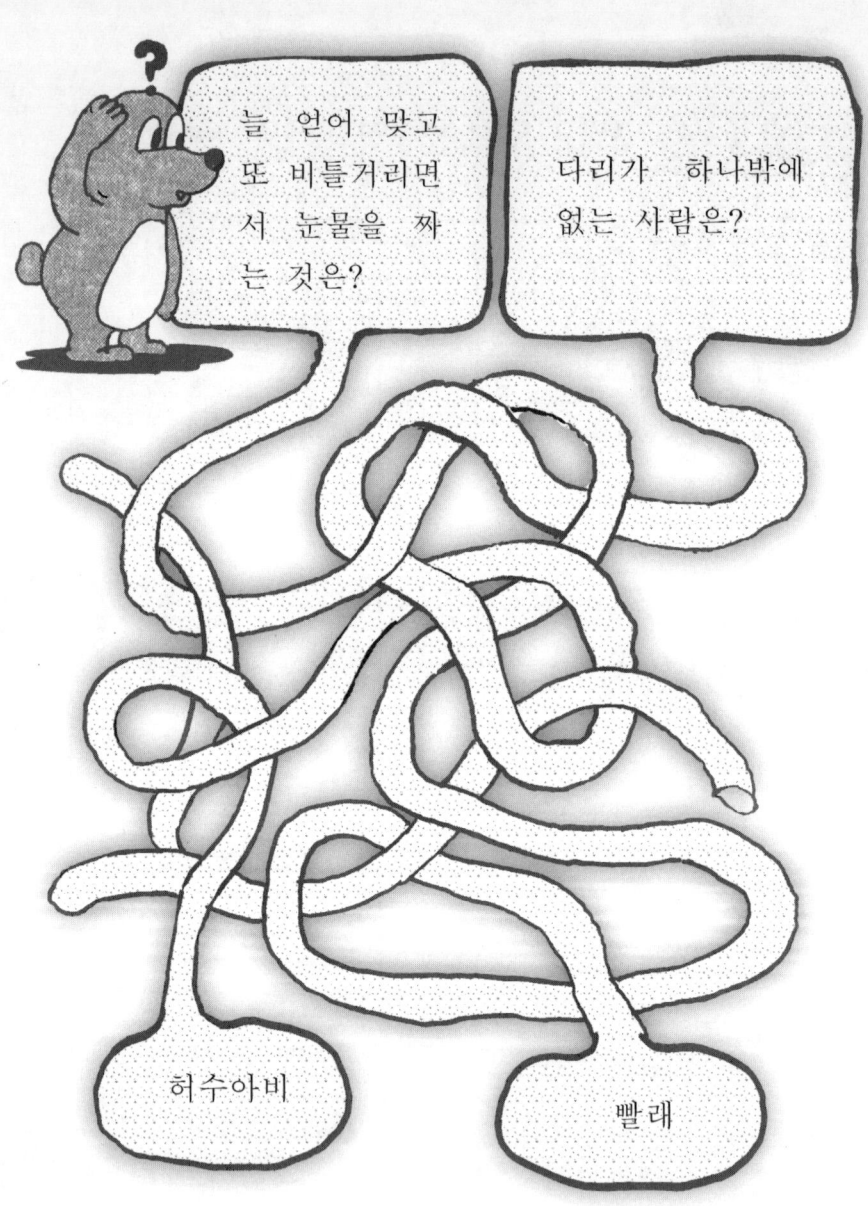

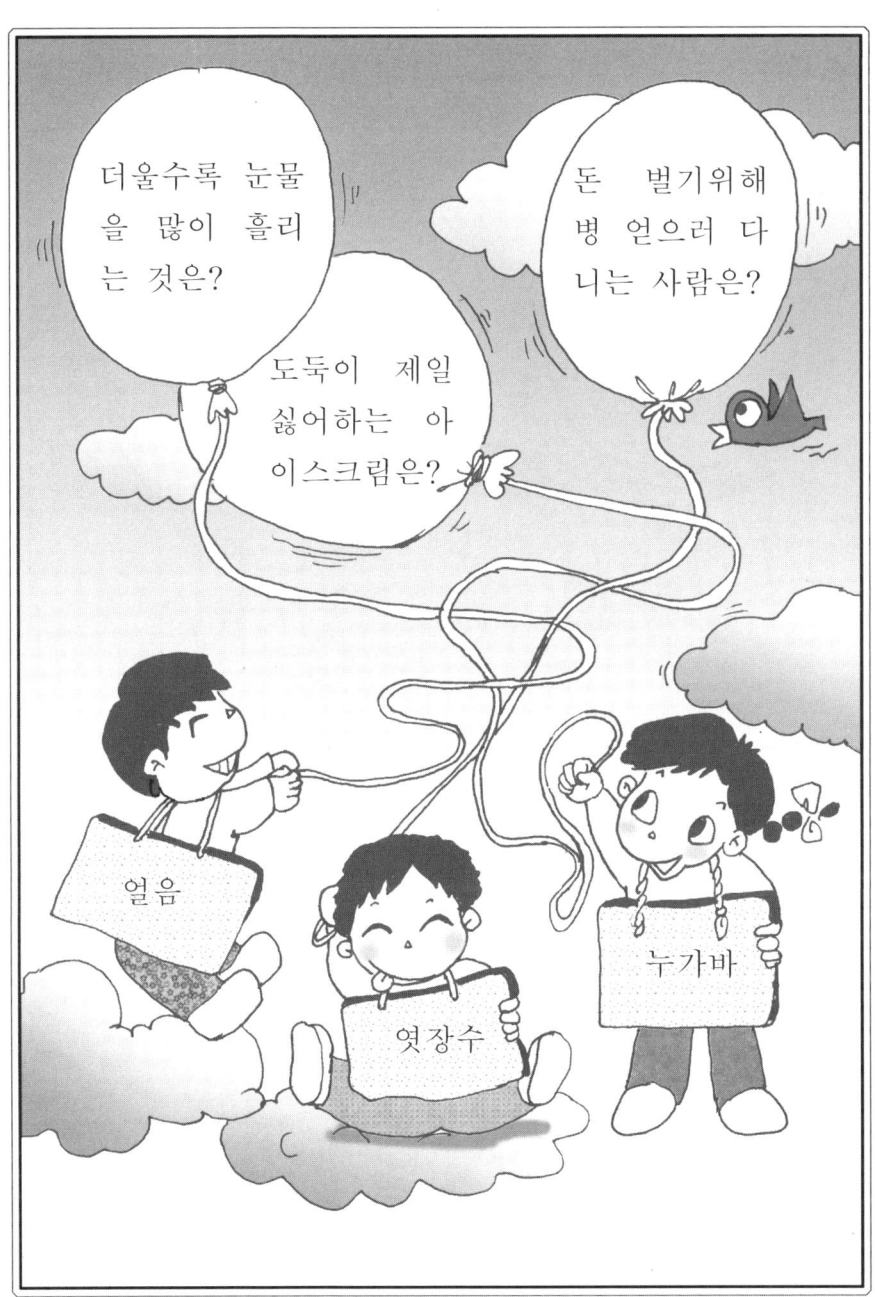

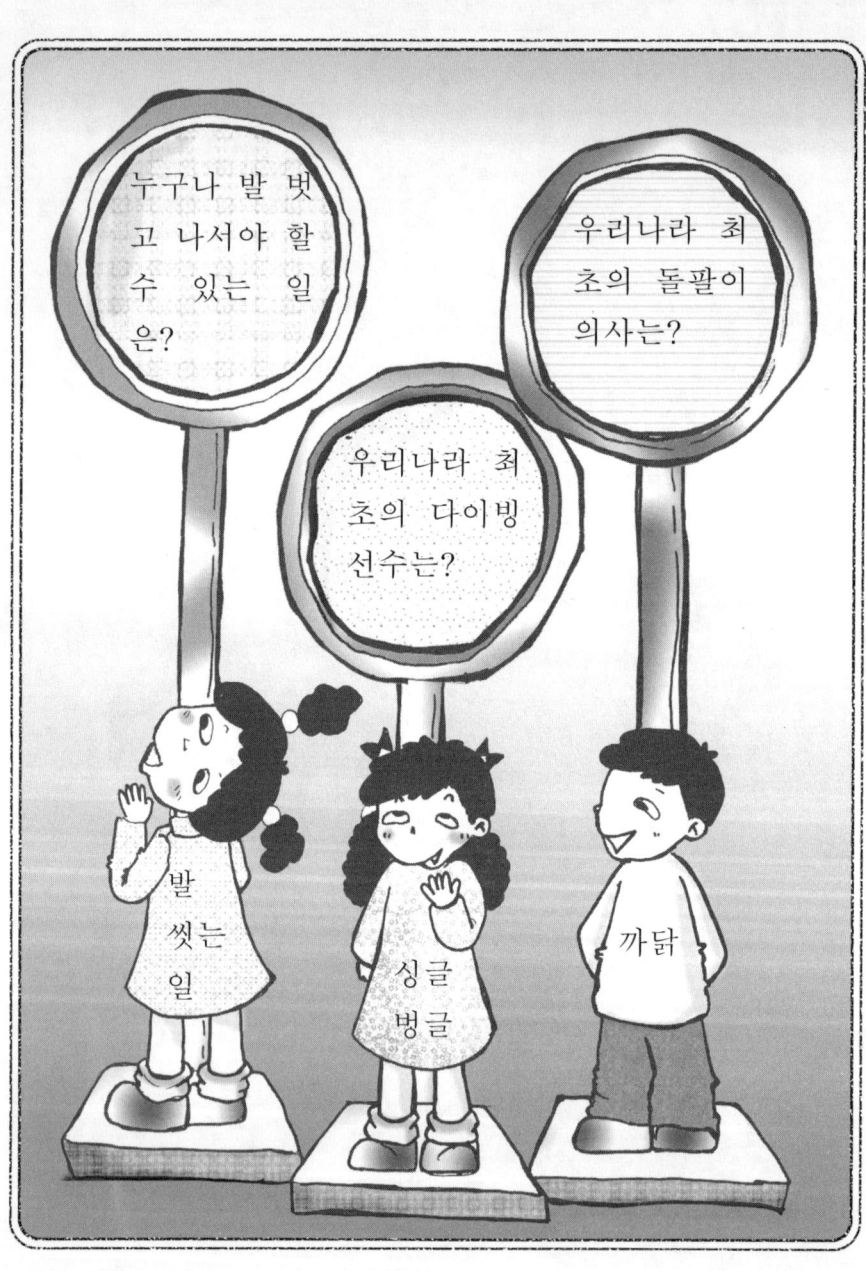

 ## 수수께끼를 맞춰 보세요

문제1 눈으로 보지 않고 손으로 보는 것은?

문제2 다 자랐는데도 계속 자라라고 하는 것은?

문제3 늘 매만 맞고 사는 것은 무엇?

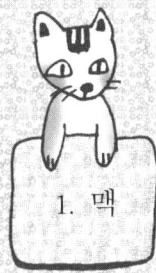

1. 맥

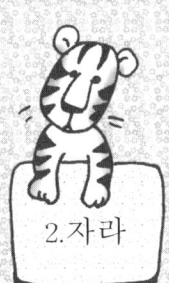

2. 자라

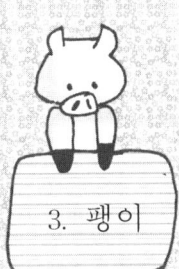

3. 팽이

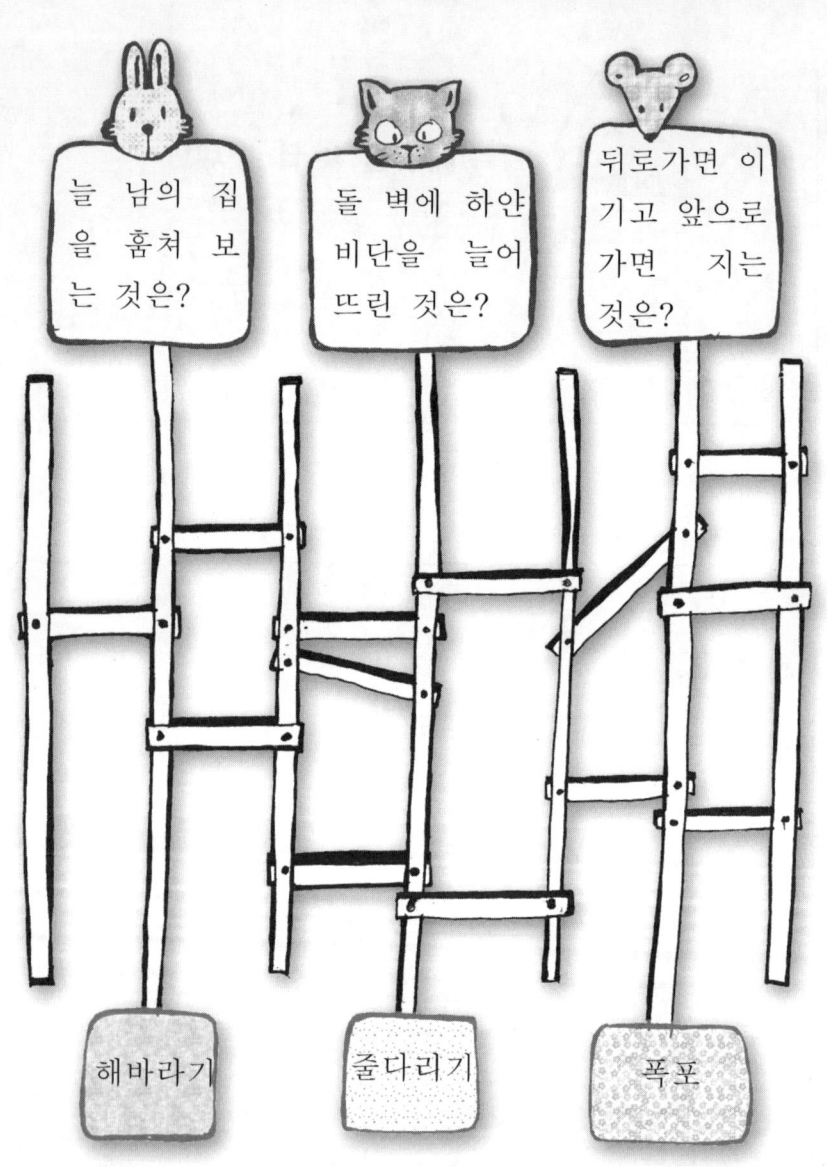

늘 남의 집을 훔쳐 보는 것은?

돌 벽에 하얀 비단을 늘어뜨린 것은?

뒤로가면 이기고 앞으로 가면 지는 것은?

해바라기

줄다리기

폭포

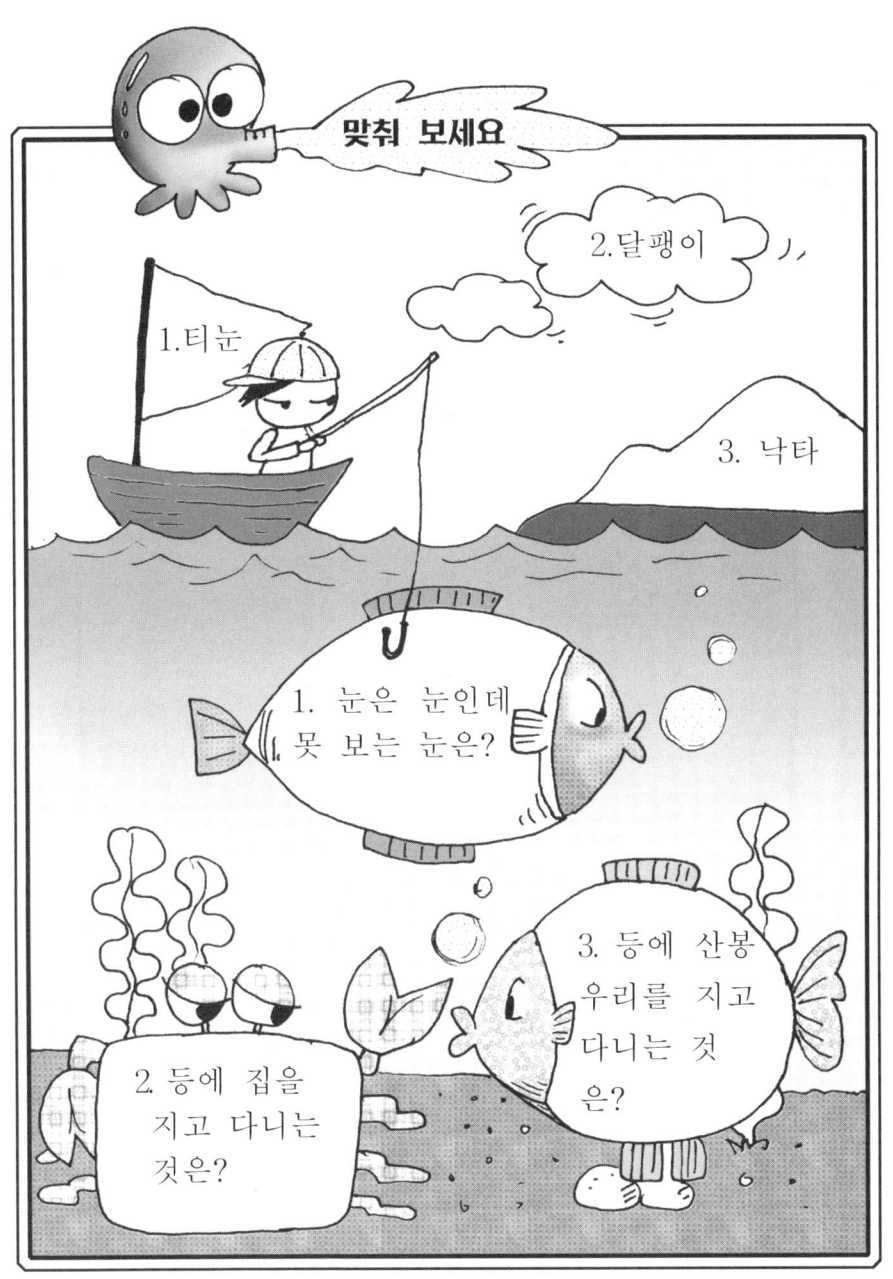

맞춰 보세요

2.달팽이

1.티눈

3. 낙타

1. 눈은 눈인데 못 보는 눈은?

3. 등에 산봉우리를 지고 다니는 것은?

2. 등에 집을 지고 다니는 것은?

143

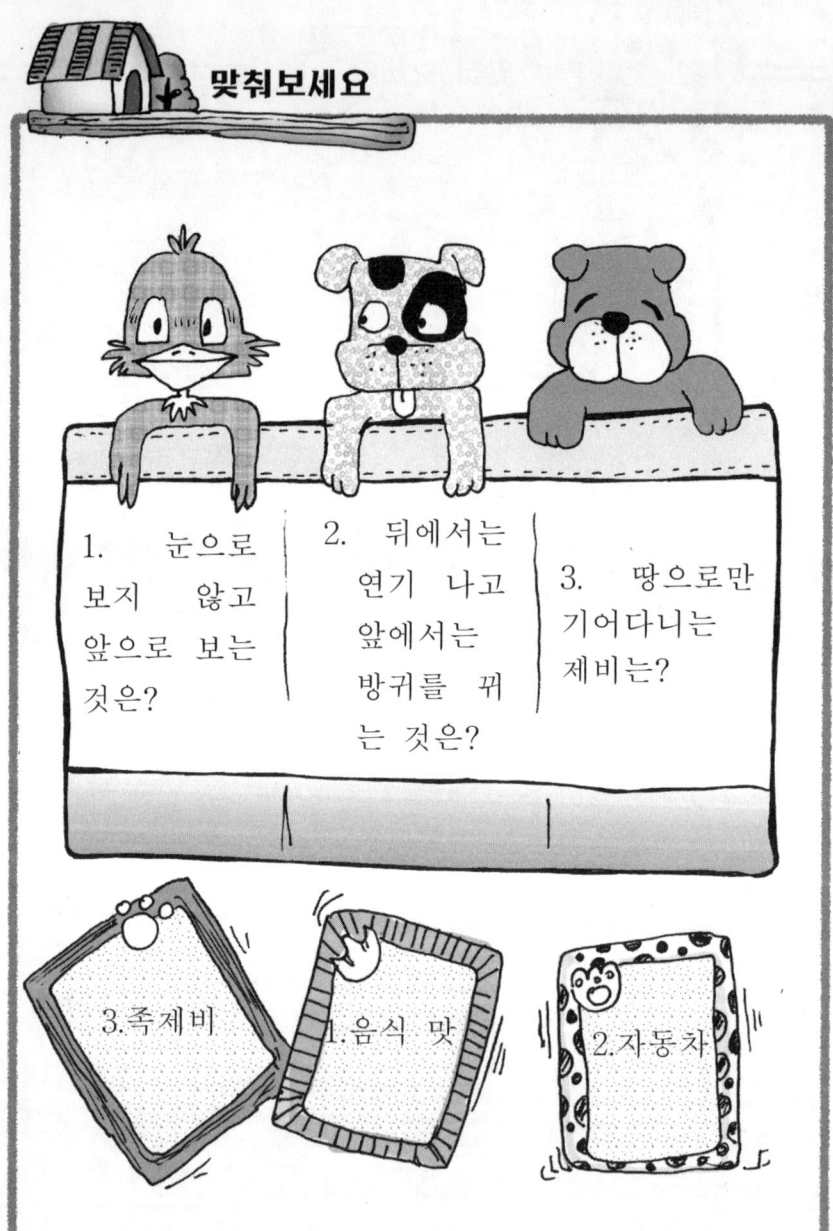

1. 눈으로 보지 않고 앞으로 보는 것은?

2. 뒤에서는 연기 나고 앞에서는 방귀를 뀌는 것은?

3. 땅으로만 기어다니는 제비는?

3.족제비

1.음식 맛

2.자동차

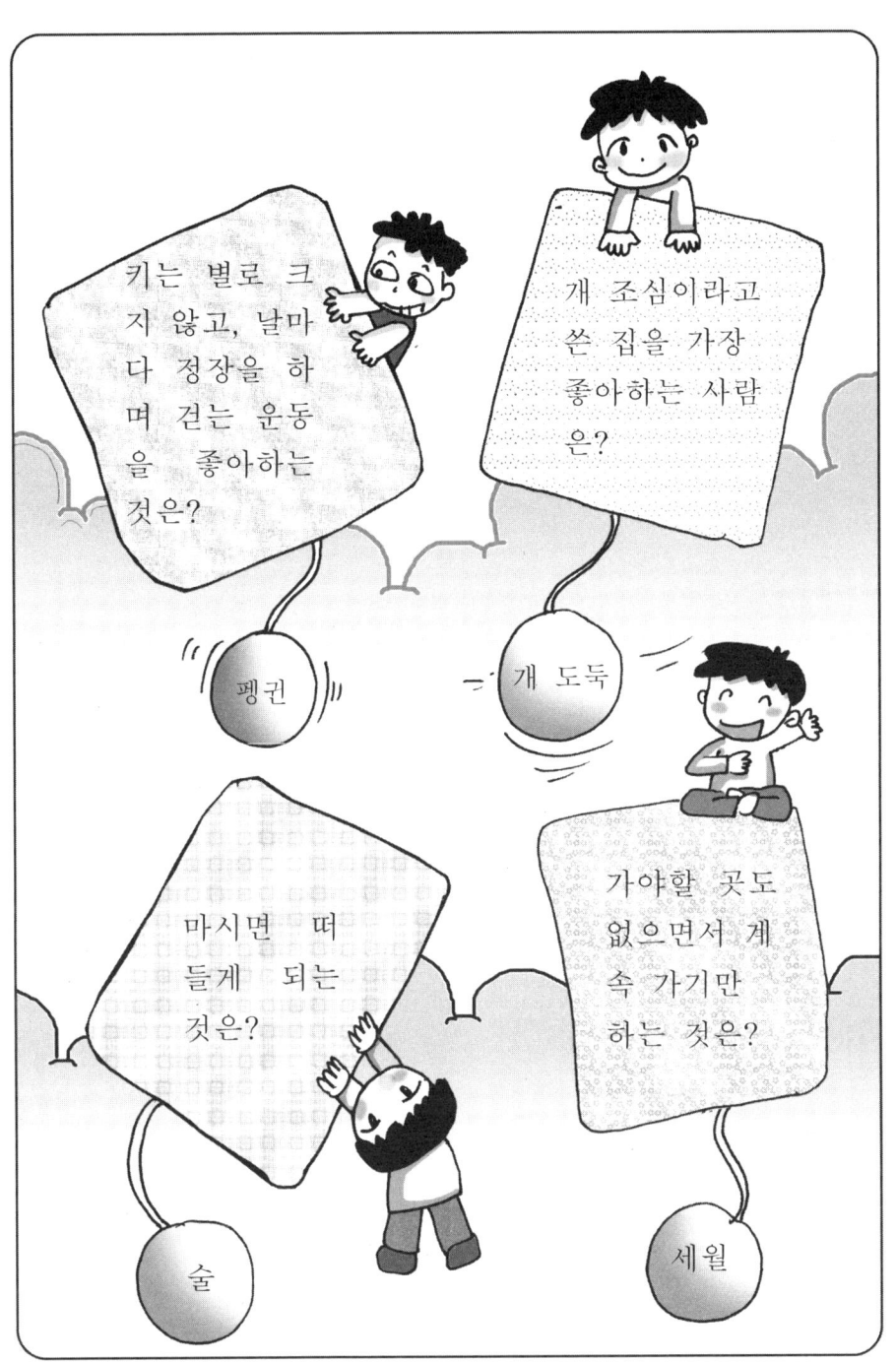

키는 별로 크
지 않고, 날마
다 정장을 하
며 걷는 운동
을 좋아하는
것은?

펭귄

개 조심이라고
쓴 집을 가장
좋아하는 사람
은?

개 도둑

마시면 떠
들게 되는
것은?

술

가야할 곳도
없으면서 계
속 가기만
하는 것은?

세월

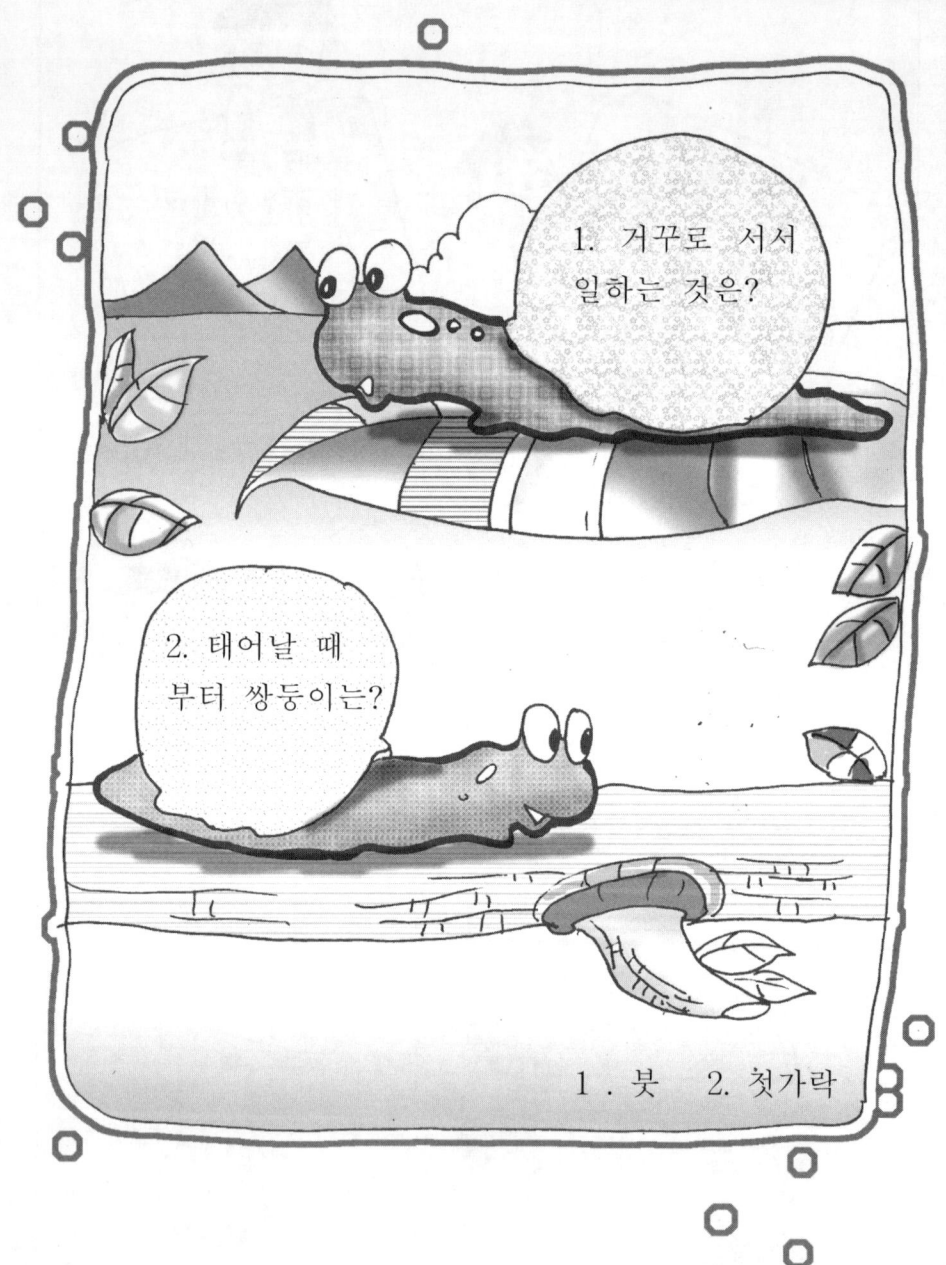

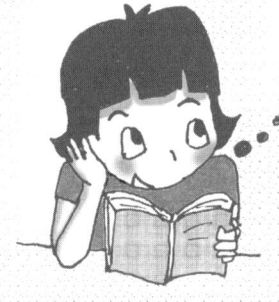

문제를 풀어보세요

1. 비는 비인데 주머니 속에 넣을 수 있는 비는?

2. 상인보다 농부가 더 잘 팔 수 있는 것은?

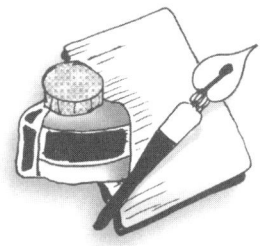

1. 차비   2. 땅

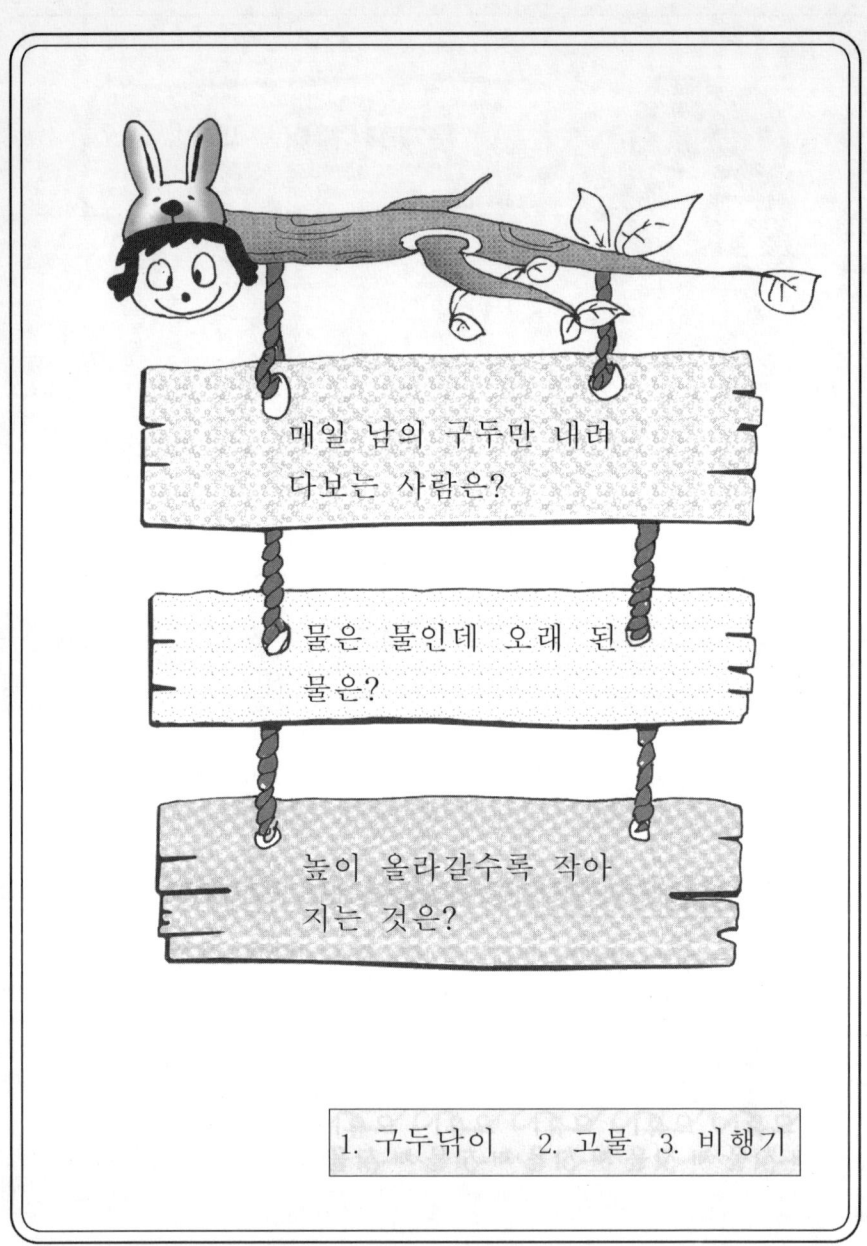

매일 남의 구두만 내려
다보는 사람은?

물은 물인데 오래 된
물은?

높이 올라갈수록 작아
지는 것은?

1. 구두닦이 2. 고물 3. 비행기

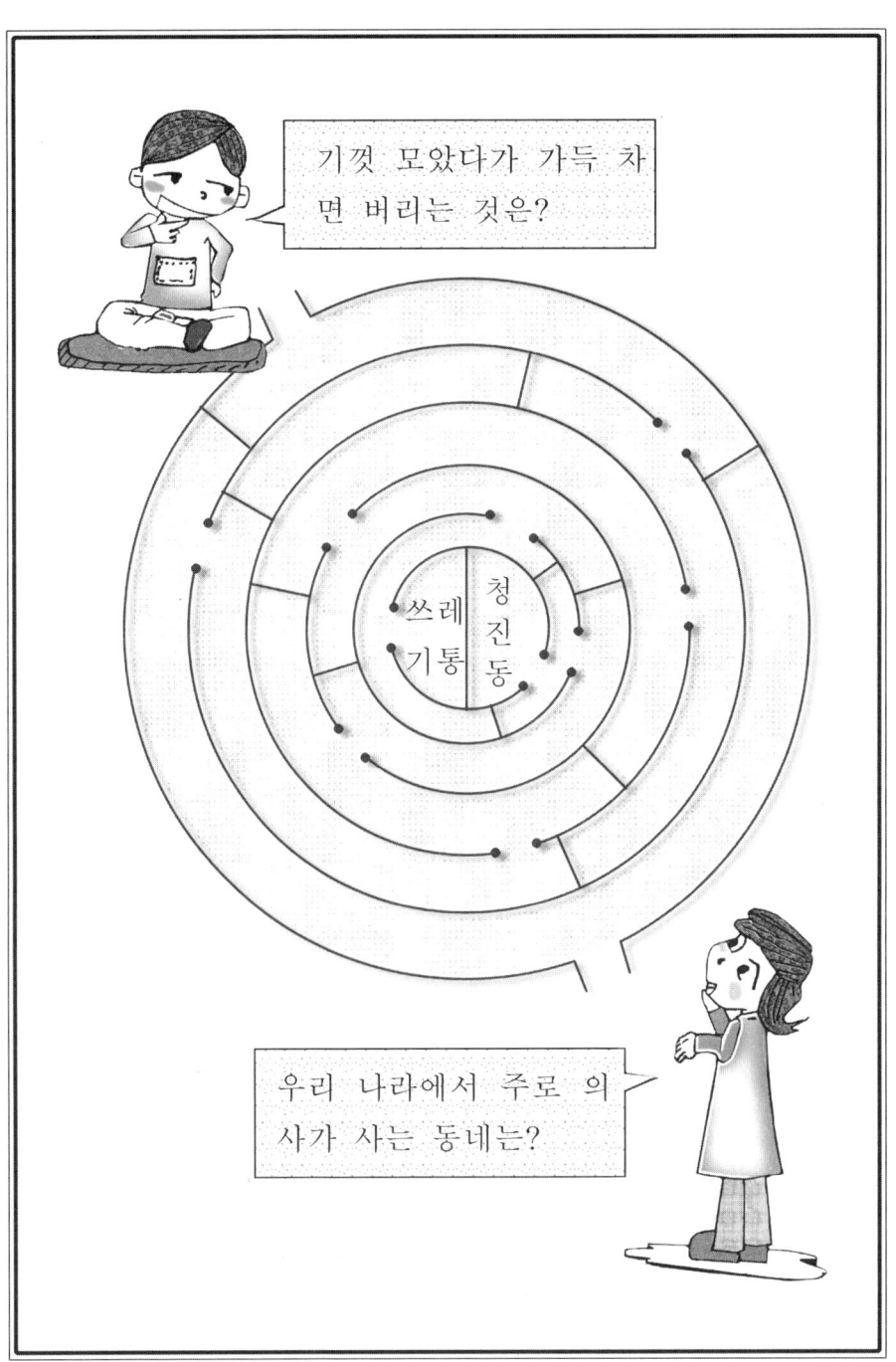

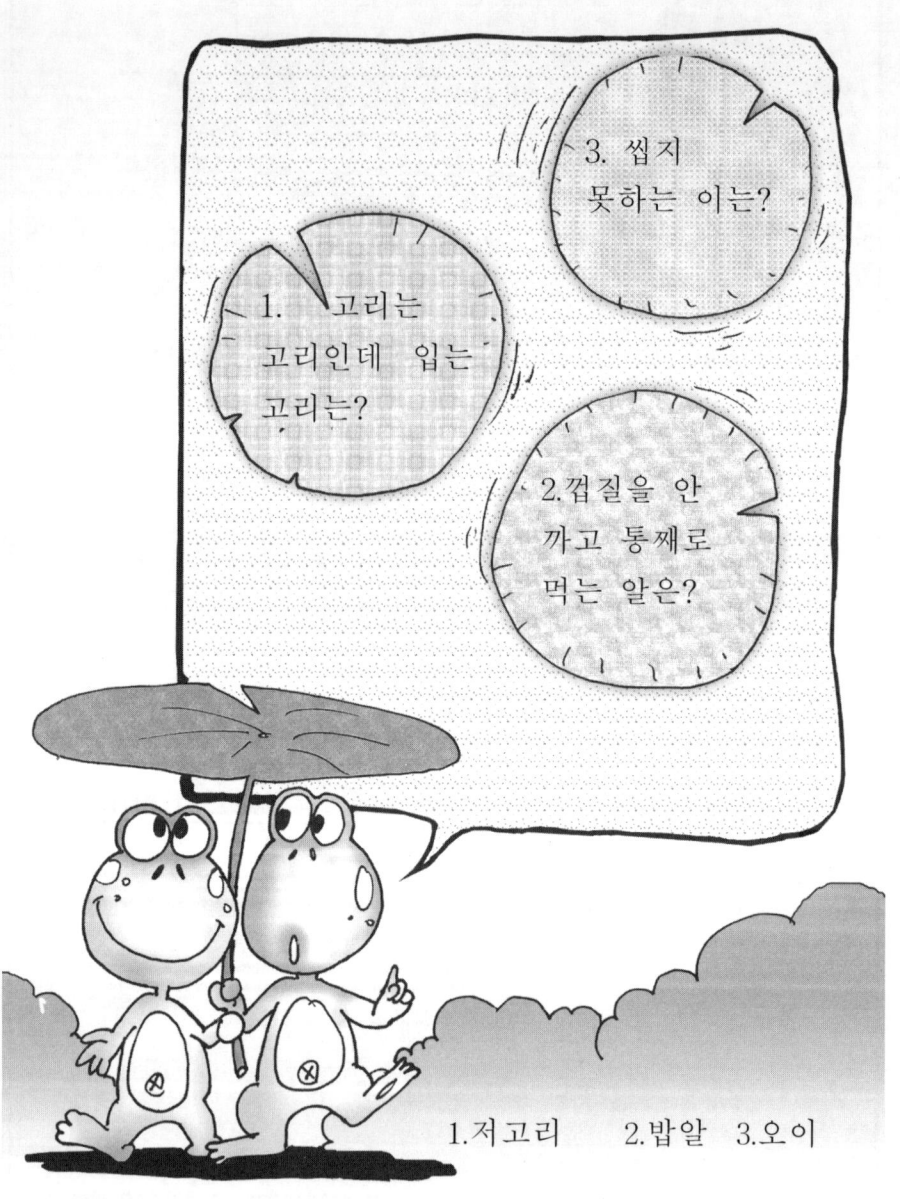

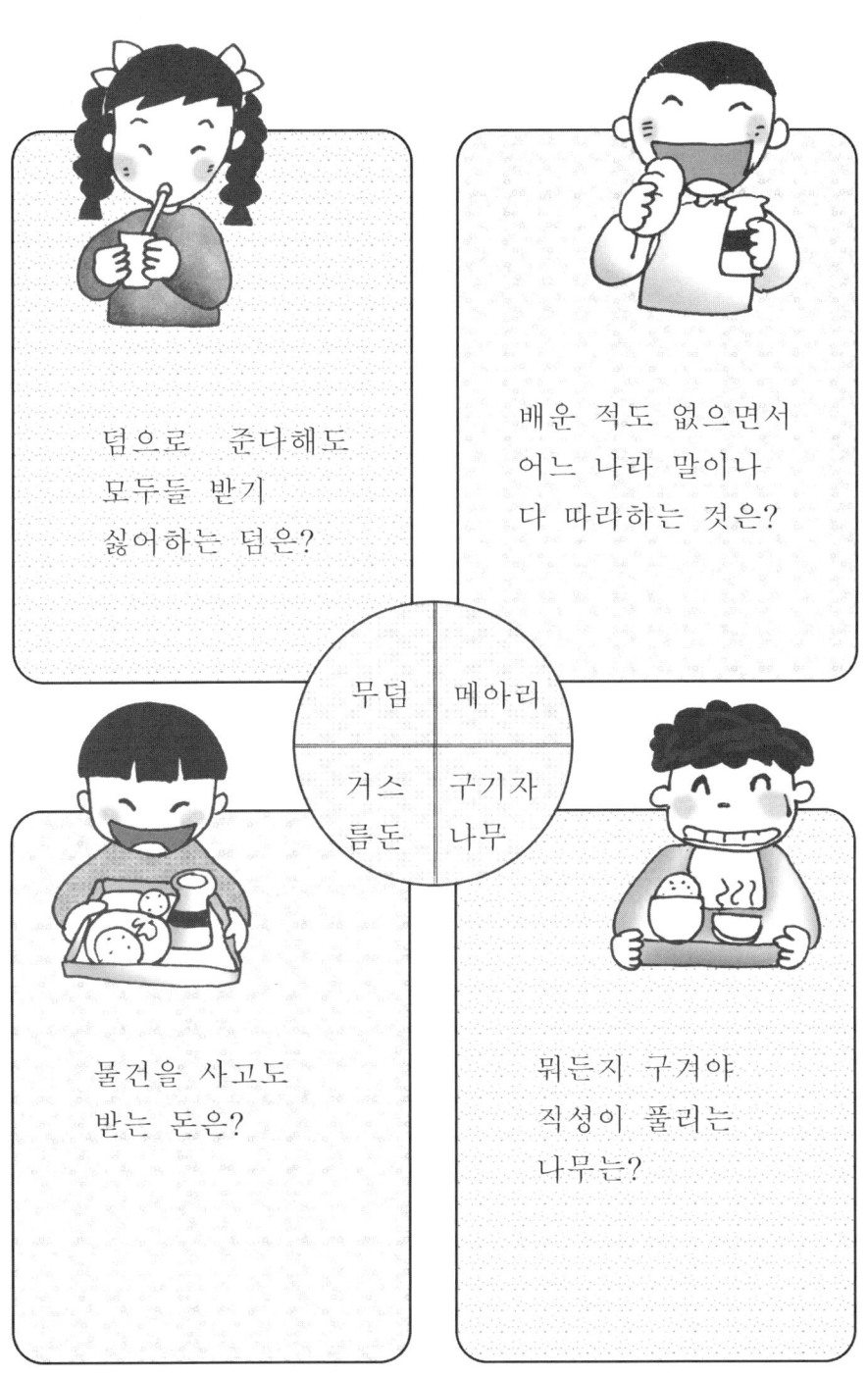

덤으로 준다해도
모두들 받기
싫어하는 덤은?

배운 적도 없으면서
어느 나라 말이나
다 따라하는 것은?

무덤 메아리

거스 구기자
름돈 나무

물건을 사고도
받는 돈은?

뭐든지 구겨야
직성이 풀리는
나무는?

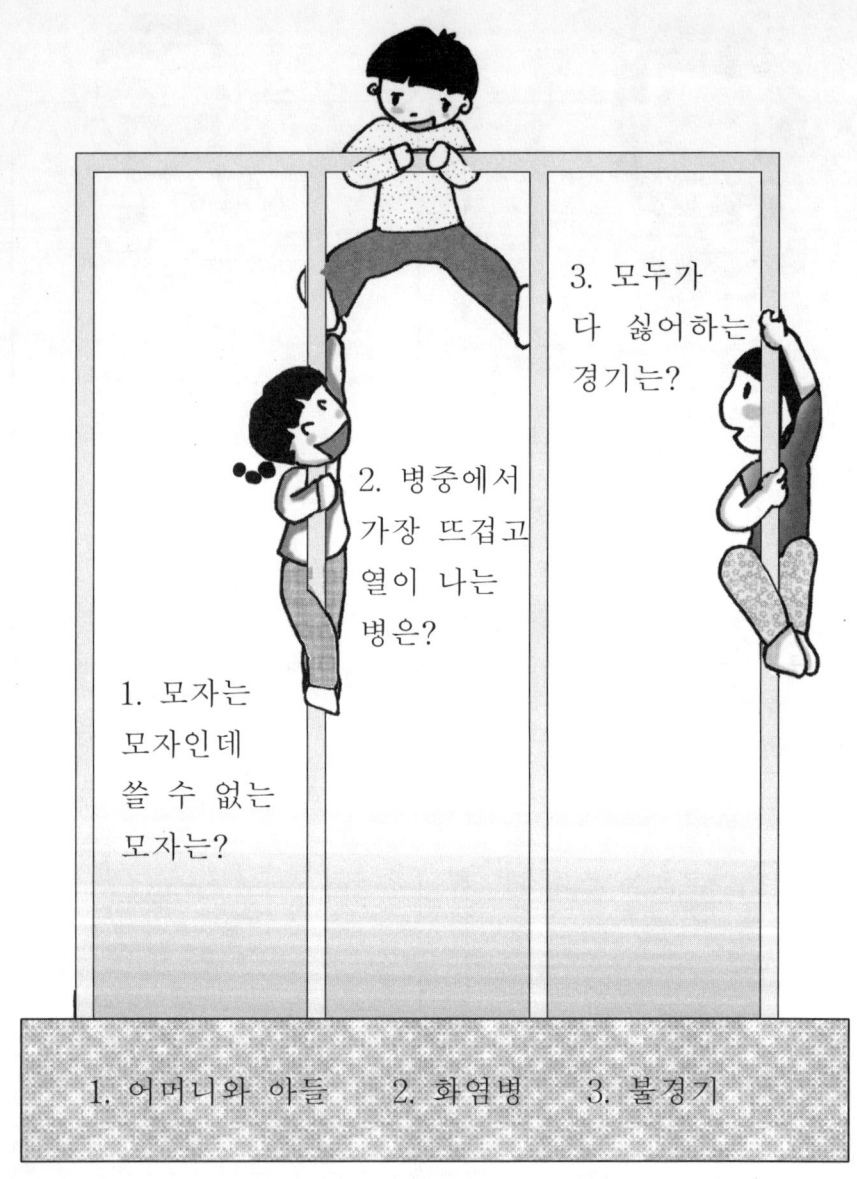

1. 모자는
모자인데
쓸 수 없는
모자는?

2. 병중에서
가장 뜨겁고
열이 나는
병은?

3. 모두가
다 싫어하는
경기는?

1. 어머니와 아들   2. 화염병   3. 불경기

※ 길을 따라 가면서 문제를 맞춰 보세요

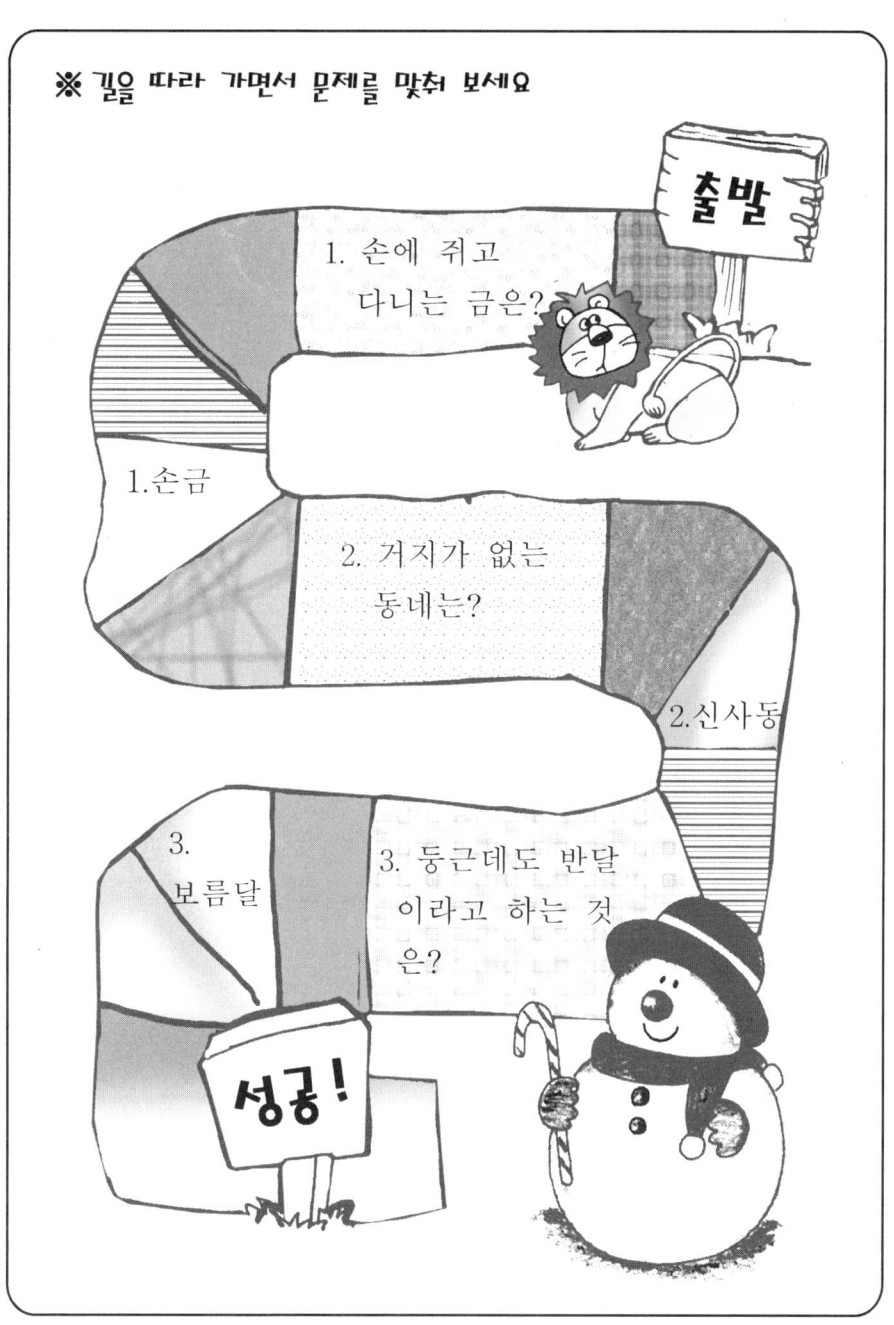

출발

1. 손에 쥐고 다니는 금은?

1.손금

2. 거지가 없는 동네는?

2.신사동

3. 둥근데도 반달 이라고 하는 것은?

3. 보름달

성공!

153

자! 다음 문제를 풀어보세요.

1. 재수가 없으면 받게 되는 술은?

2. 많이 먹을수록 가벼워지는 것은?

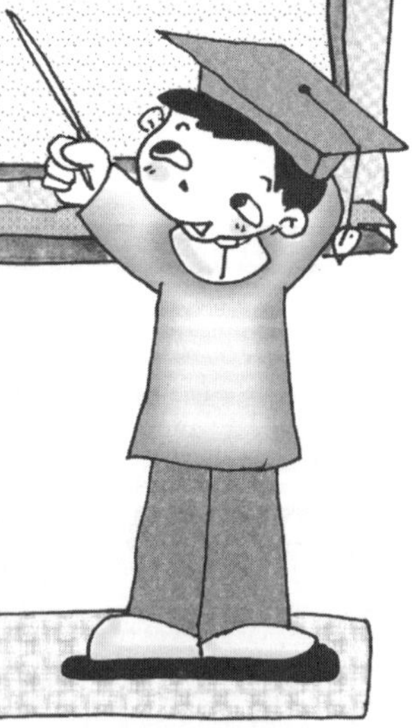

1. 재수술   2. 풍선

고양이는 지금 무슨 꿈을 꾸고 있는 걸까요

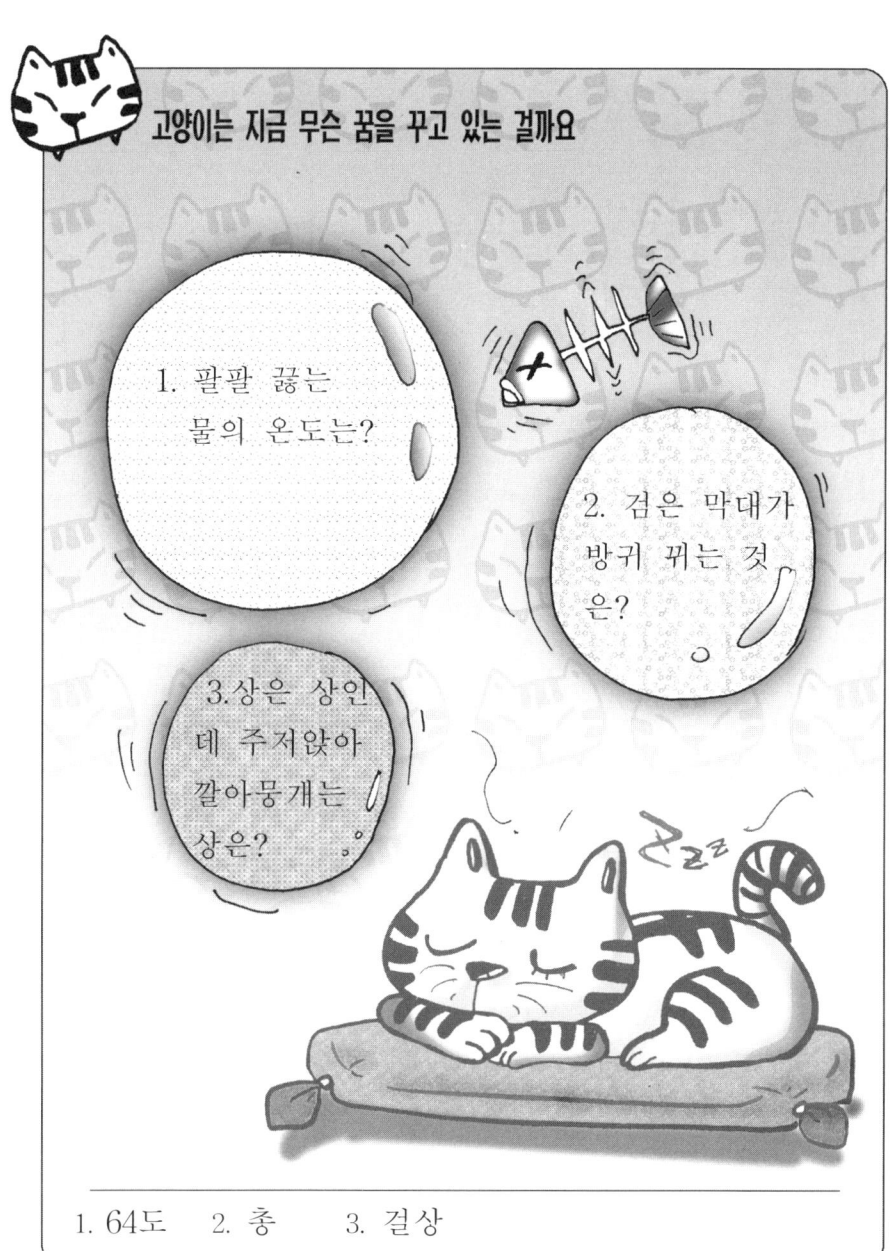

1. 팔팔 끓는 물의 온도는?

2. 검은 막대가 방귀 뀌는 것은?

3. 상은 상인데 주저앉아 깔아뭉개는 상은?

1. 64도   2. 총   3. 걸상

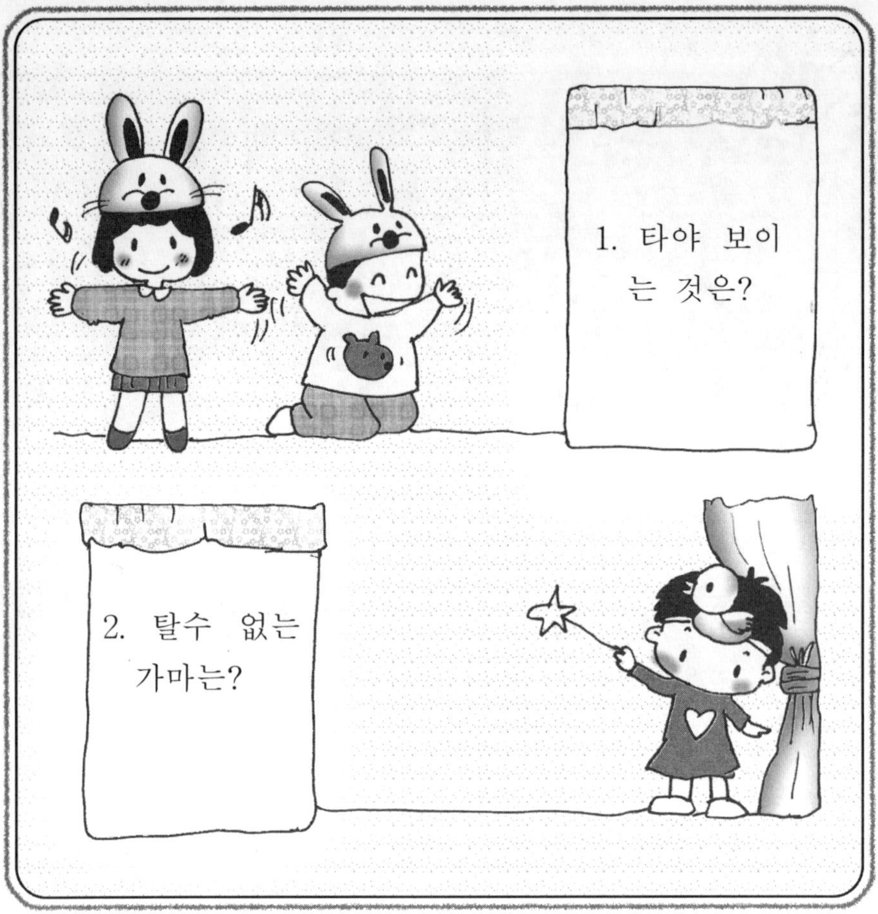

1. 타야 보이
   는 것은?

2. 탈수 없는
   가마는?

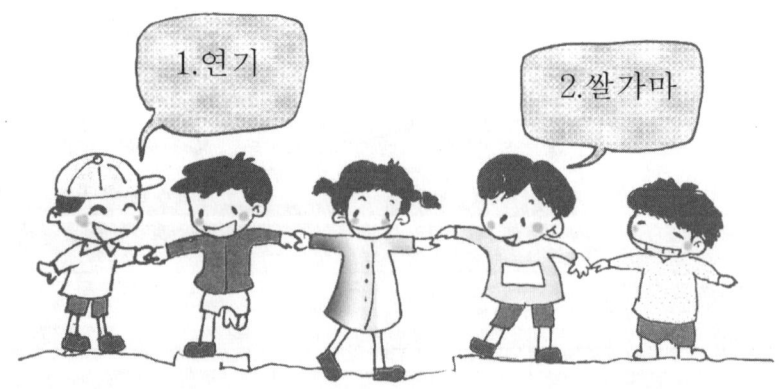

1.연기

2.쌀가마

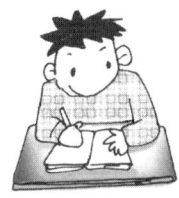 알맞은 답에 연결해 보세요

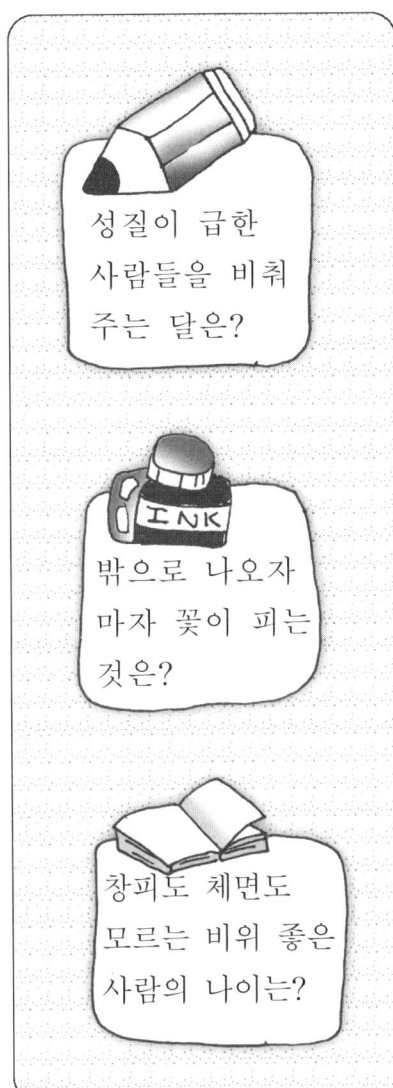

성질이 급한 사람들을 비춰 주는 달은?

밖으로 나오자 마자 꽃이 피는 것은?

창피도 체면도 모르는 비위 좋은 사람의 나이는?

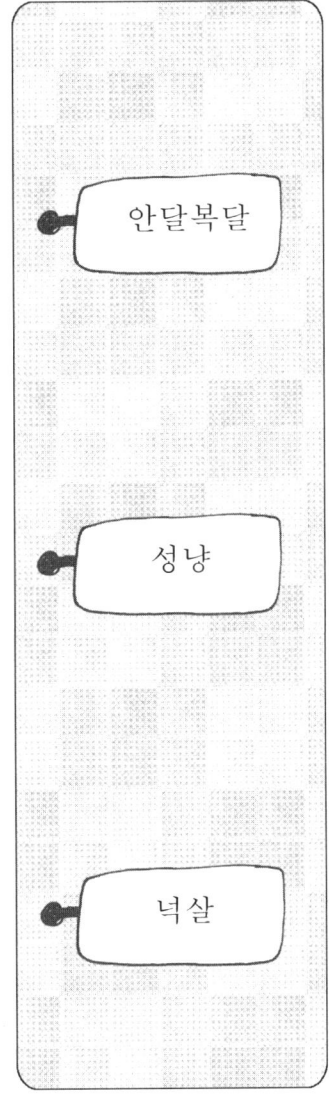

안달복달

성냥

넉살

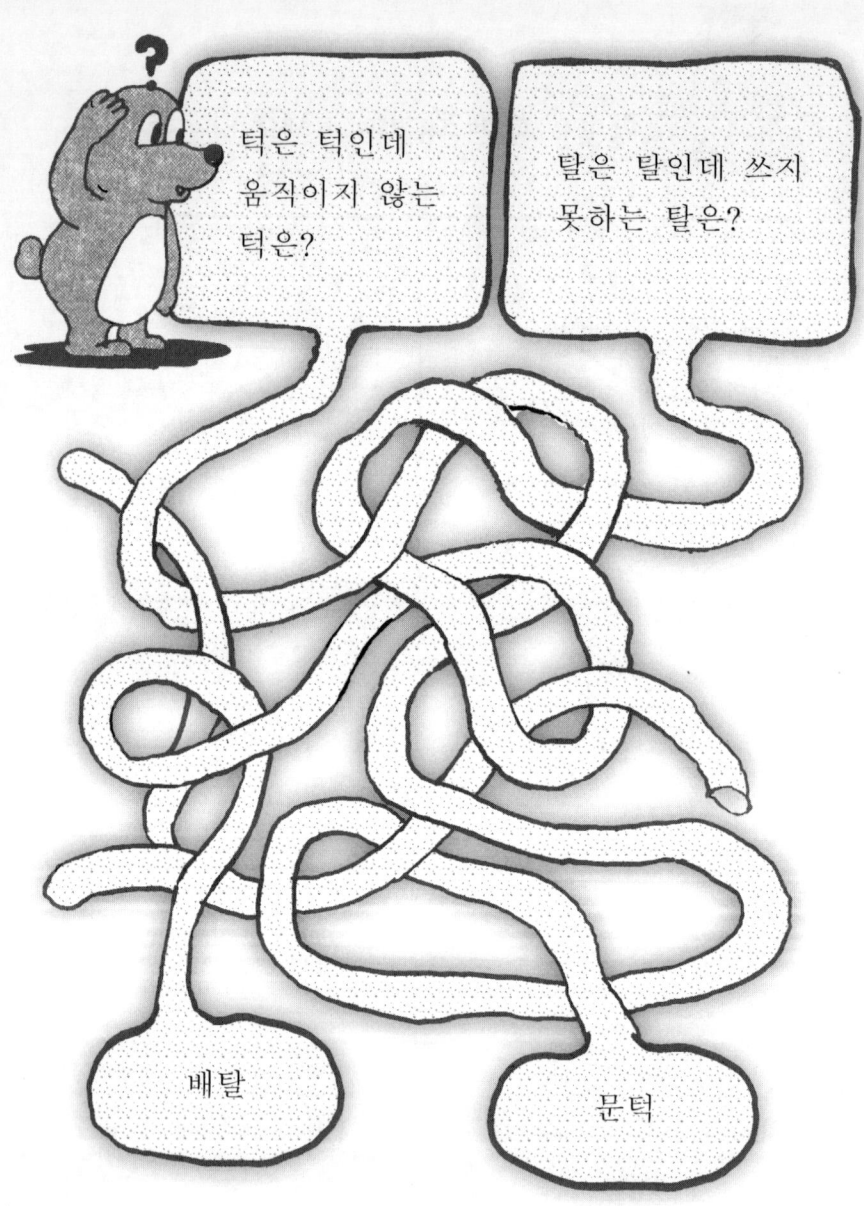

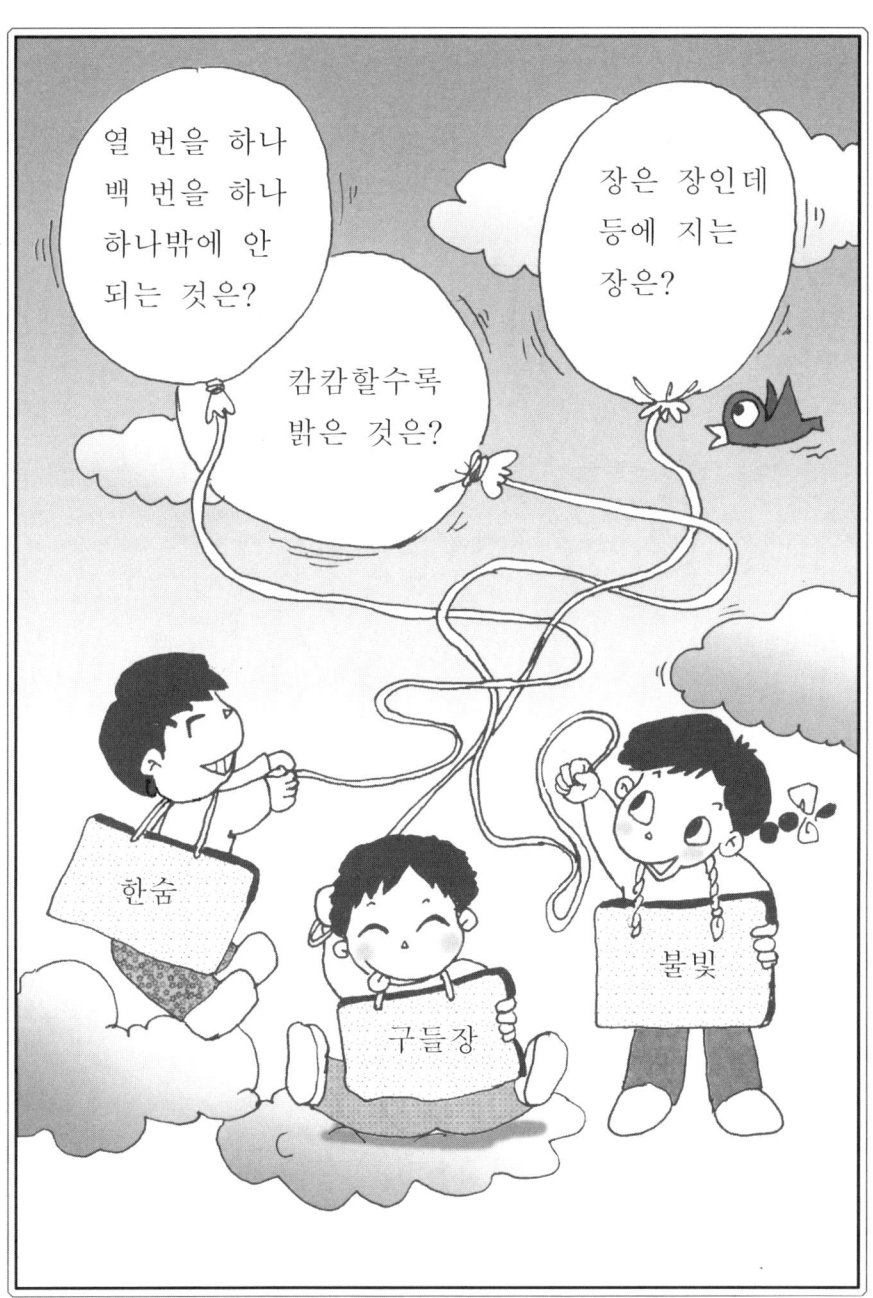

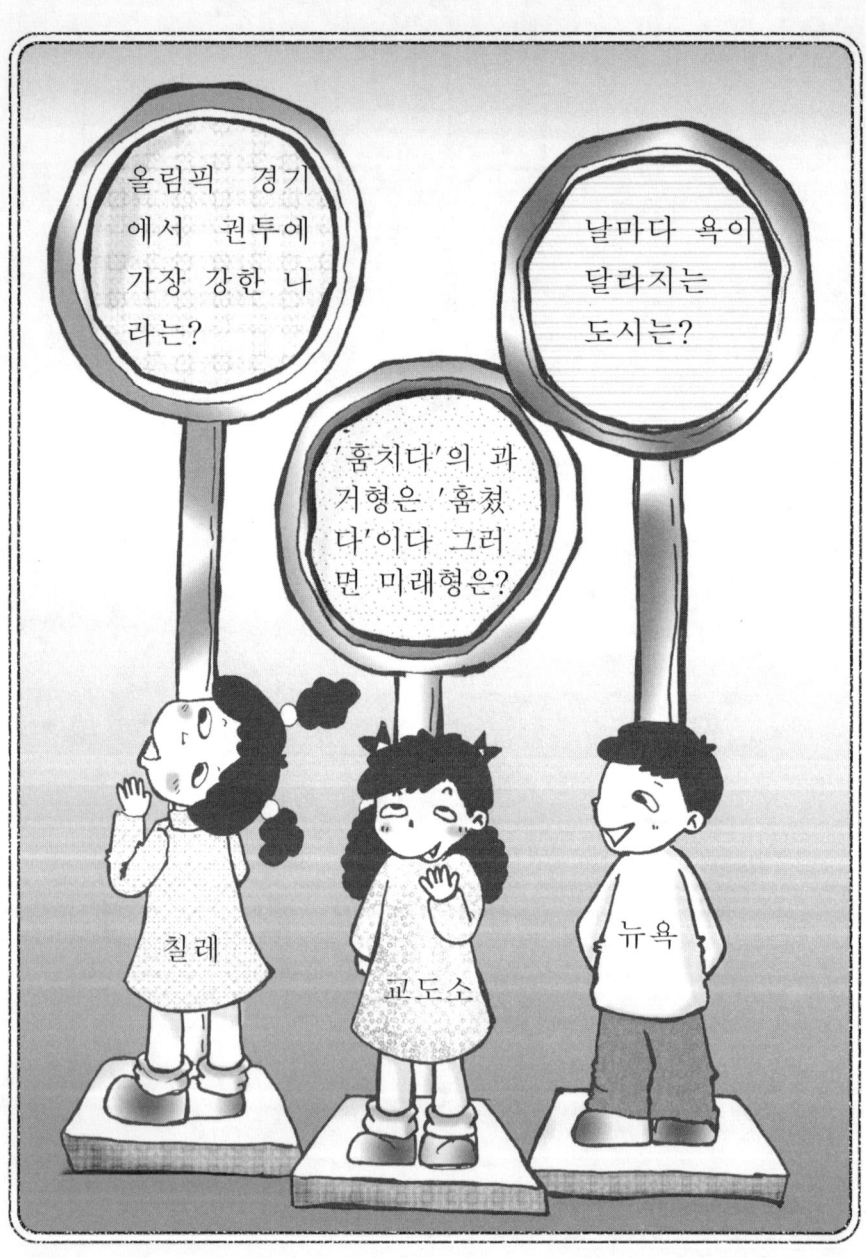

수수께끼를 맞춰 보세요

문제1 간다간다 하면서도 늘 제자리에 있는 것은?

문제2 내려갈 때는 빈차, 올라갈 때는 만원인 것은?

문제3 빨간 얼굴에 주근깨가 가득한 것은?

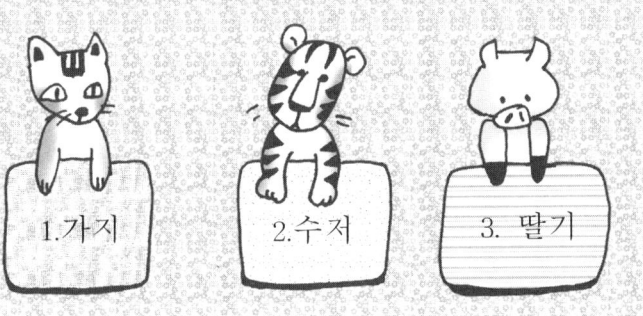

1.가지   2.수저   3. 딸기

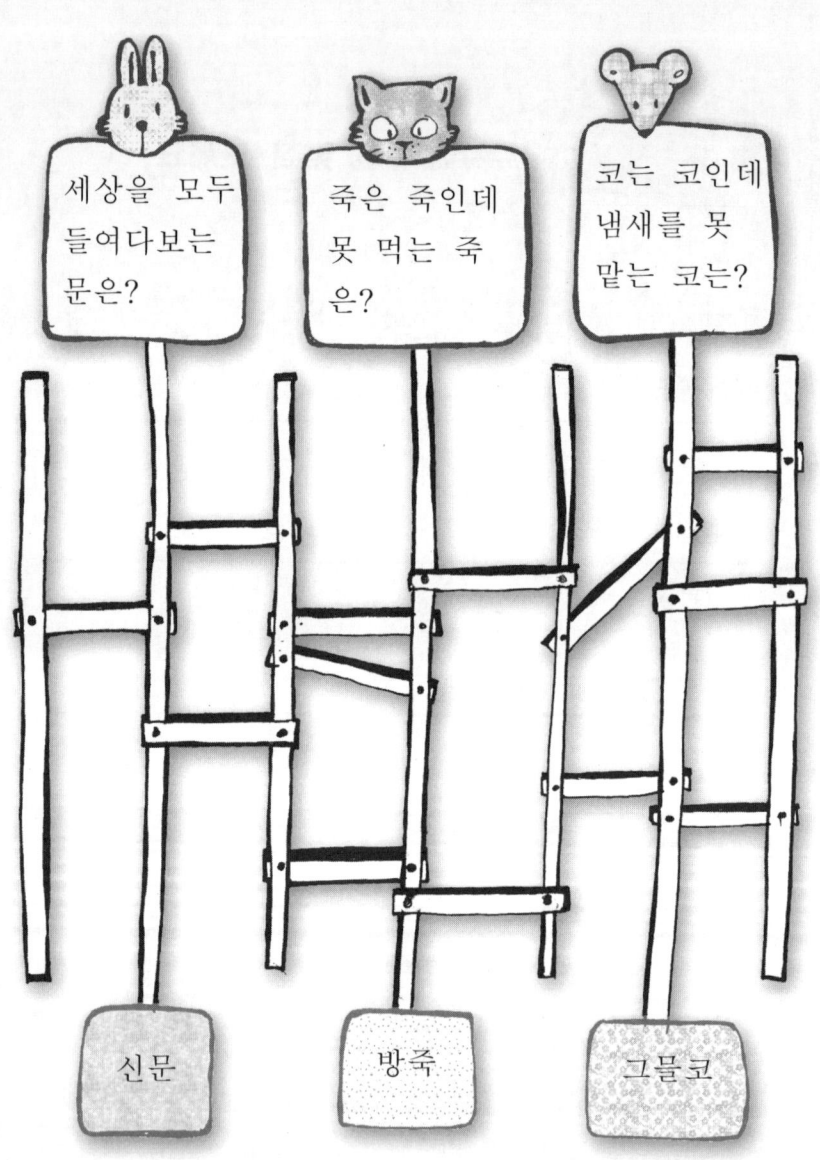

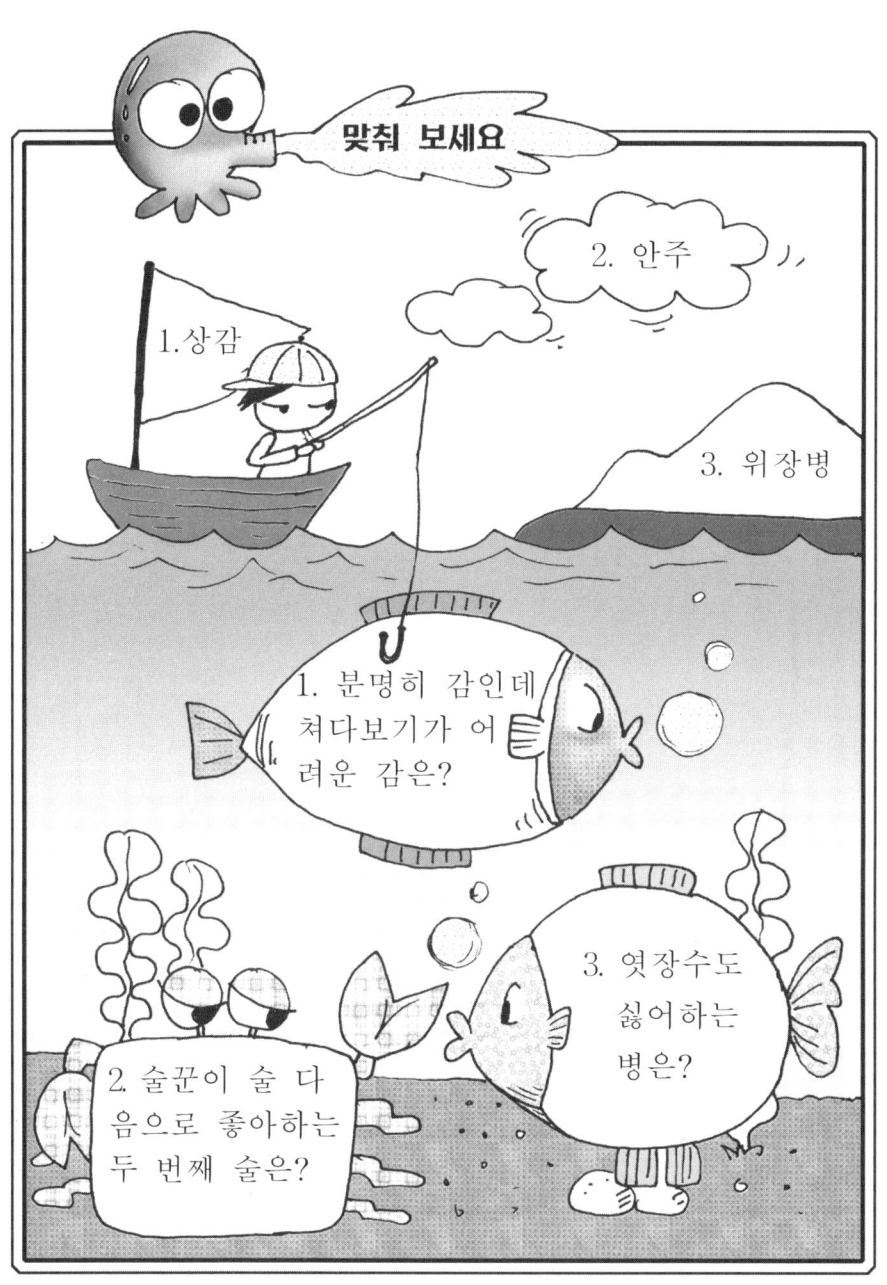

맞춰 보세요

2. 안주

1.상감

3. 위장병

1. 분명히 감인데 쳐다보기가 어려운 감은?

3. 엿장수도 싫어하는 병은?

2. 술꾼이 술 다음으로 좋아하는 두 번째 술은?

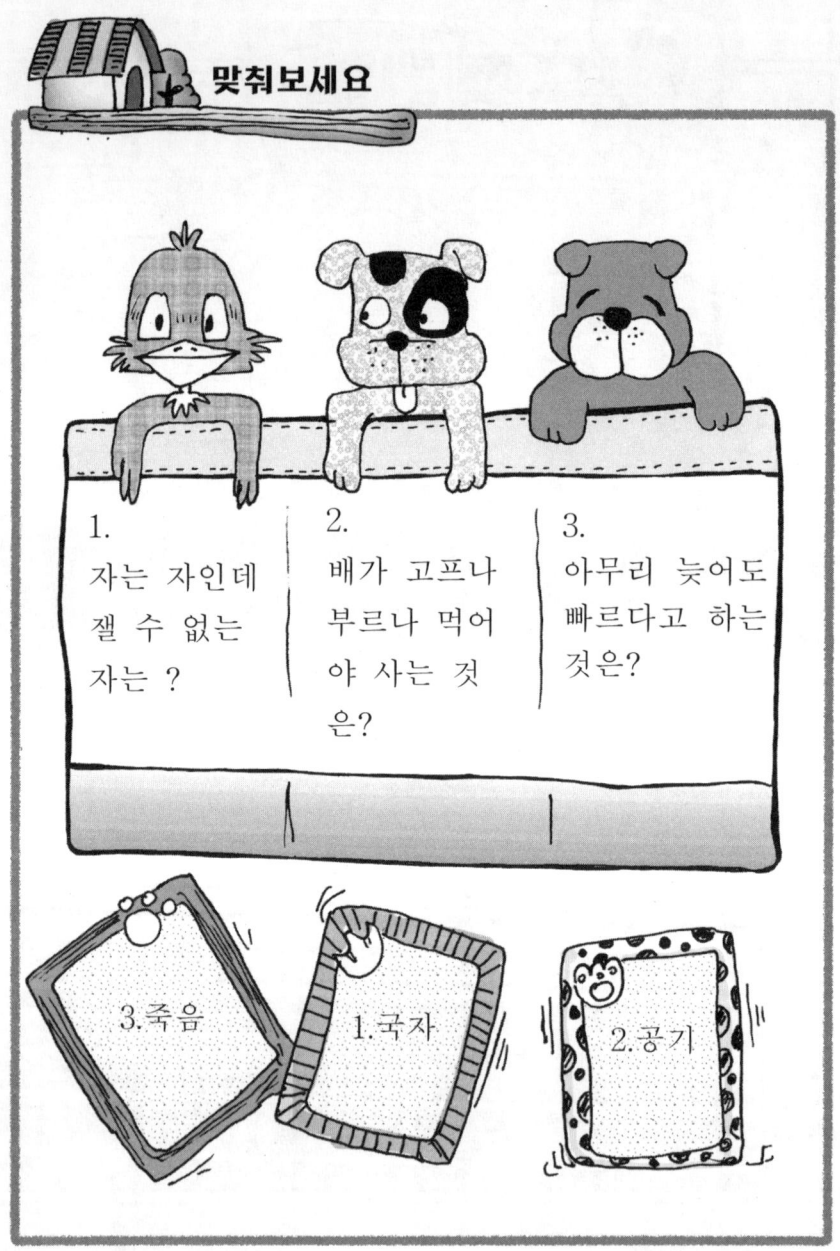

맞춰보세요

1.
자는 자인데
잴 수 없는
자는 ?

2.
배가 고프나
부르나 먹어
야 사는 것
은?

3.
아무리 늦어도
빠르다고 하는
것은?

3.죽음

1.국자

2.공기

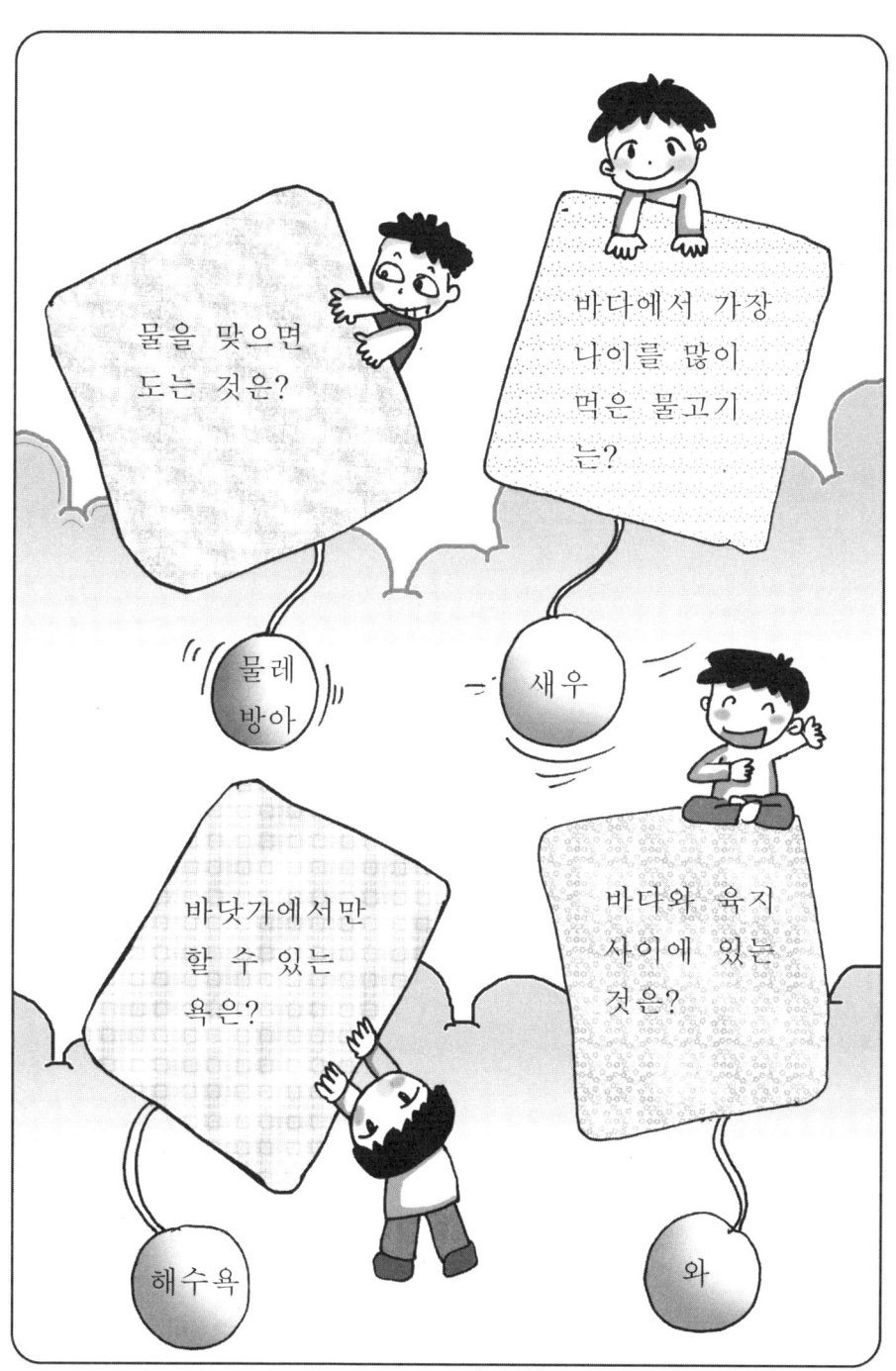

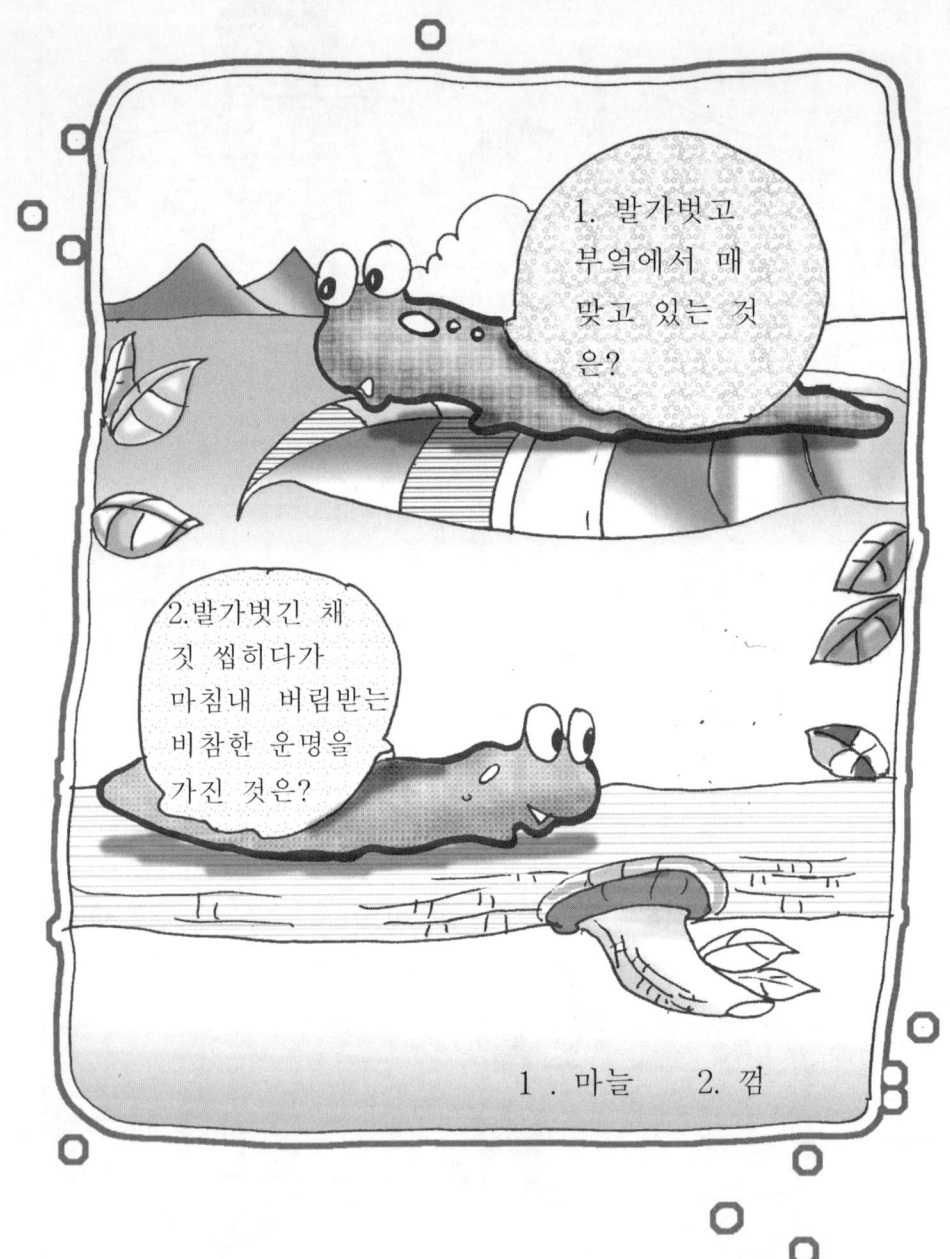

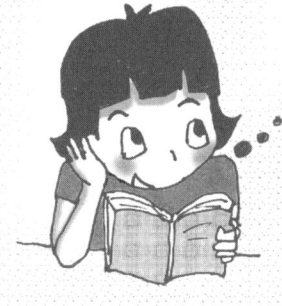

문제를 풀어보세요

1. 발버둥치는 사람이 가장 많은 곳은 어디일까요?

2. 발은 발인데 날마다 춤추는 발은 어떤 발인가요?

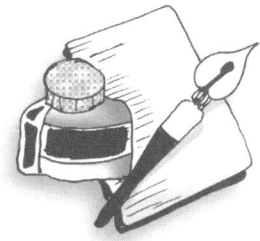

1. 수영장   2. 깃발

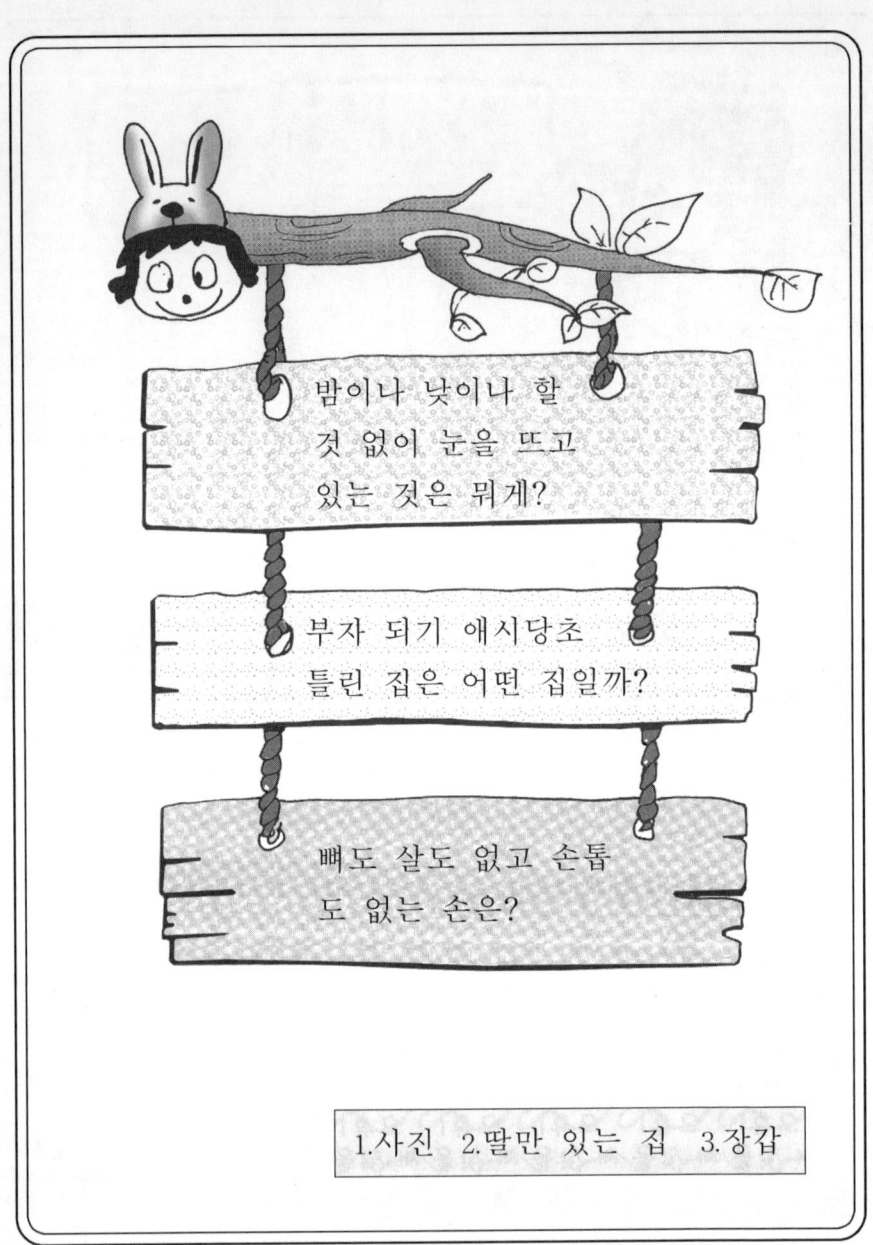

밤이나 낮이나 할
것 없이 눈을 뜨고
있는 것은 뭐게?

부자 되기 애시당초
틀린 집은 어떤 집일까?

뼈도 살도 없고 손톱
도 없는 손은?

1.사진 2.딸만 있는 집 3.장갑

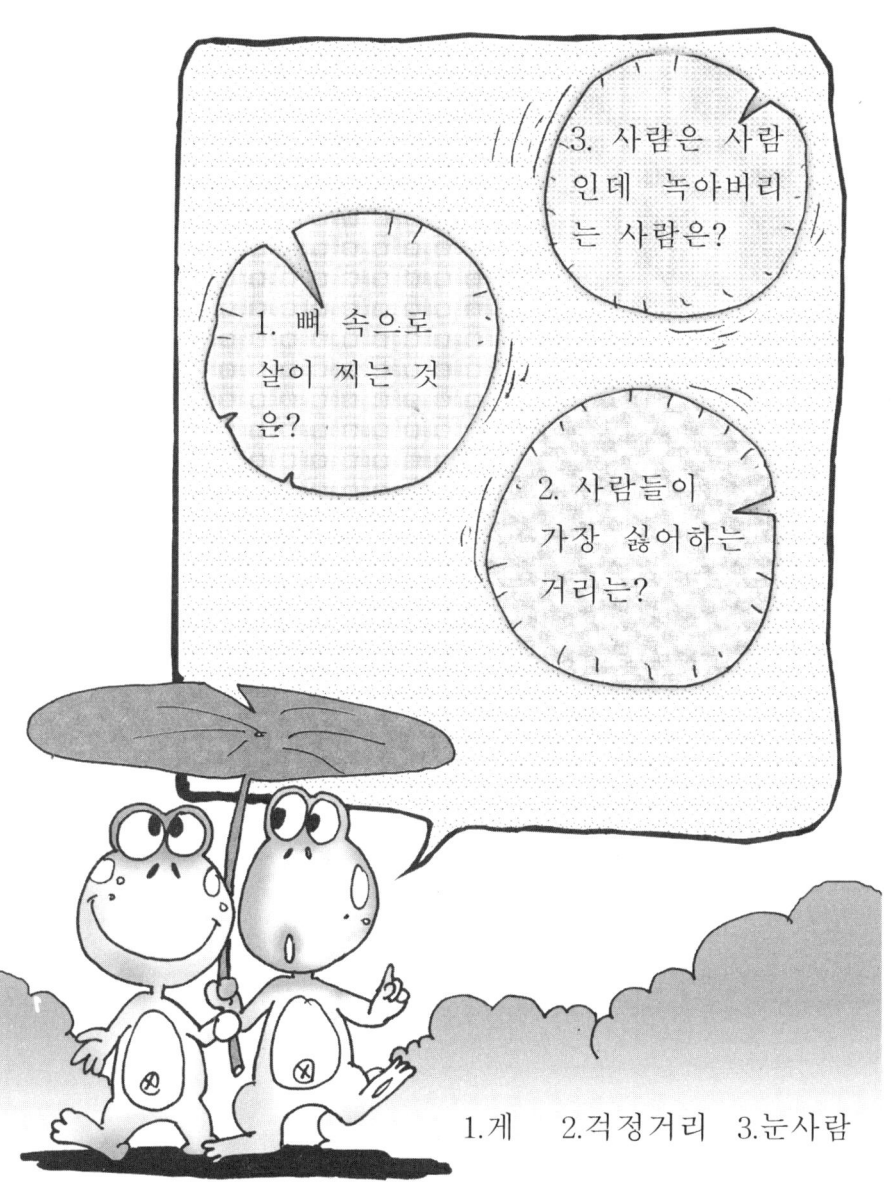

1.게   2.걱정거리   3.눈사람

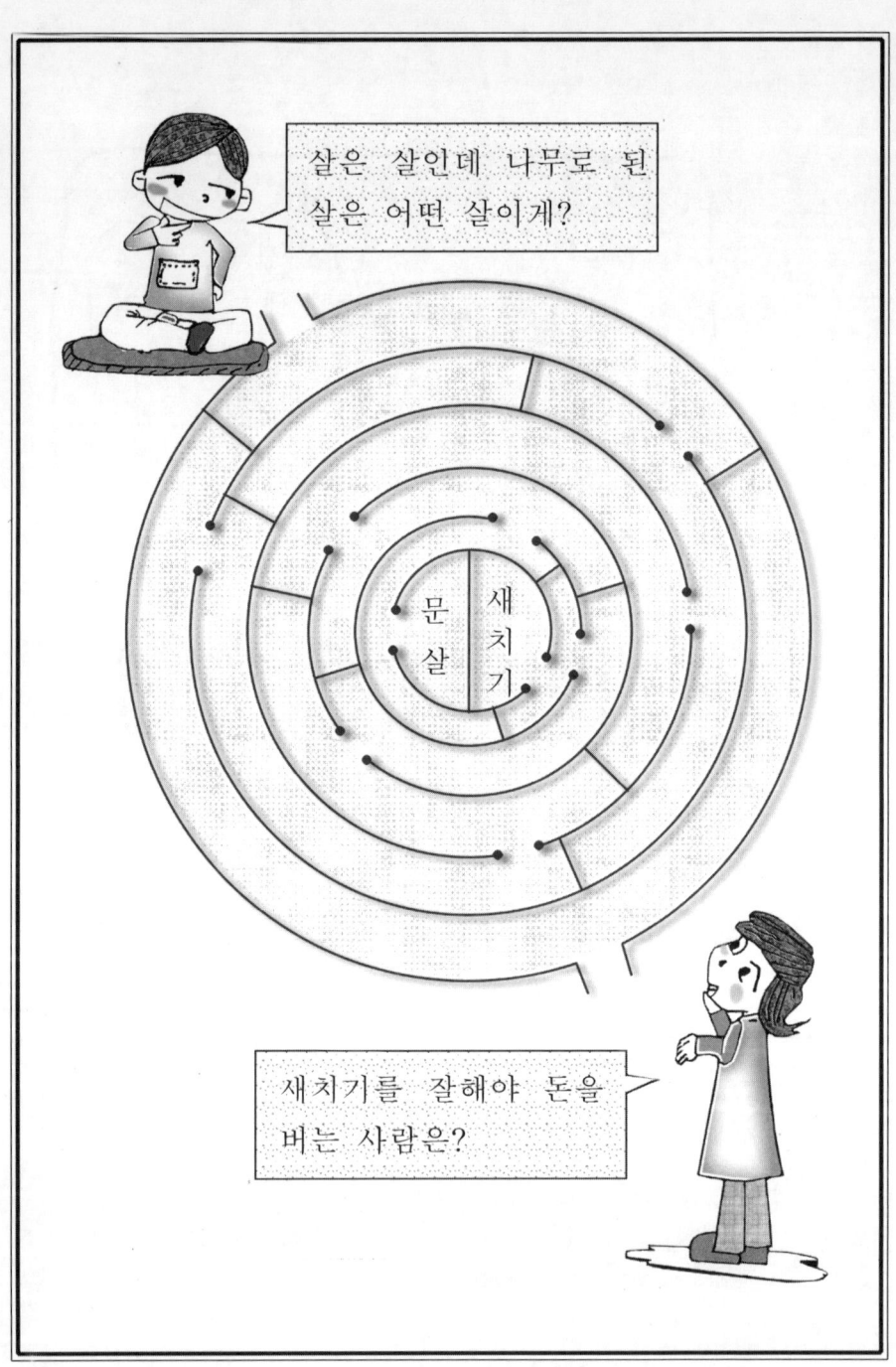

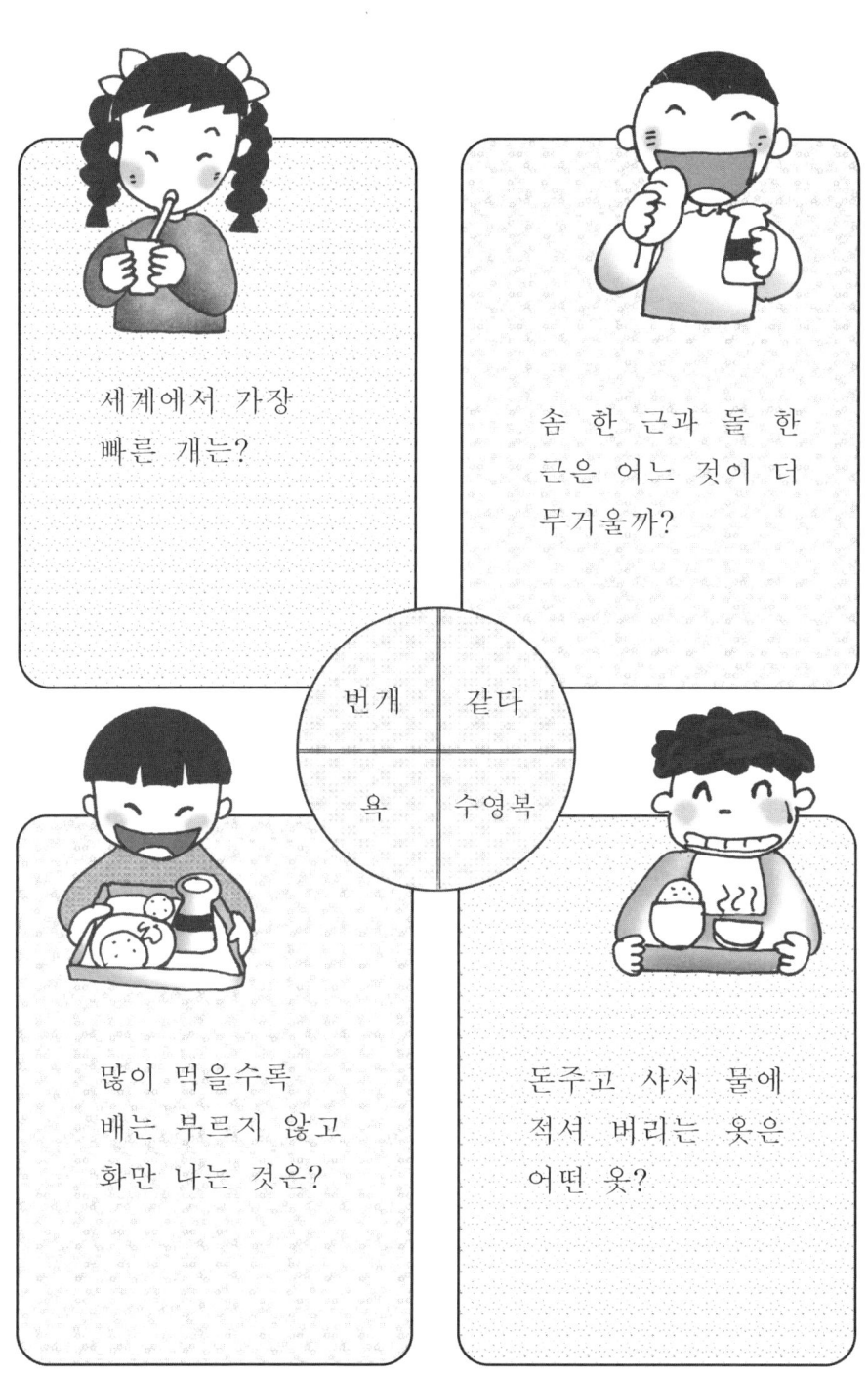

세계에서 가장
빠른 개는?

솜 한 근과 돌 한
근은 어느 것이 더
무거울까?

번개	같다
욕	수영복

많이 먹을수록
배는 부르지 않고
화만 나는 것은?

돈주고 사서 물에
적셔 버리는 옷은
어떤 옷?

♣ 맞춰보세요

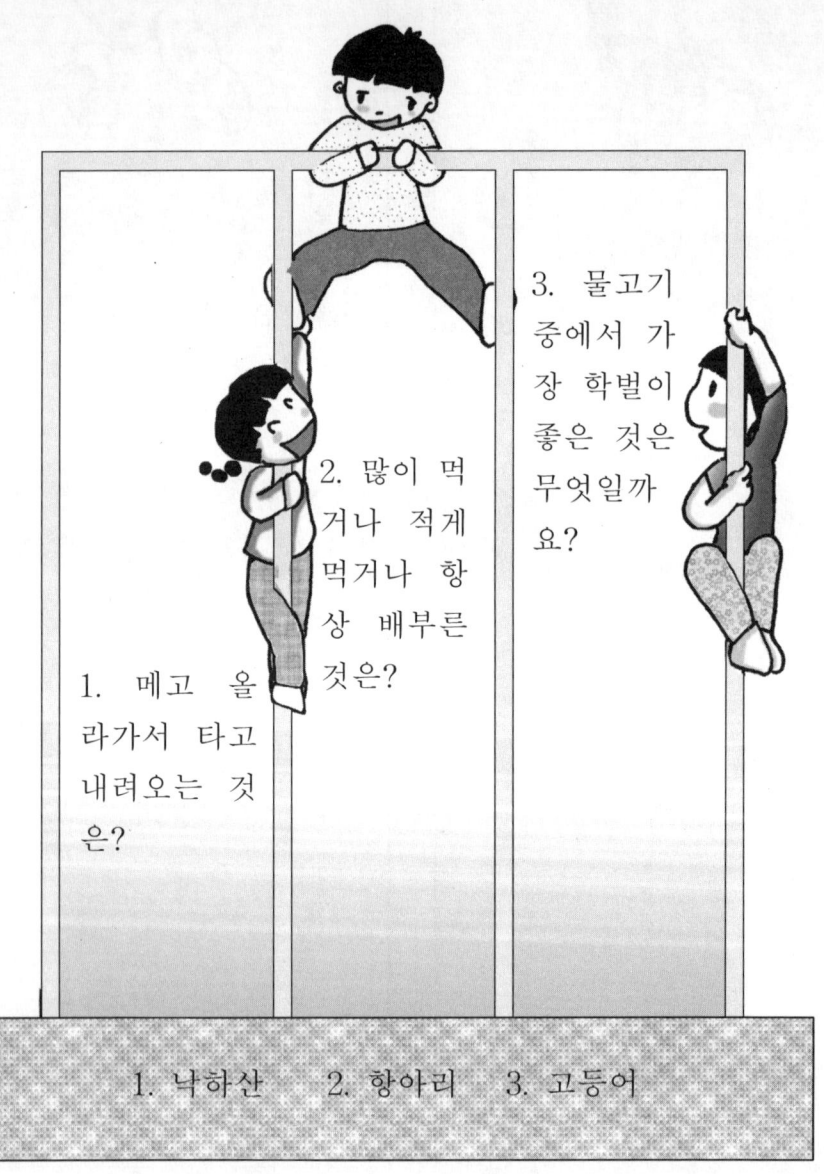

3. 물고기 중에서 가장 학벌이 좋은 것은 무엇일까요?

2. 많이 먹거나 적게 먹거나 항상 배부른 것은?

1. 메고 올라가서 타고 내려오는 것은?

1. 낙하산   2. 항아리   3. 고등어

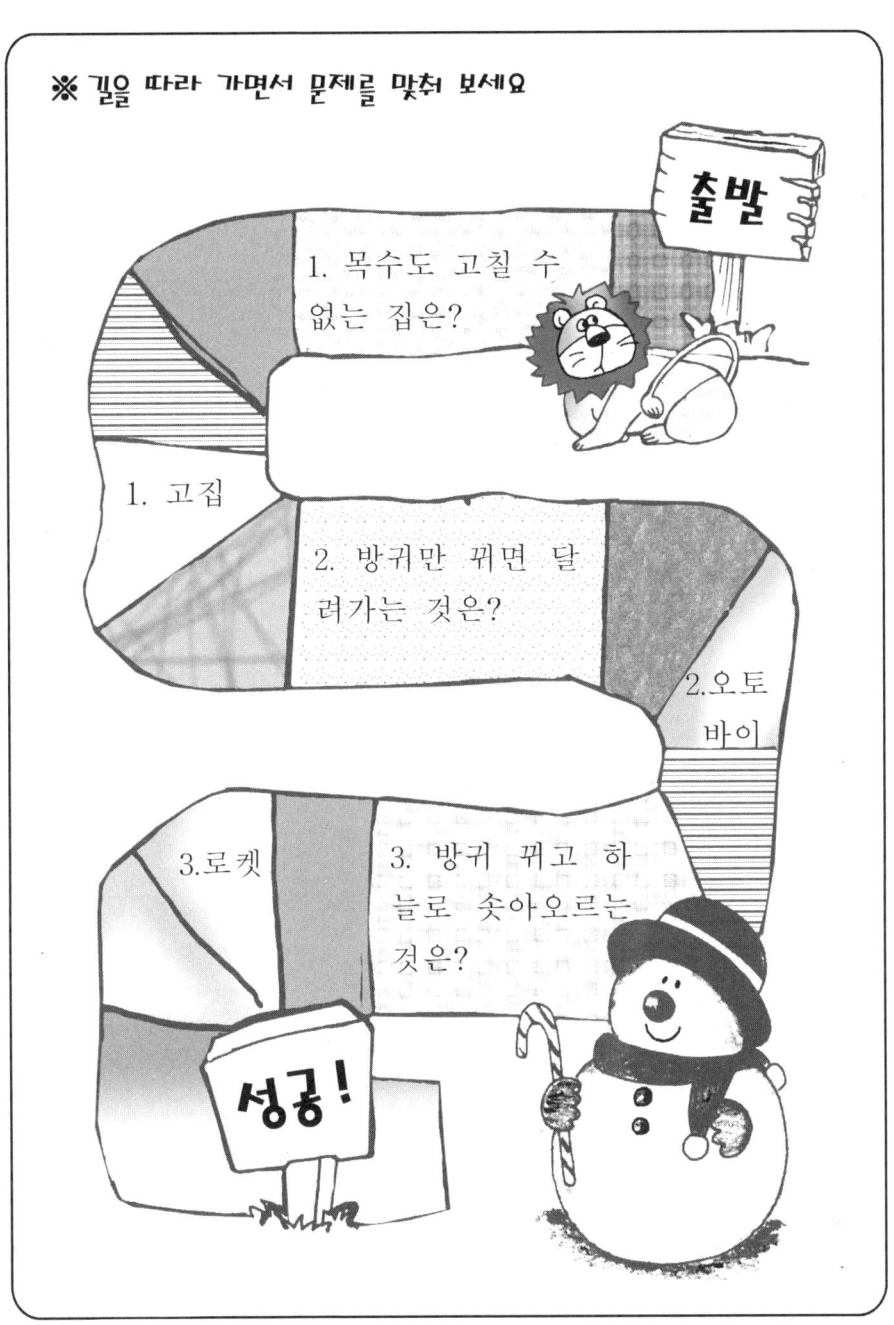

※ 길을 따라 가면서 문제를 맞춰 보세요

출발

1. 목수도 고칠 수 없는 집은?

1. 고집

2. 방귀만 뀌면 달려가는 것은?

2. 오토바이

3. 로켓

3. 방귀 뀌고 하늘로 솟아오르는 것은?

성공!

173

자! 다음 문제를 풀어보세요.

1. 목을 조이는 것인데도 기쁘게 받는 선물은?

2. 못사는 사람이 많을수록 잘사는 사람은?

1. 넥타이   2. 철물점주인

고양이는 지금 무슨 꿈을 꾸고 있는 걸까요

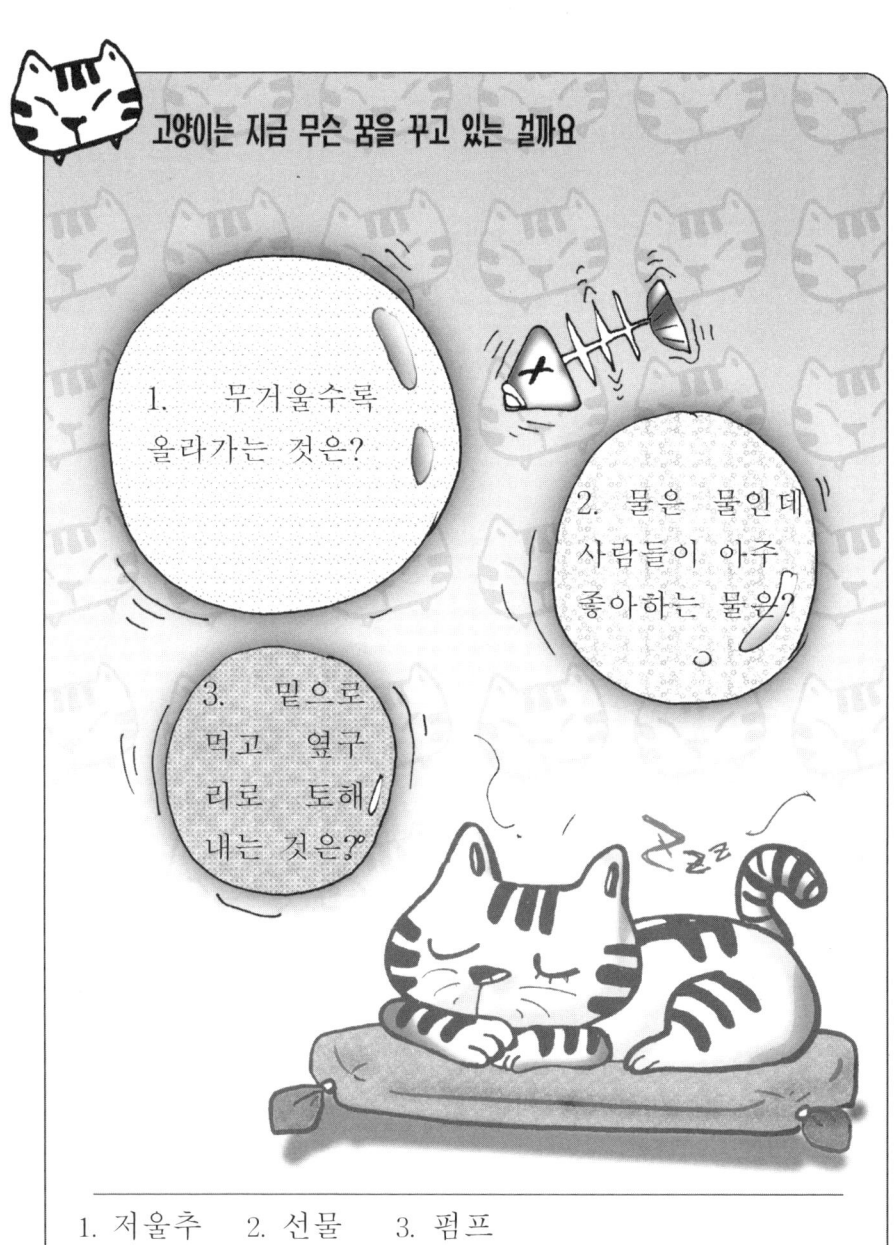

1. 무거울수록 올라가는 것은?

2. 물은 물인데 사람들이 아주 좋아하는 물은?

3. 밑으로 먹고 옆구리로 토해 내는 것은?

1. 저울추　2. 선물　3. 펌프

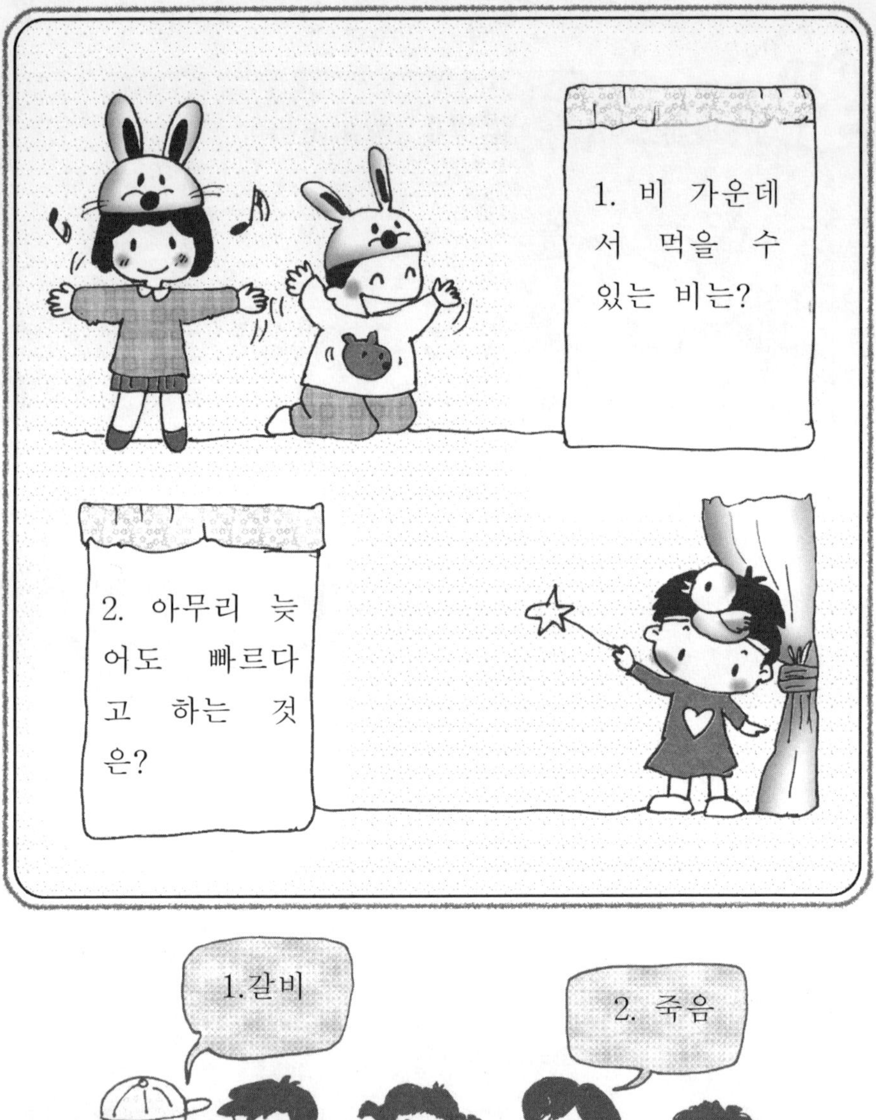

1. 비 가운데
서 먹을 수
있는 비는?

2. 아무리 늦
어도 빠르다
고 하는 것
은?

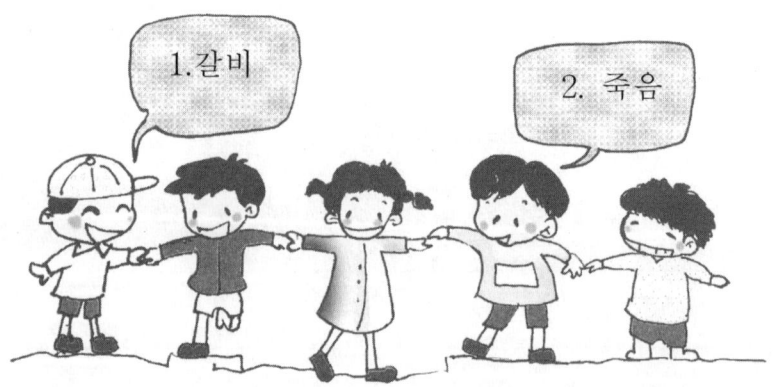

1. 갈비

2. 죽음

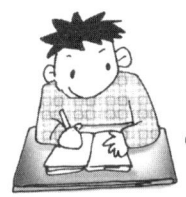 알맞은 답에 연결해 보세요

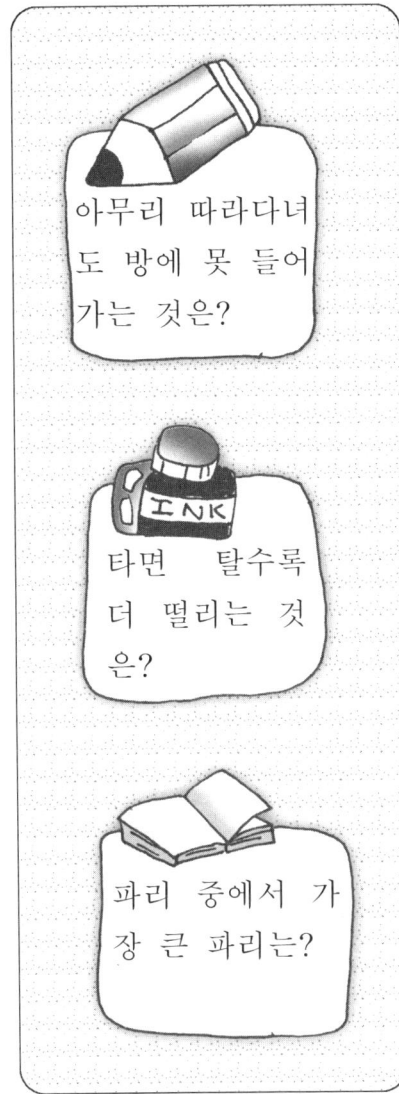

아무리 따라다녀도 방에 못 들어가는 것은?

타면 탈수록 더 떨리는 것은?

파리 중에서 가장 큰 파리는?

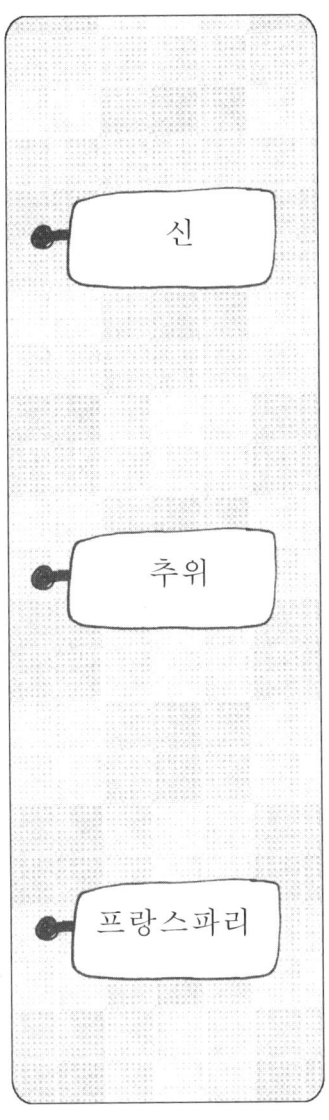

신

추위

프랑스파리

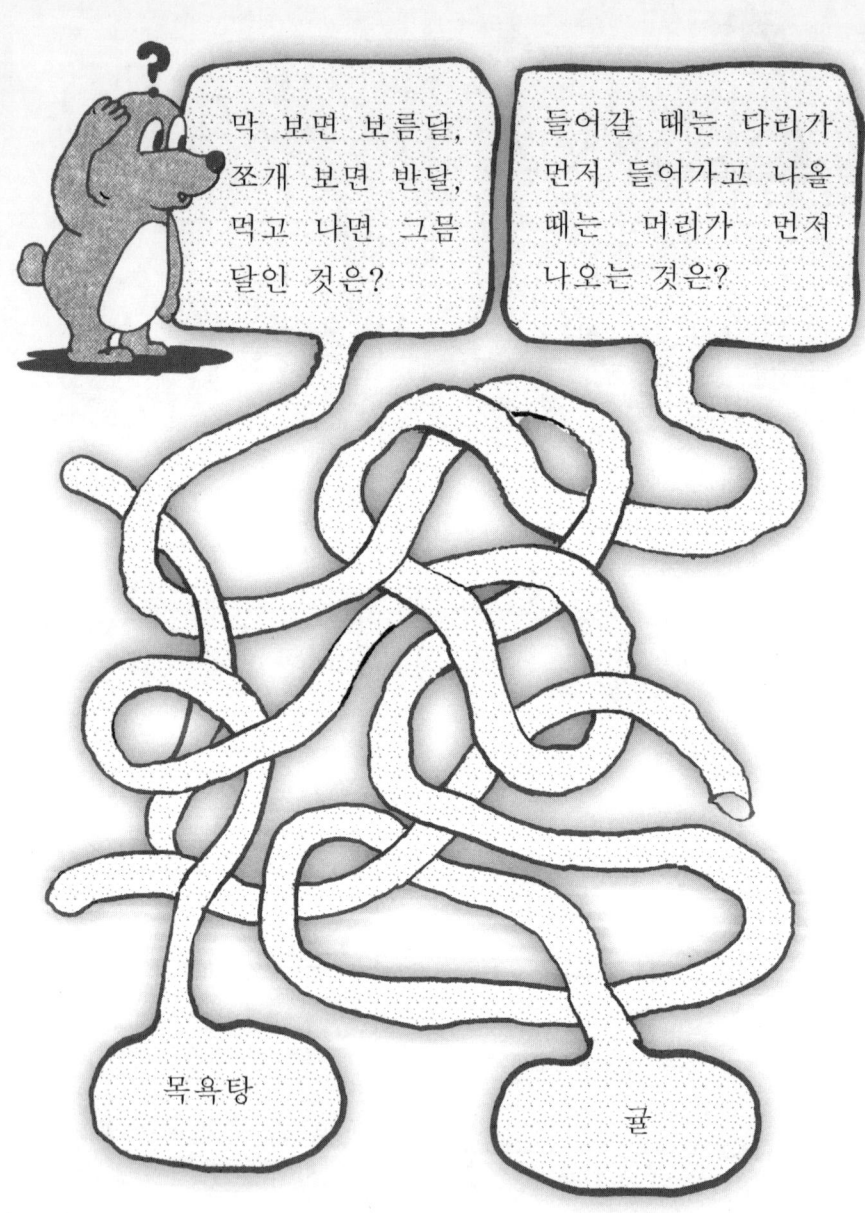

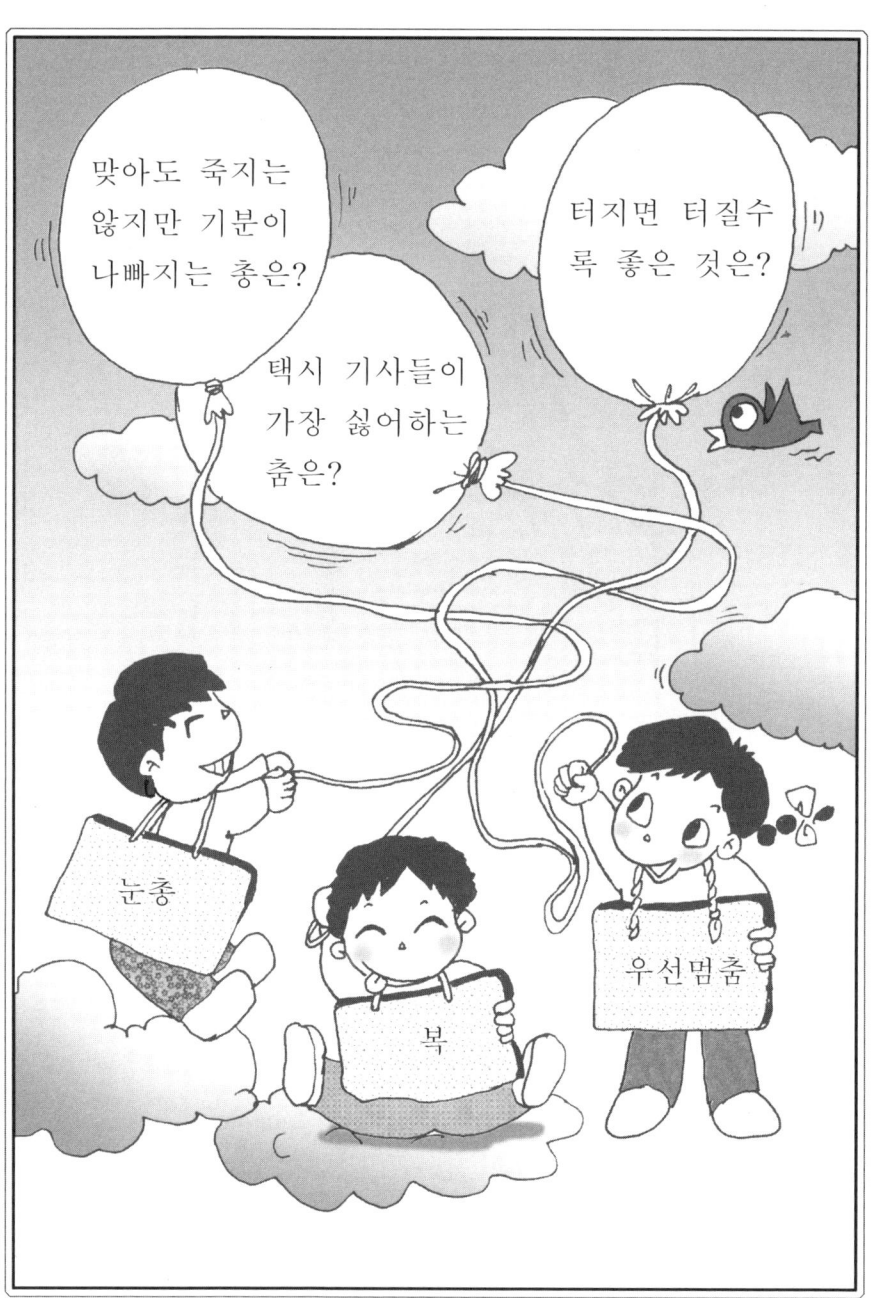

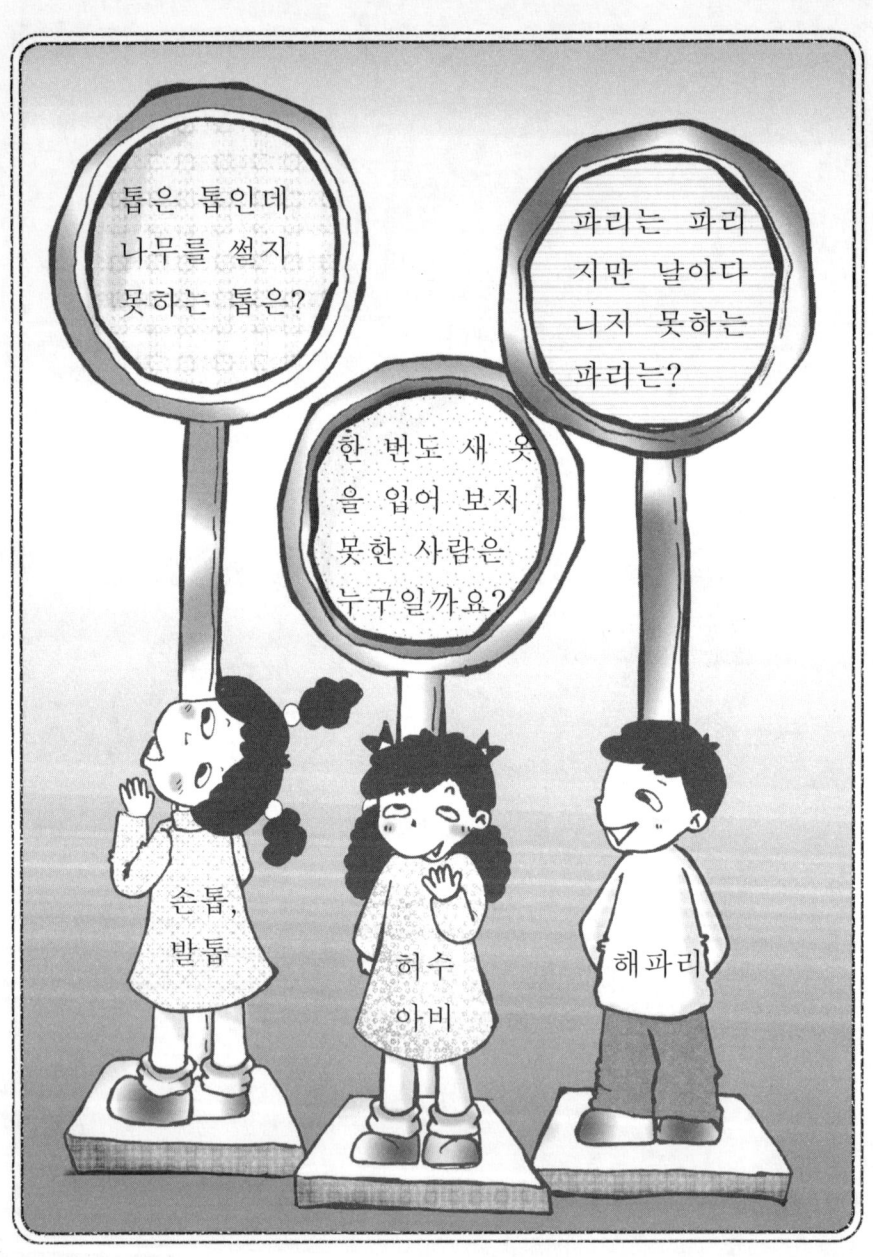

수수께끼를 맞춰 보세요

문제 1 아무리 재주가 뛰어난 사람이라도 낮이 아니면 할 수 없는 것은?

문제 2 언제나 머리 풀고 서 있는 것은?

문제 3 한 사람만 들어가도 만원이 되는 곳은 어디일까요?

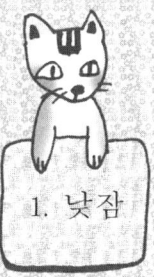

1. 낮잠

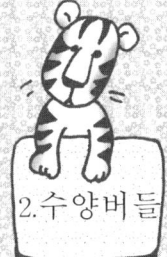

2. 수양버들

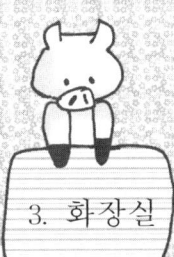

3. 화장실

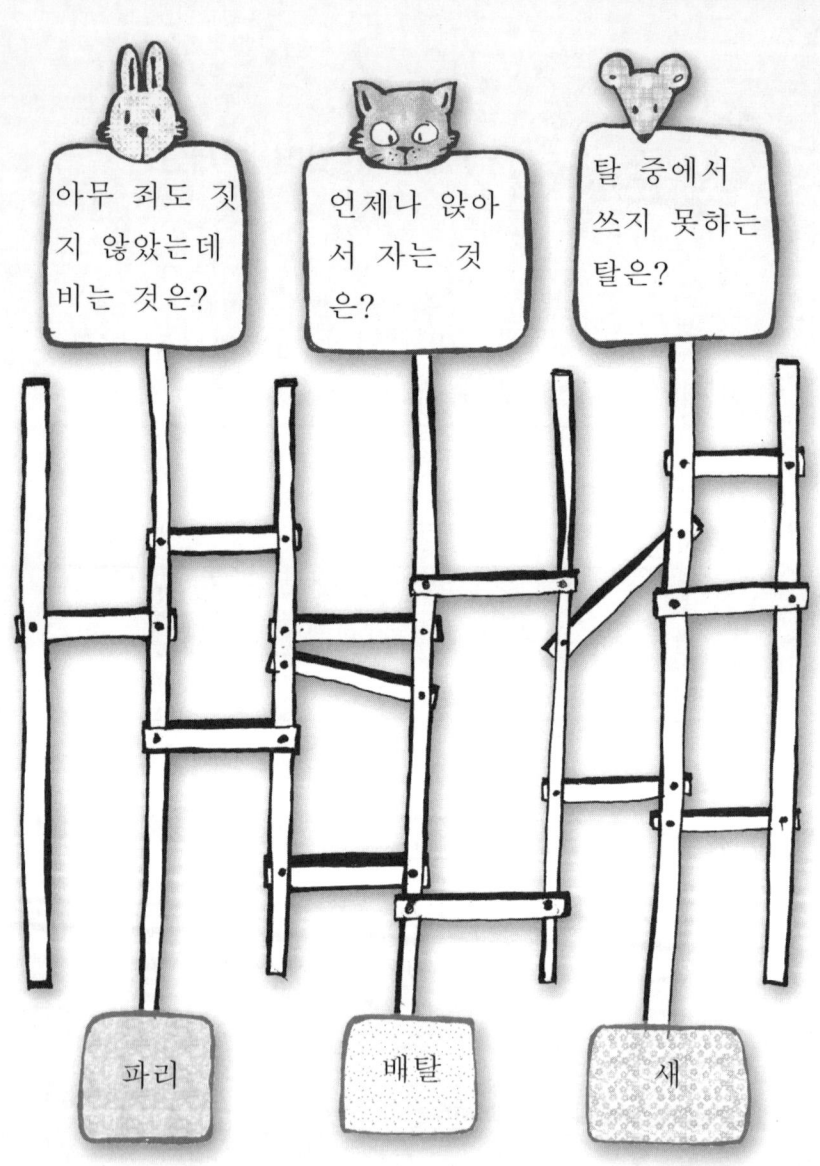

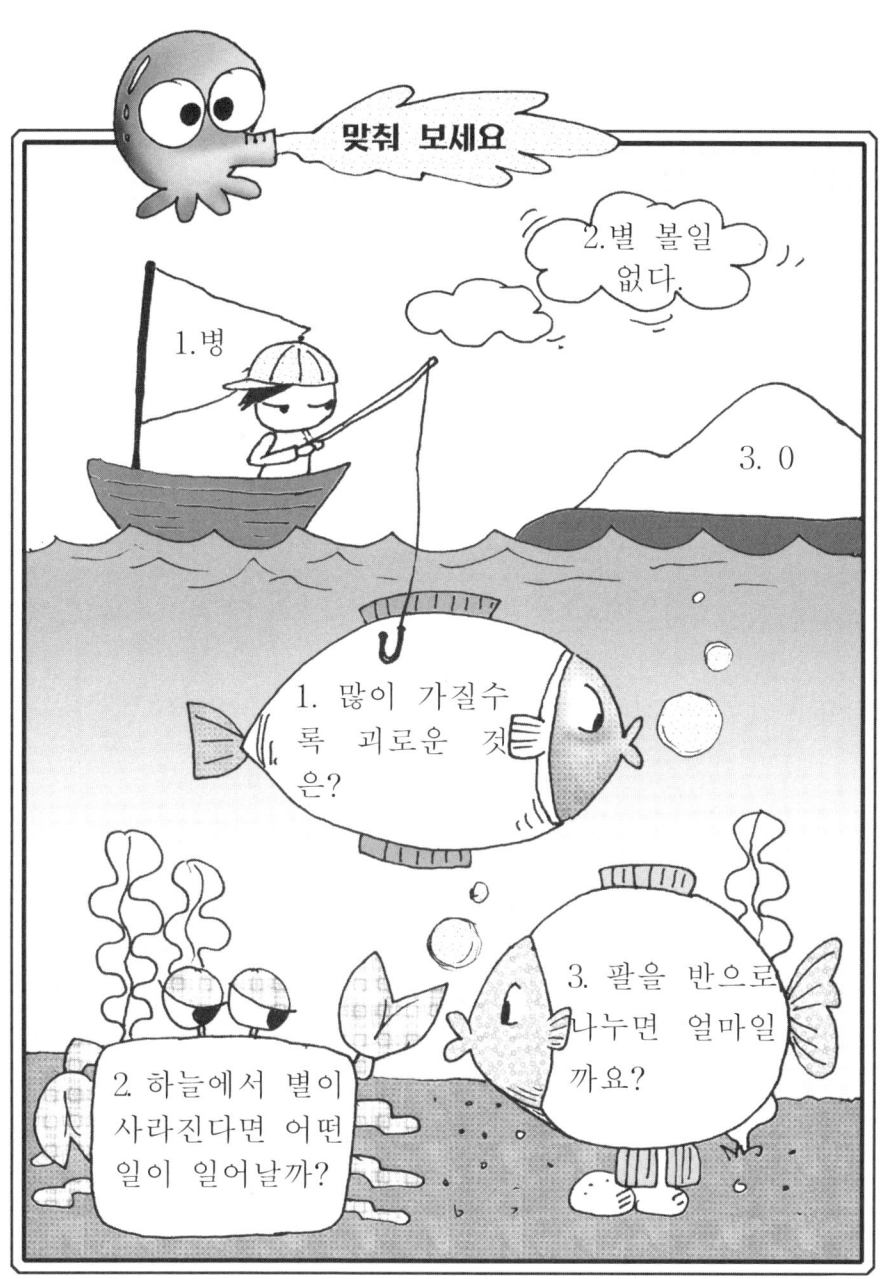

맞춰보세요

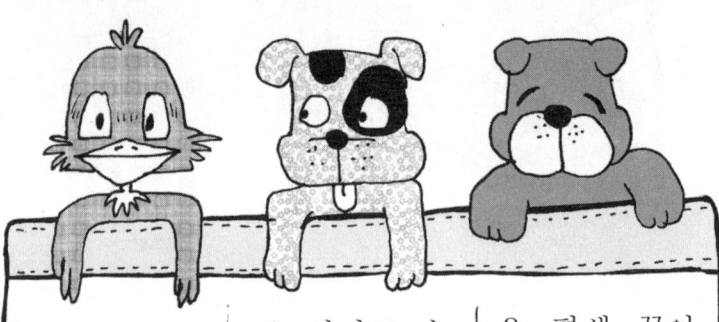

1. 프랑스에서 가장 불효자는 누구일까요?

2. 하나로 수만 가지 소리를 내는 것은?

3. 평생 꾸어주기만 하고 평생 돌려받지 못하는 것은?

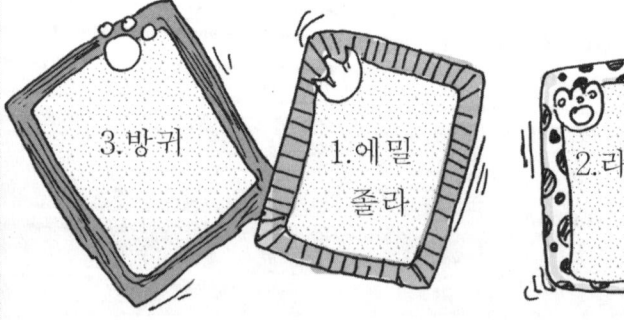

3.방귀

1.에밀 졸라

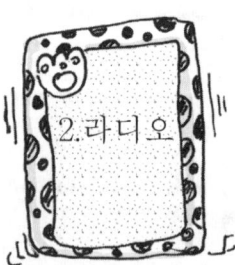

2.라디오

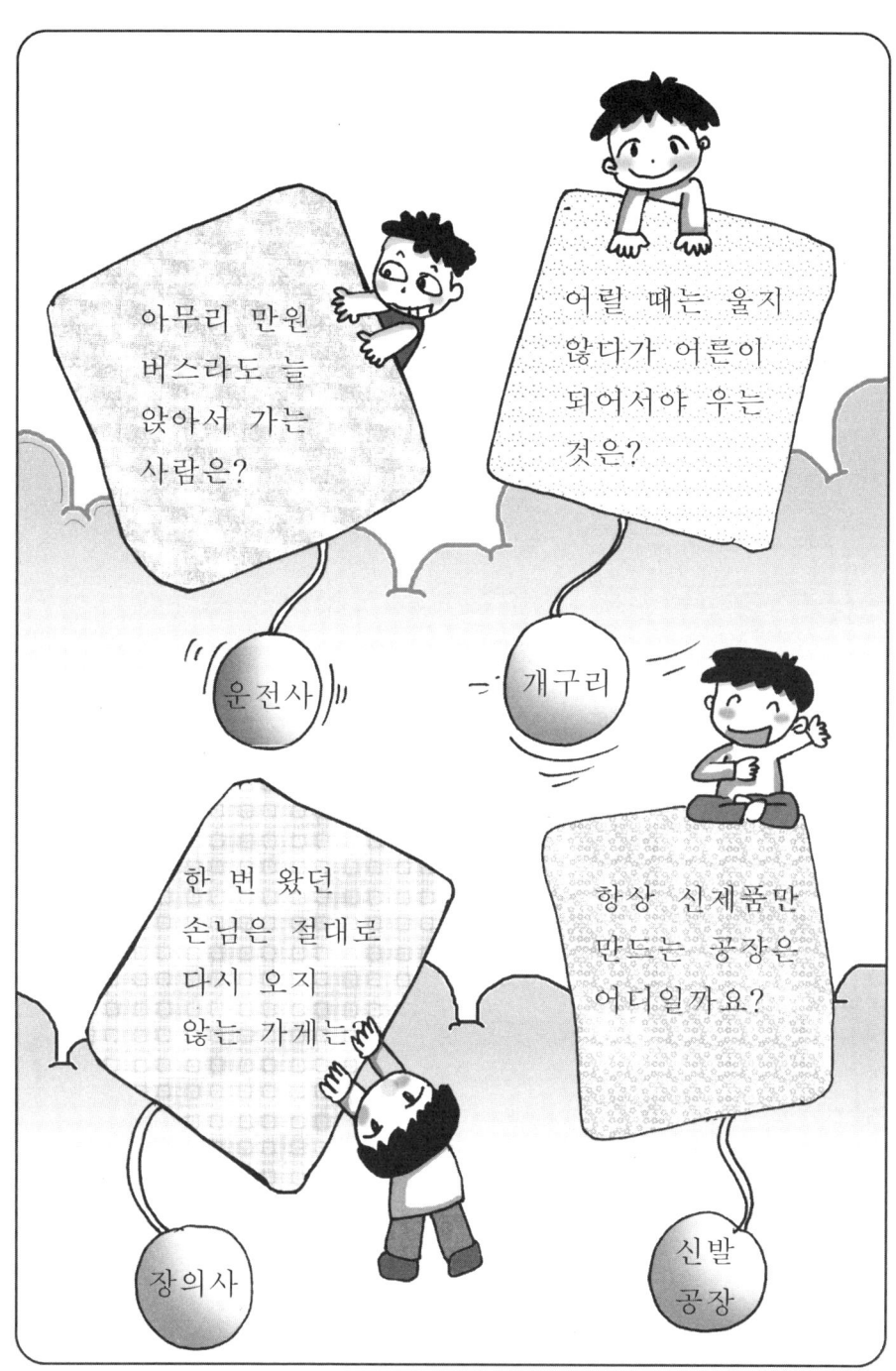

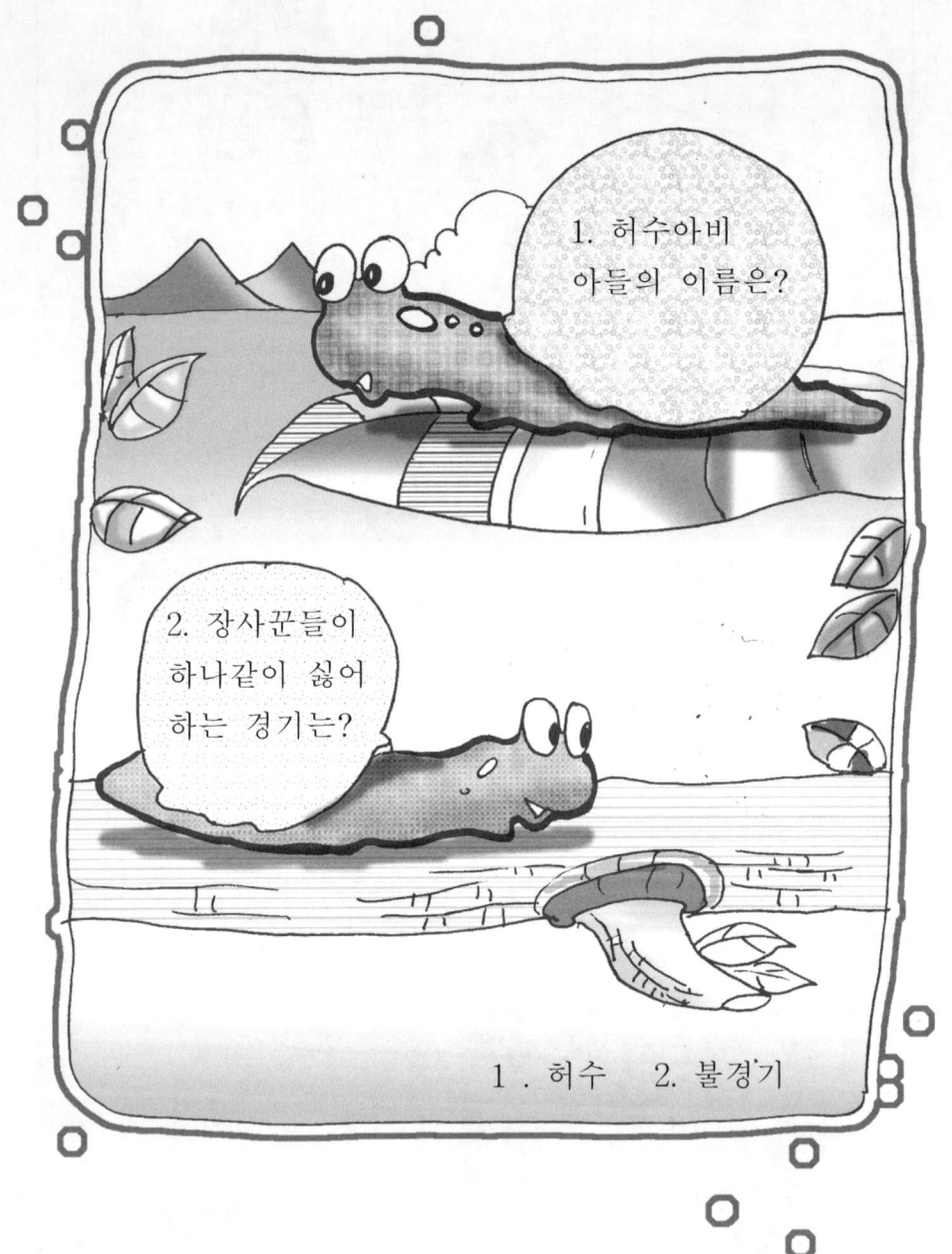

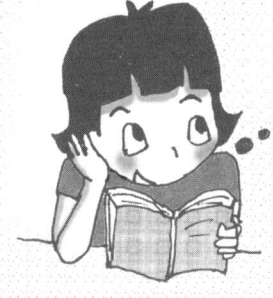

문제를 풀어보세요

1. 저는 걷지도 못하면서 남을 날려보내는
희생정신을 가지고 있는 것은?

_____

2. 저절로 가는 것은?

_____

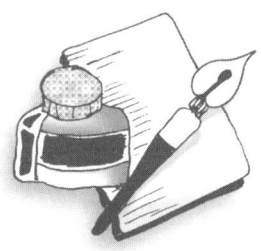

1. 활   2. 스님

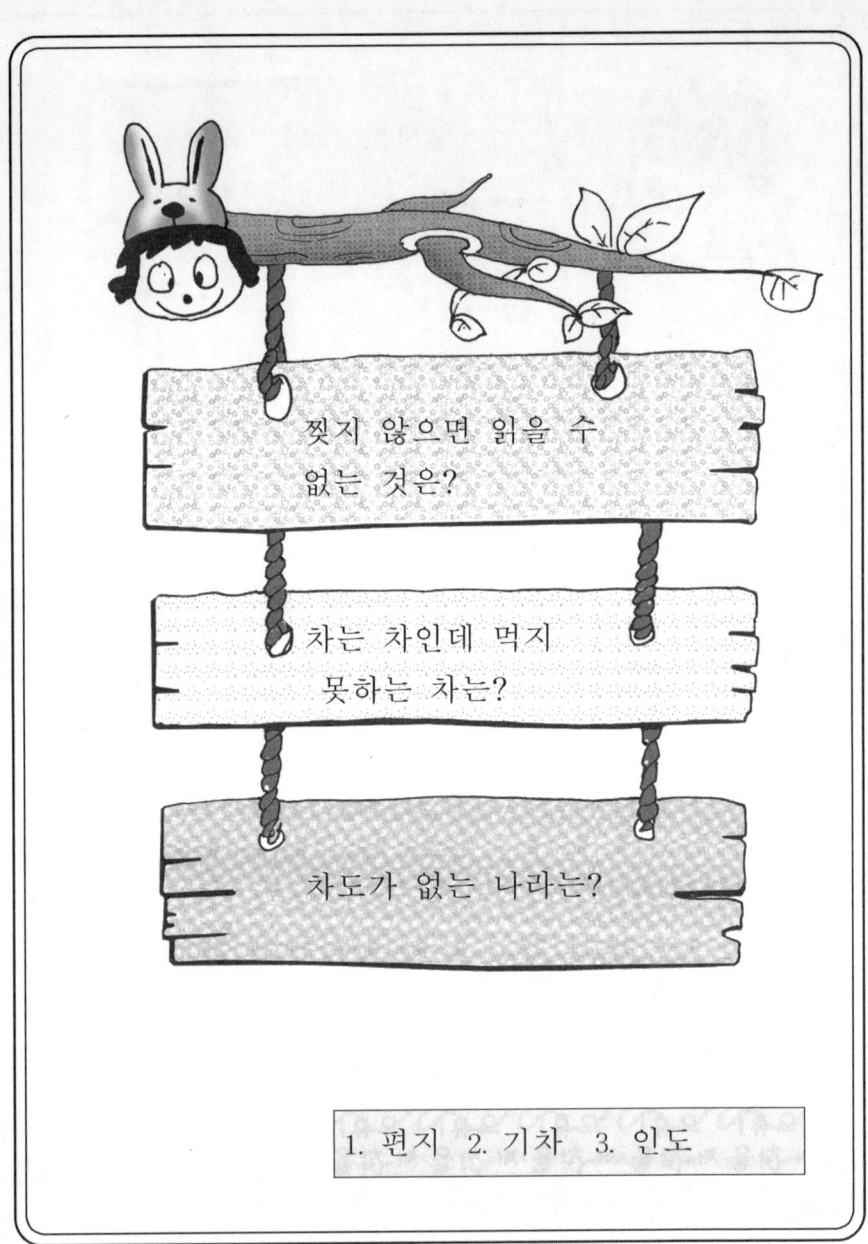

찢지 않으면 읽을 수 없는 것은?

차는 차인데 먹지 못하는 차는?

차도가 없는 나라는?

1. 편지 2. 기차 3. 인도

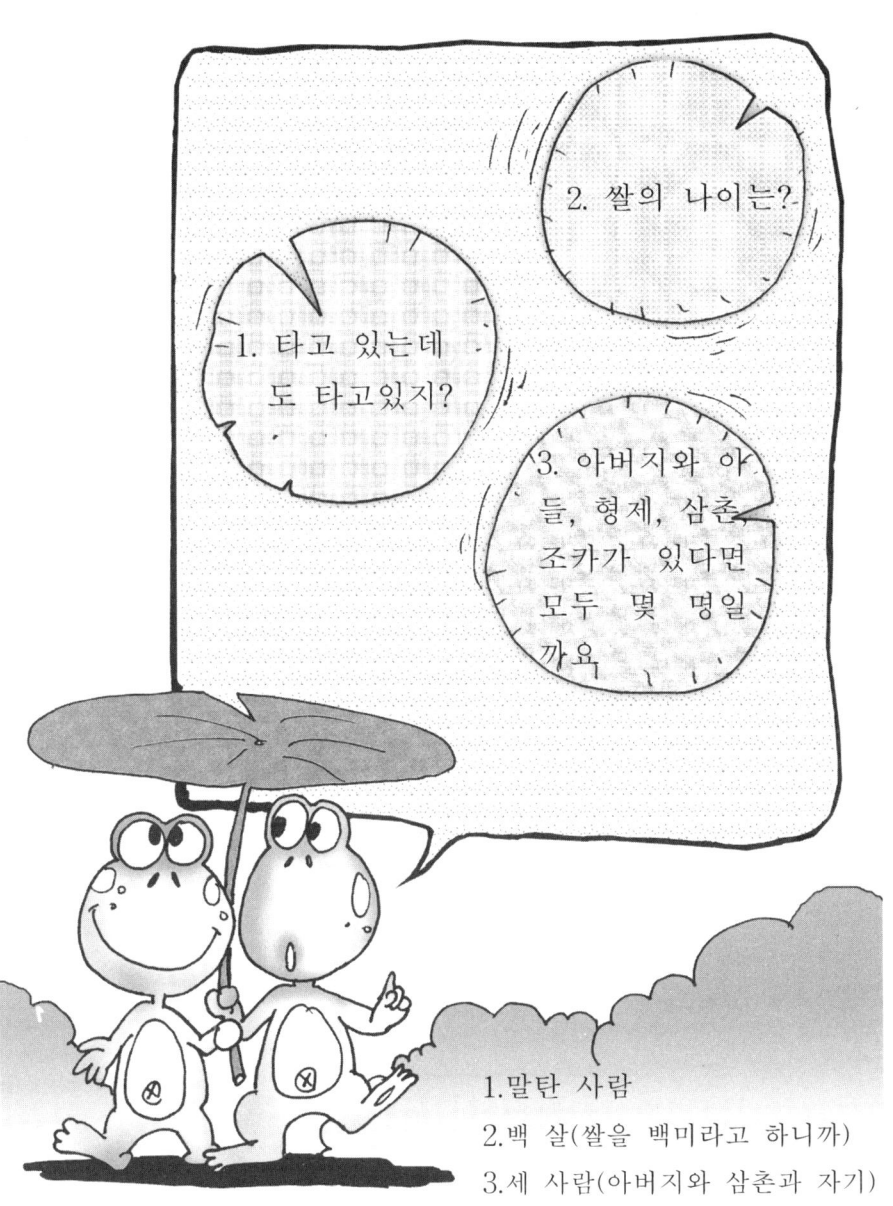

1.말탄 사람
2.백 살(쌀을 백미라고 하니까)
3.세 사람(아버지와 삼촌과 자기)

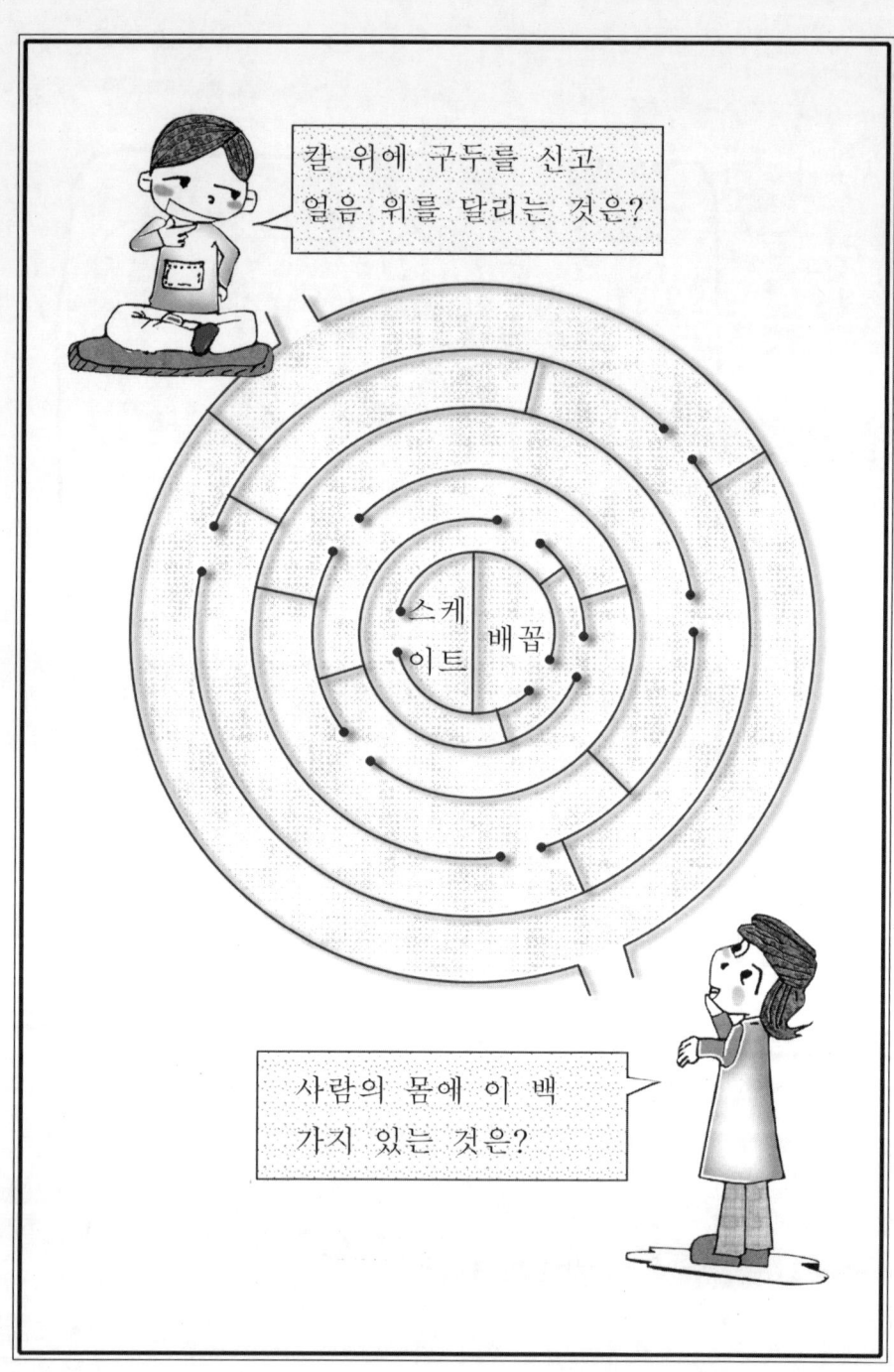

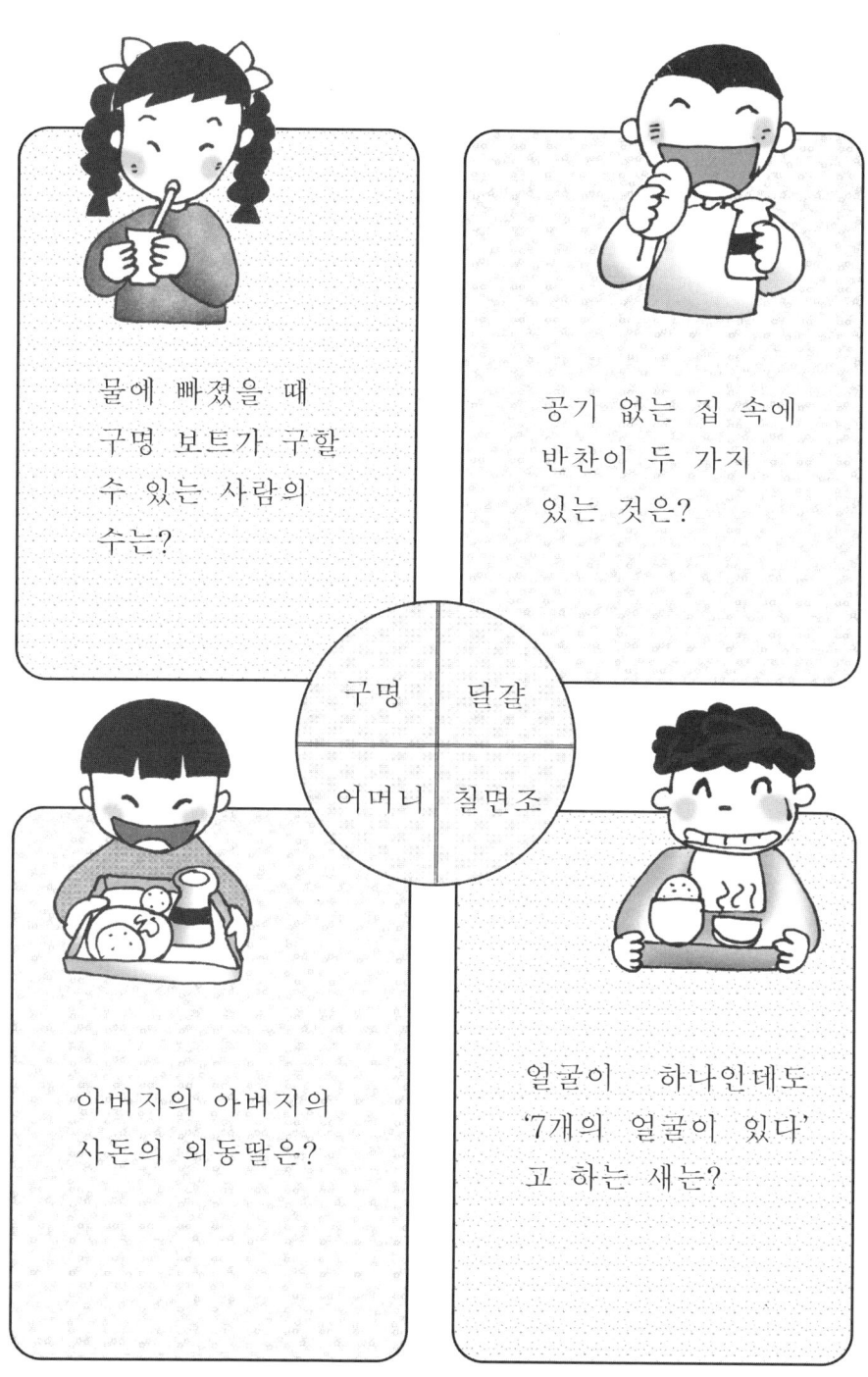

물에 빠졌을 때
구명 보트가 구할
수 있는 사람의
수는?

공기 없는 집 속에
반찬이 두 가지
있는 것은?

구명 | 달걀
어머니 | 칠면조

아버지의 아버지의
사돈의 외동딸은?

얼굴이 하나인데도
'7개의 얼굴이 있다'
고 하는 새는?

♣ 맞춰보세요

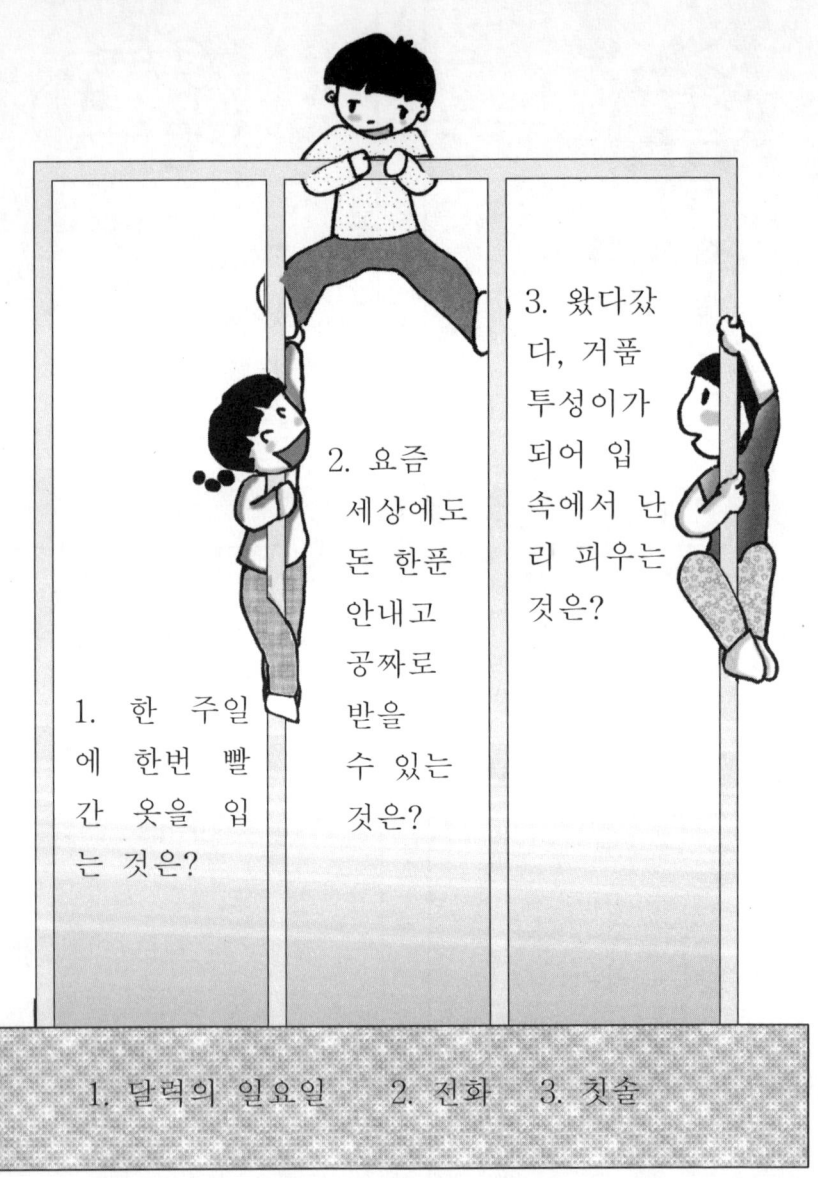

3. 왔다갔
다, 거품
투성이가
되어 입
속에서 난
리 피우는
것은?

2. 요즘
세상에도
돈 한푼
안내고
공짜로
받을
수 있는
것은?

1. 한 주일
에 한번 빨
간 옷을 입
는 것은?

1. 달력의 일요일   2. 전화   3. 칫솔

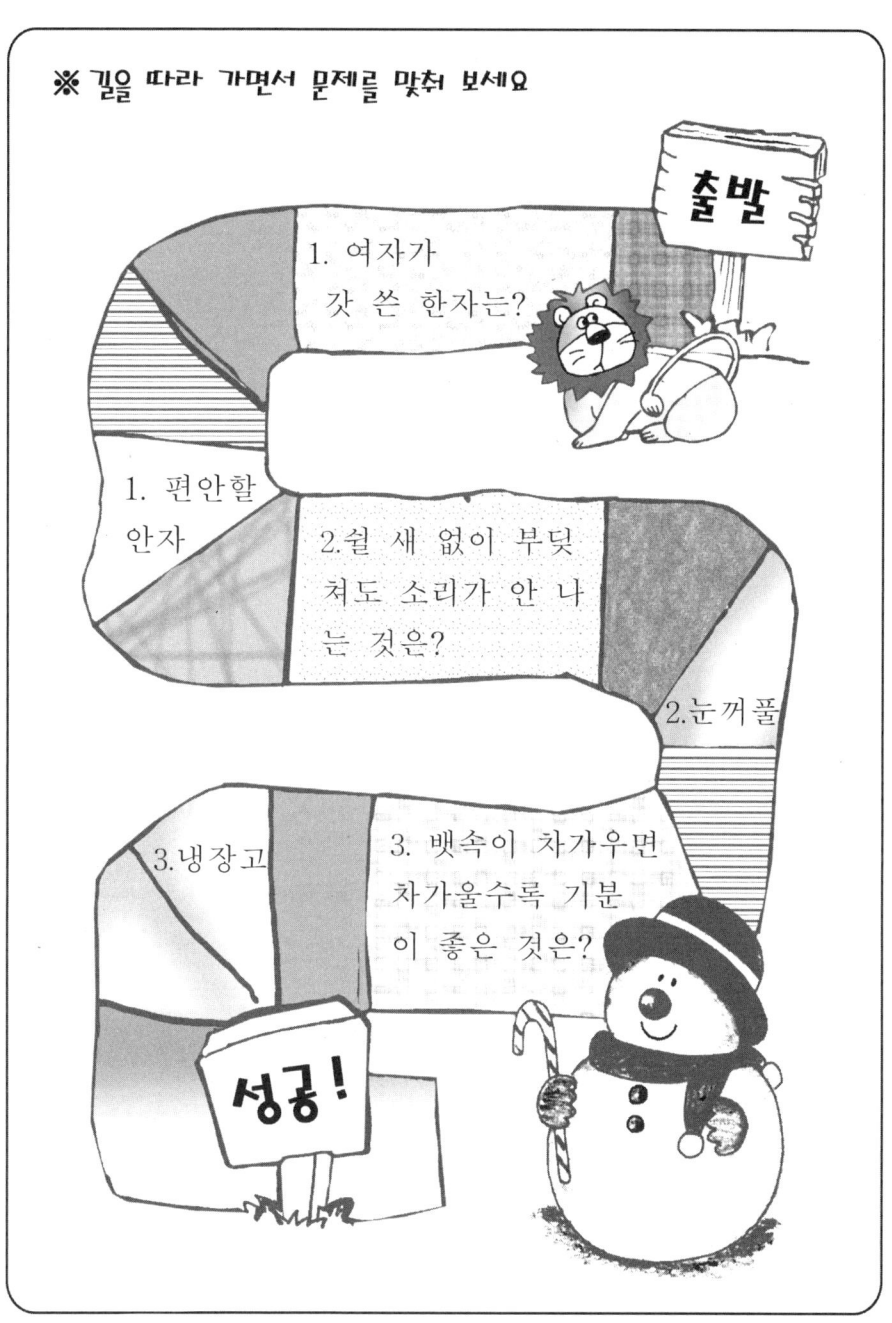

※ 길을 따라 가면서 문제를 맞춰 보세요

출발

1. 여자가
   갓 쓴 한자는?

1. 편안할
   안자

2. 쉴 새 없이 부딪
   쳐도 소리가 안 나
   는 것은?

2. 눈꺼풀

3. 냉장고

3. 뱃속이 차가우면
   차가울수록 기분
   이 좋은 것은?

성공!

자! 다음 문제를 풀어보세요.

1. 모기가 놀기에 가장 안전한 지대는?

2. '실 파는 가게에 흰 실, 검은 실, 빨간 실, 파란 실이 많이 모여 있다'를 네 자로 줄이면?

1. 인간의 코   2. 득실득실

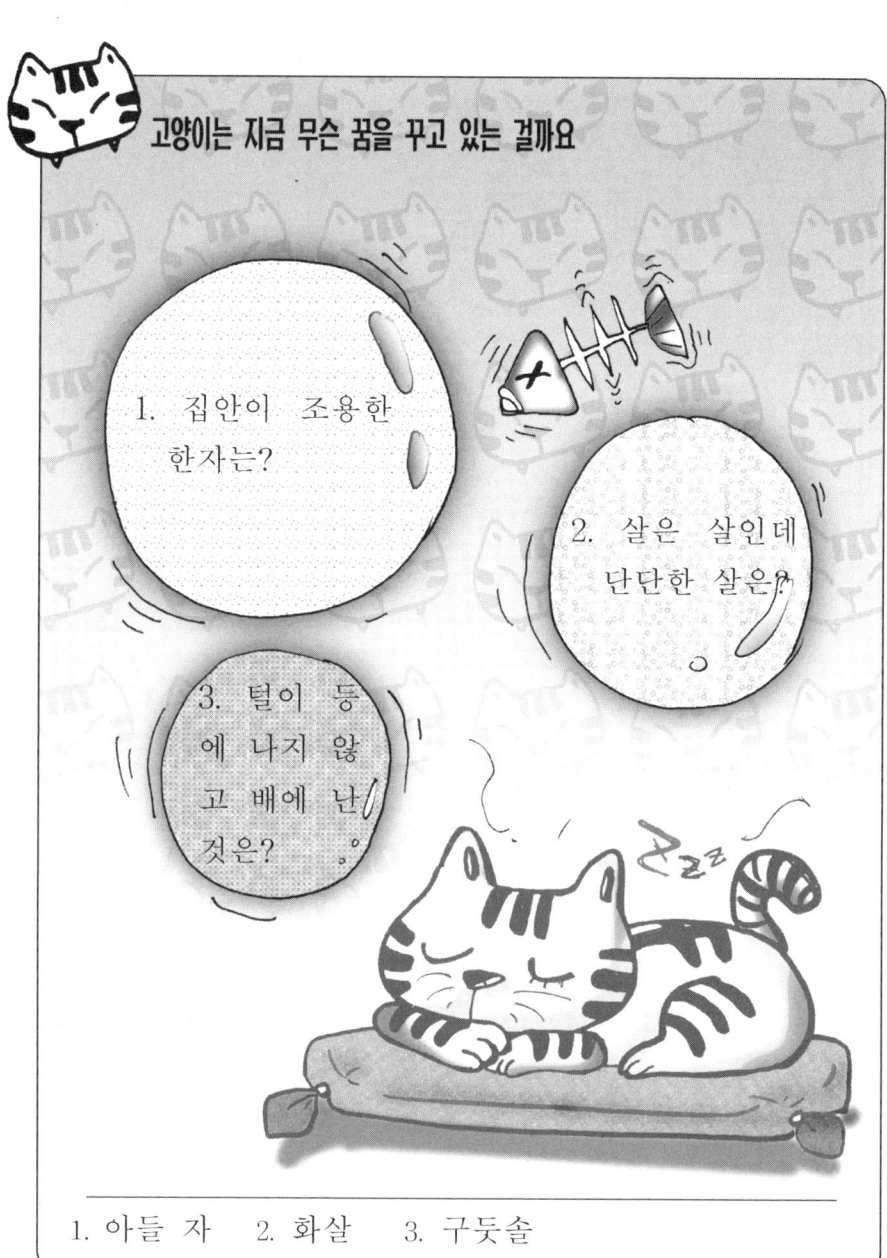

고양이는 지금 무슨 꿈을 꾸고 있는 걸까요

1. 집안이 조용한 한자는?

2. 살은 살인데 단단한 살은?

3. 털이 등에 나지 않고 배에 난 것은?

1. 아들 자   2. 화살   3. 구둣솔

195

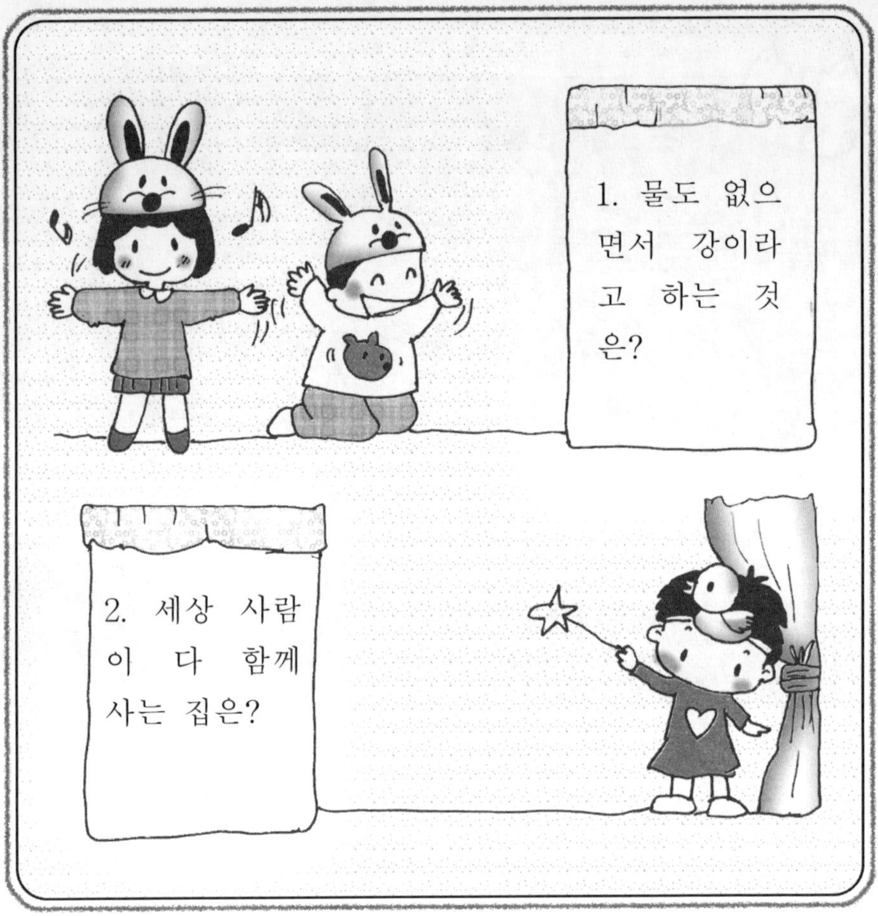

1. 물도 없으면서 강이라고 하는 것은?

2. 세상 사람이 다 함께 사는 집은?

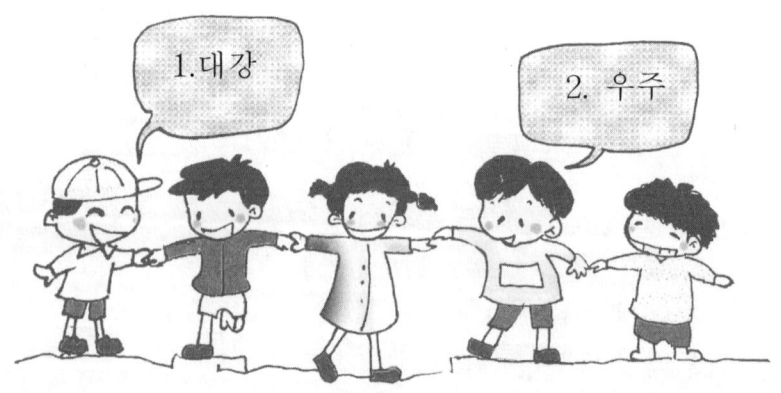

1.대강

2. 우주

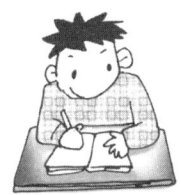

알맞은 답에 연결해 보세요

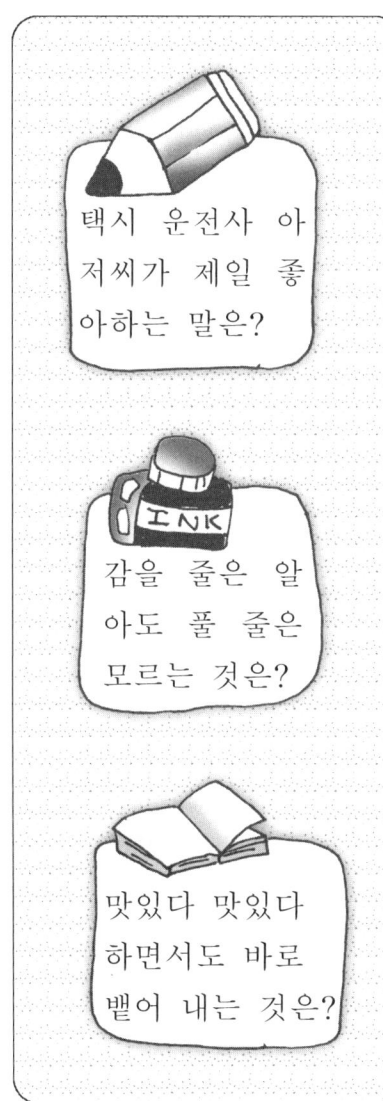

택시 운전사 아저씨가 제일 좋아하는 말은?

감을 줄은 알아도 풀 줄은 모르는 것은?

맛있다 맛있다 하면서도 바로 뱉어 내는 것은?

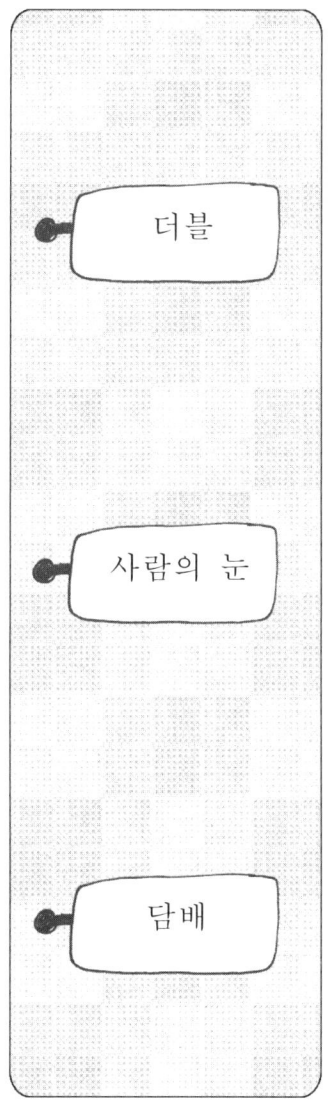

더블

사람의 눈

담배

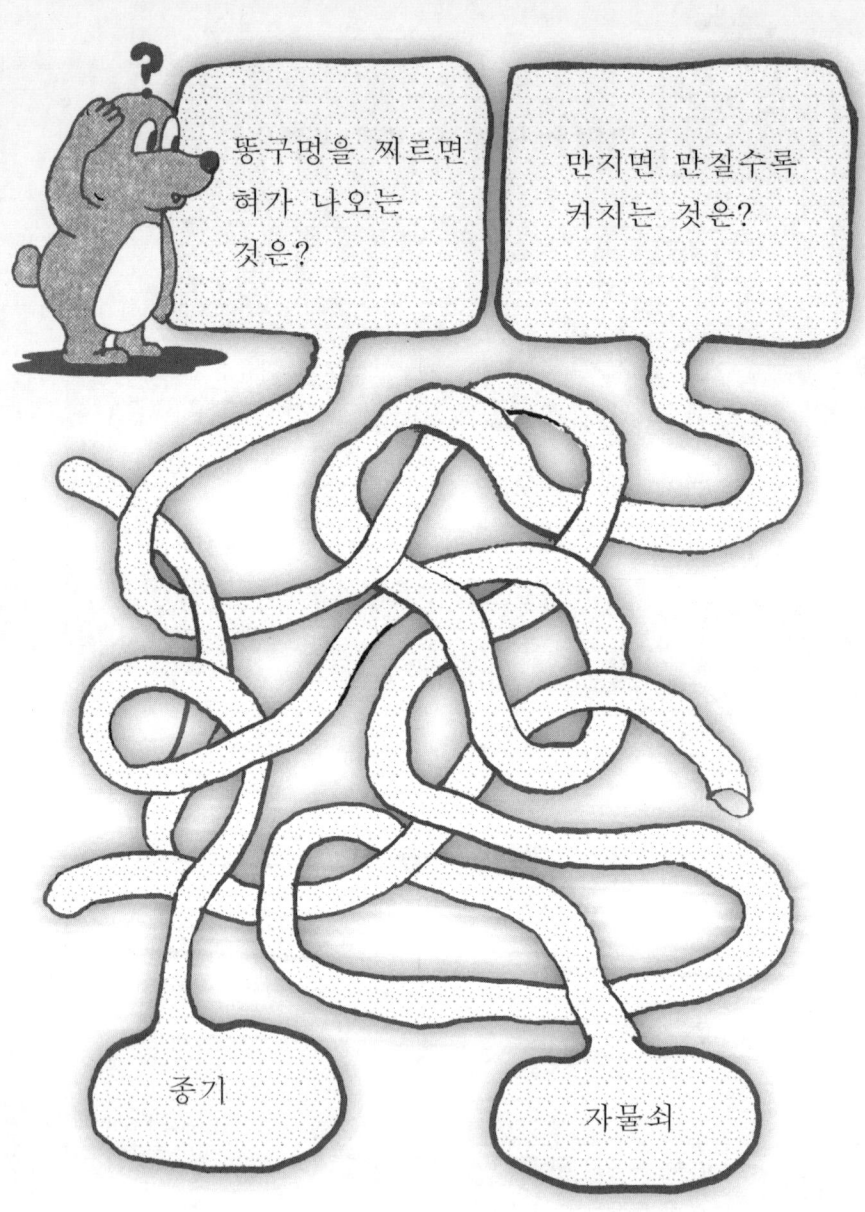

198

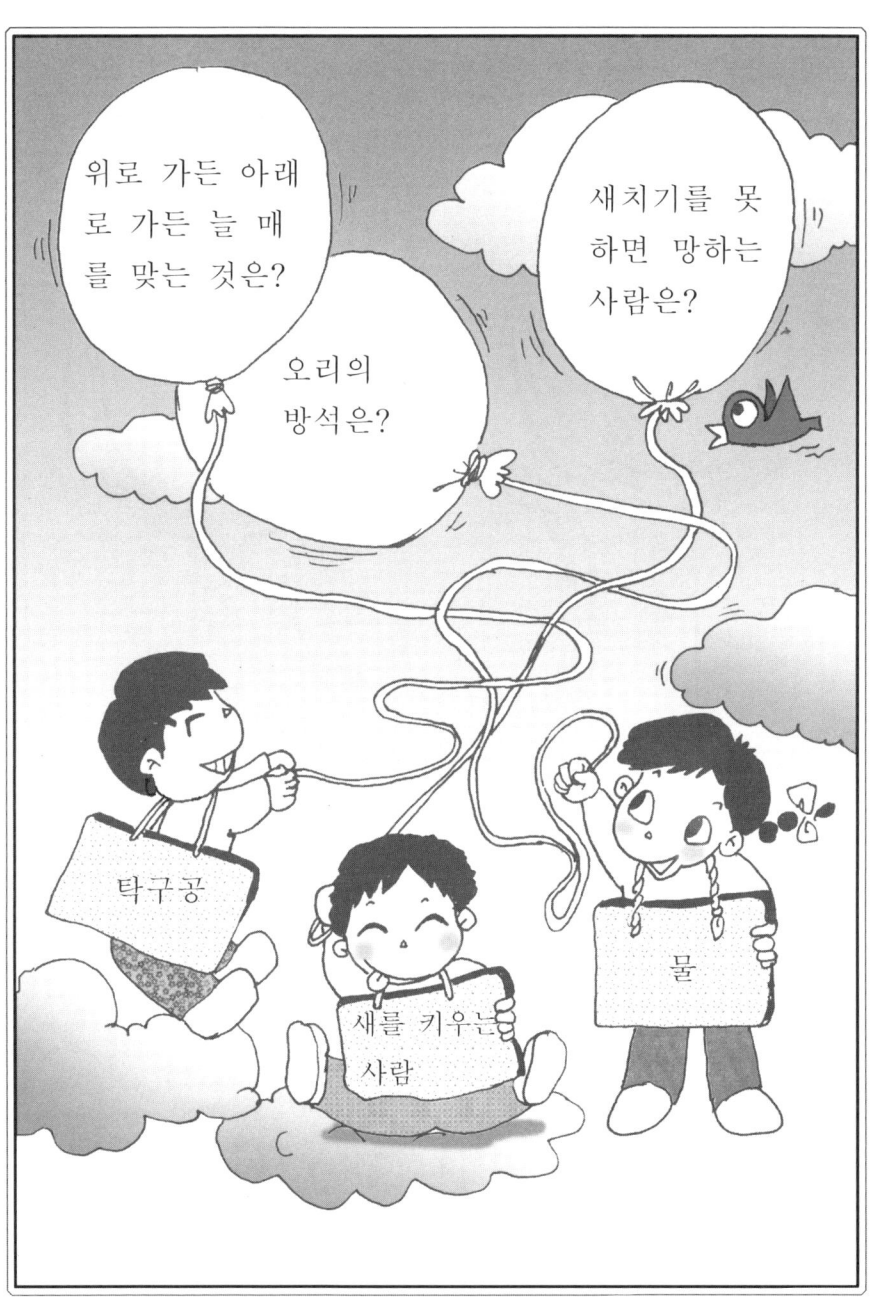

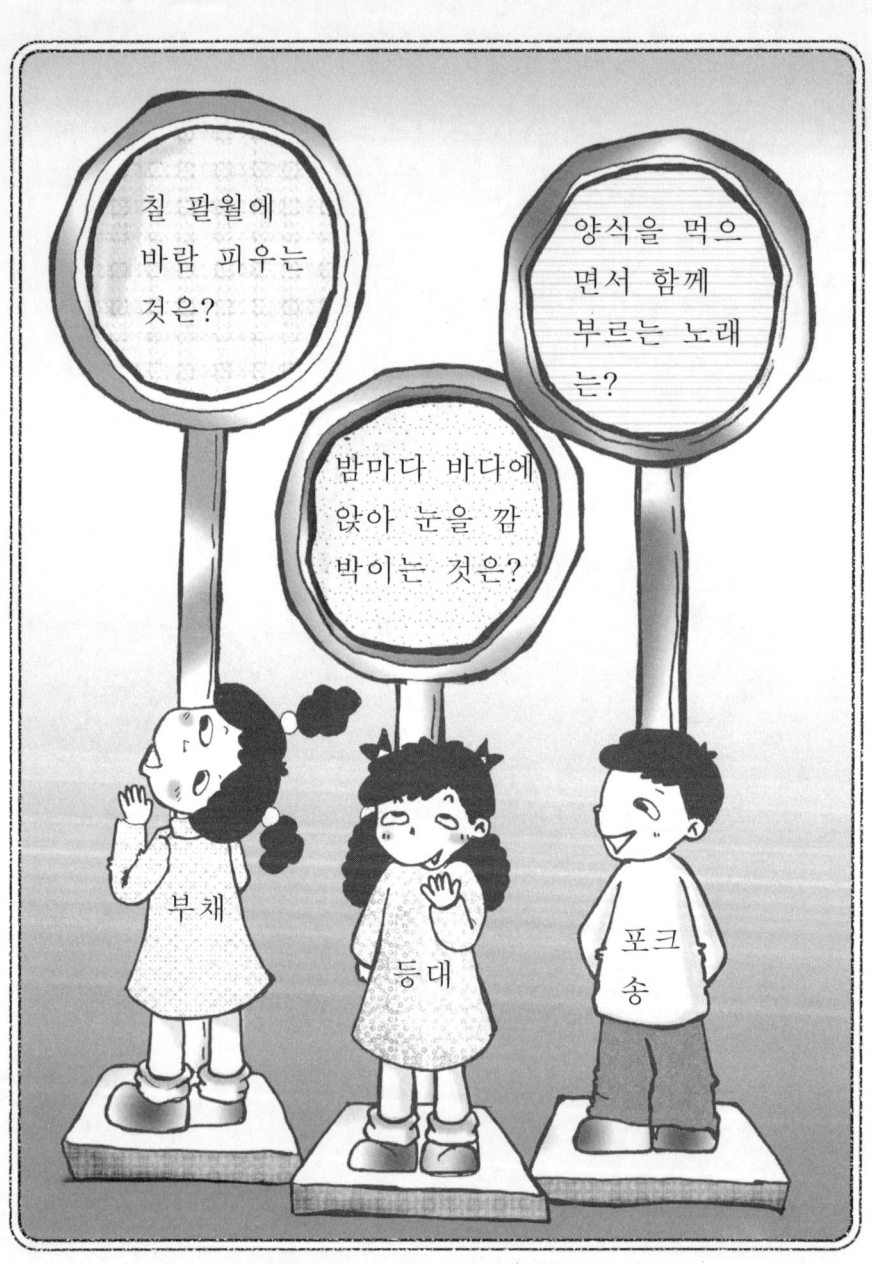

수수께끼를 맞춰 보세요

문제1 저축을 많이 하는 사람이 좋아하는 나무는?

_____

문제2 제일 빠르게 도는 것은?

_____

문제3 처녀들에게 시집을 구해주는 사람은?

_____

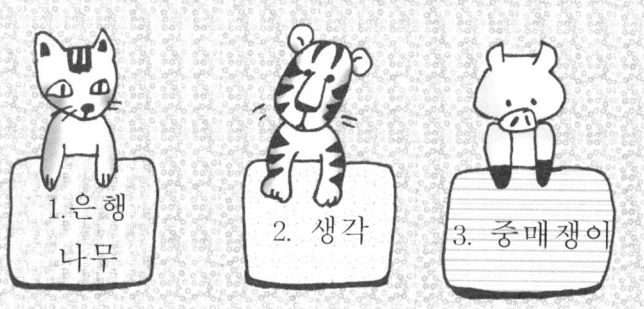

1.은행 나무

2. 생각

3. 중매쟁이

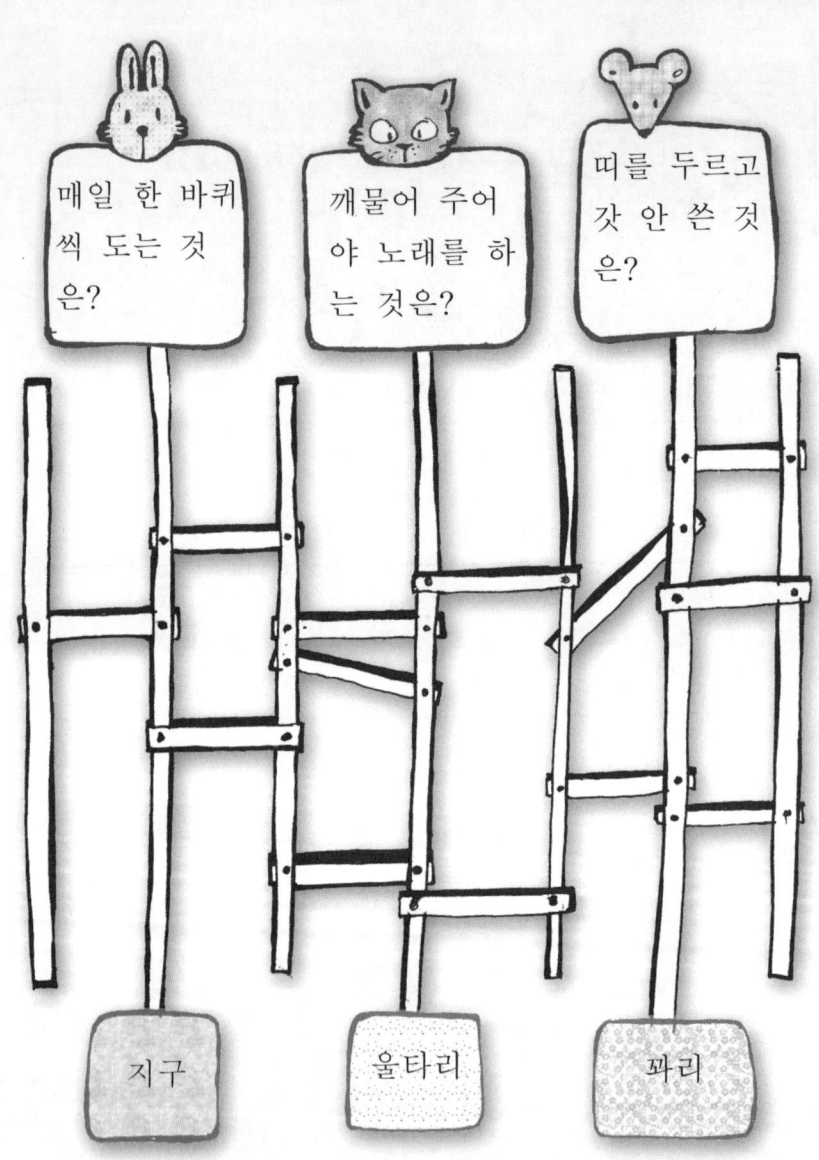

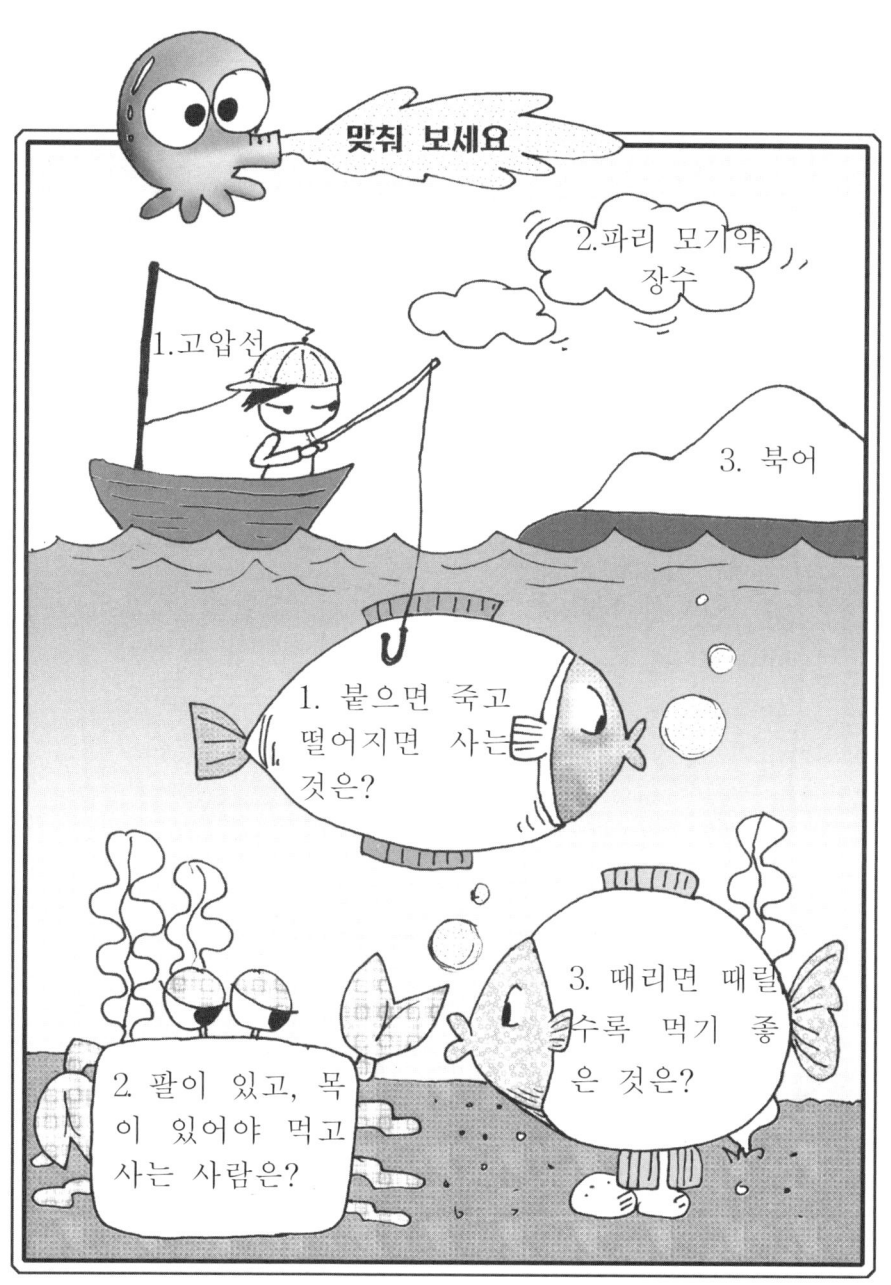

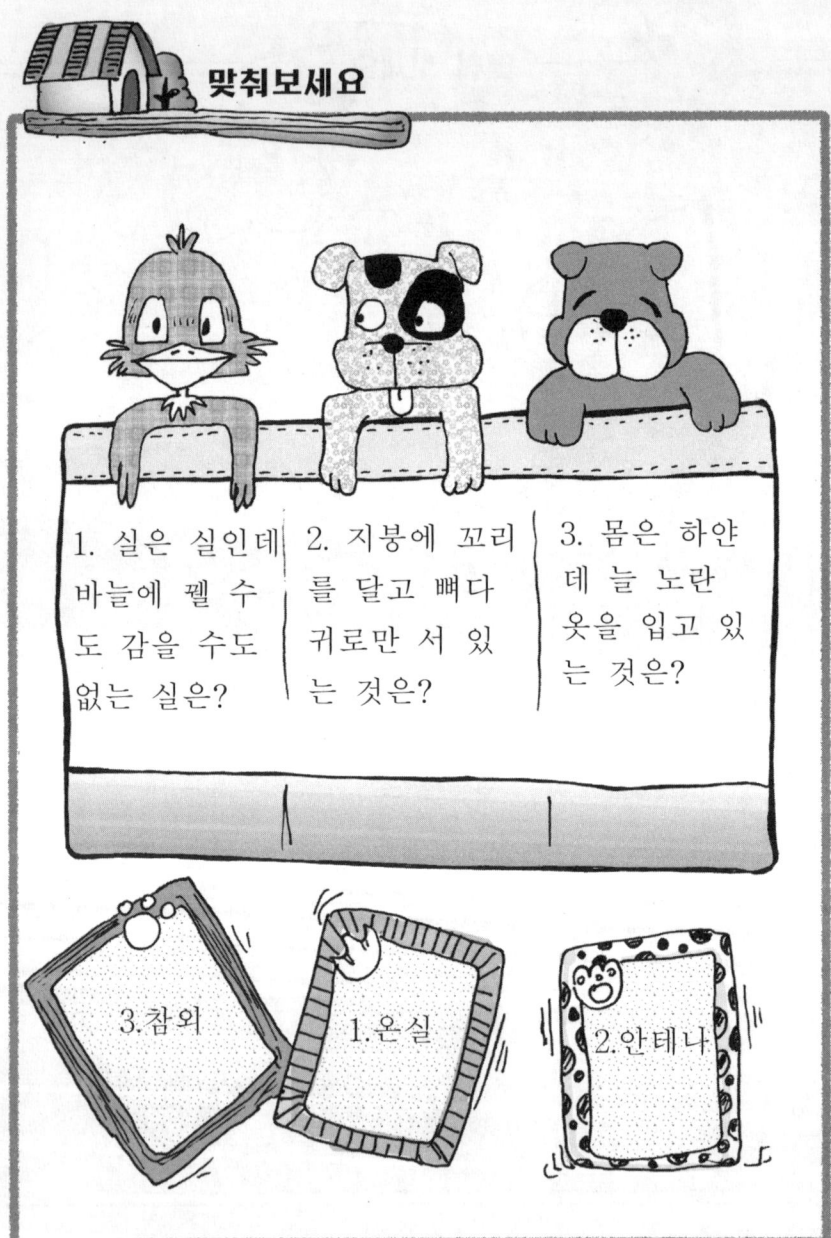

맞춰보세요

1. 실은 실인데 바늘에 꿸 수도 감을 수도 없는 실은?

2. 지붕에 꼬리를 달고 뼈다귀로만 서 있는 것은?

3. 몸은 하얀데 늘 노란 옷을 입고 있는 것은?

3.참외

1.온실

2.안테나

204

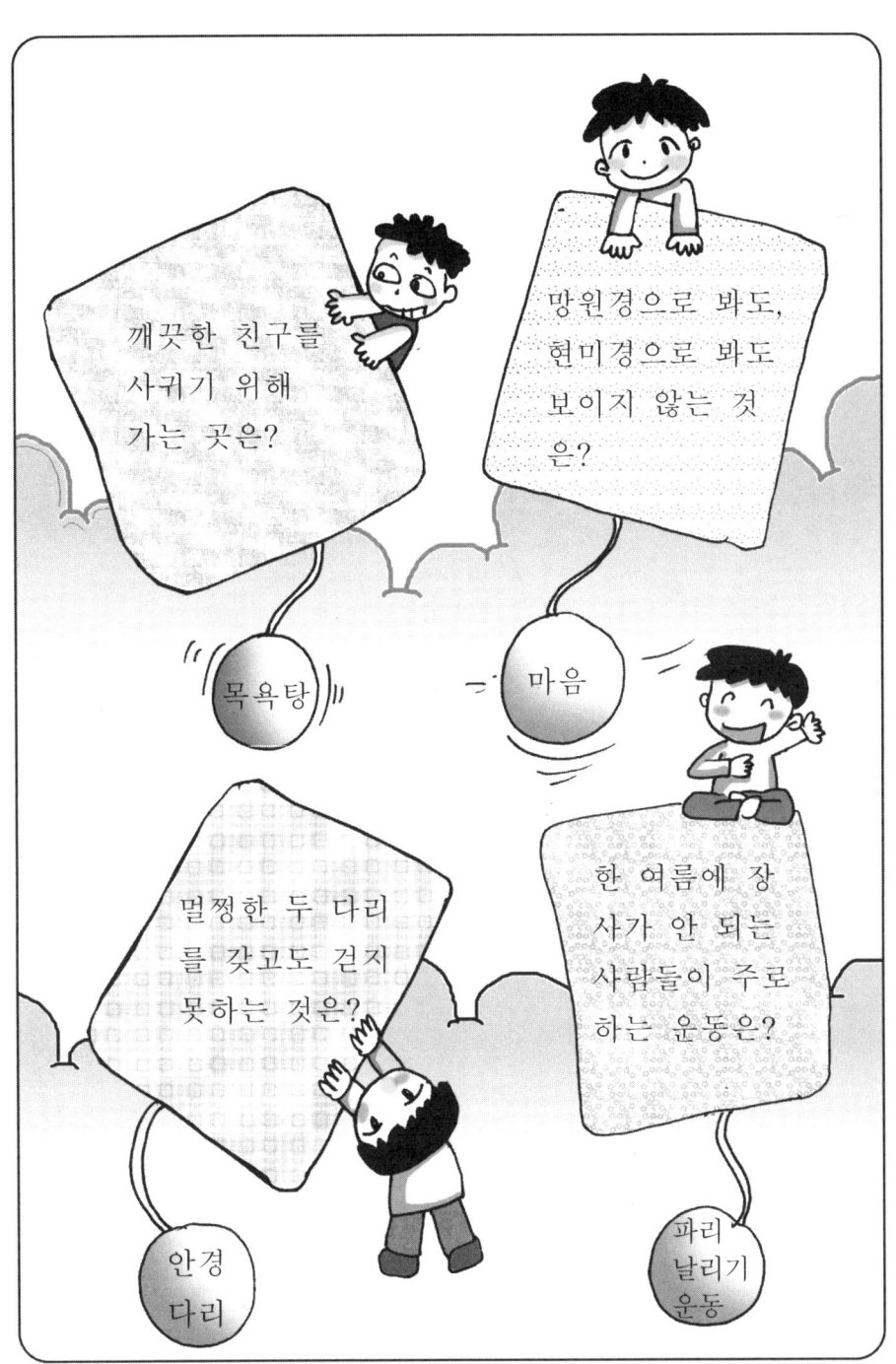

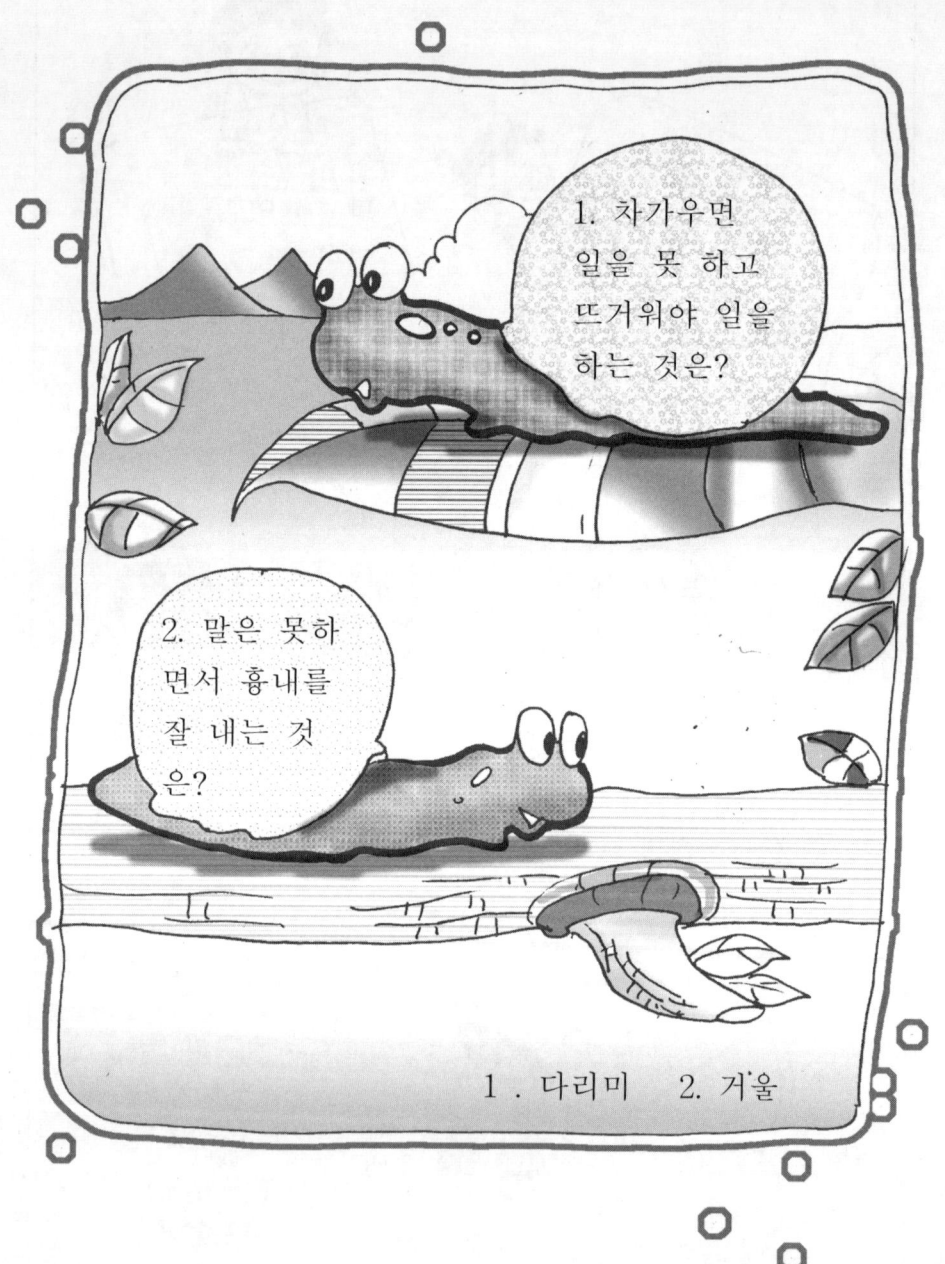

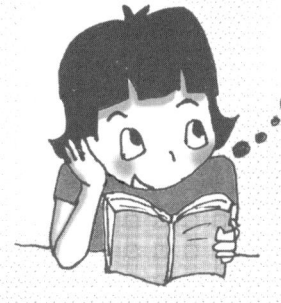

문제를 풀어보세요

1. 가까우면서도 먼 것은? _____

2. 귀로 먹고 입으로 뱉는 것은? _____

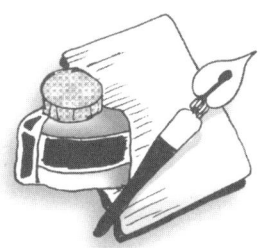

1. 눈   2. 말

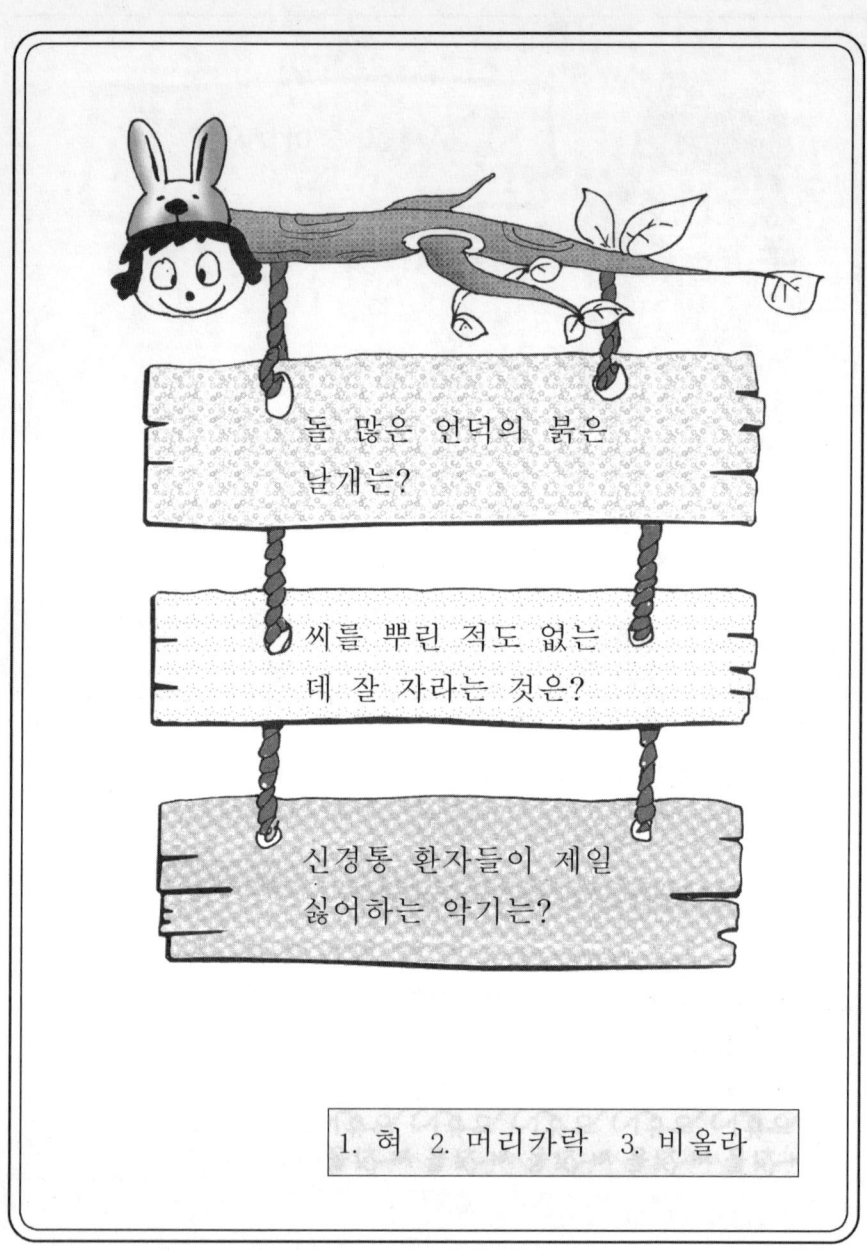

돌 많은 언덕의 붉은
날개는?

씨를 뿌린 적도 없는
데 잘 자라는 것은?

신경통 환자들이 제일
싫어하는 악기는?

1. 혀 2. 머리카락 3. 비올라

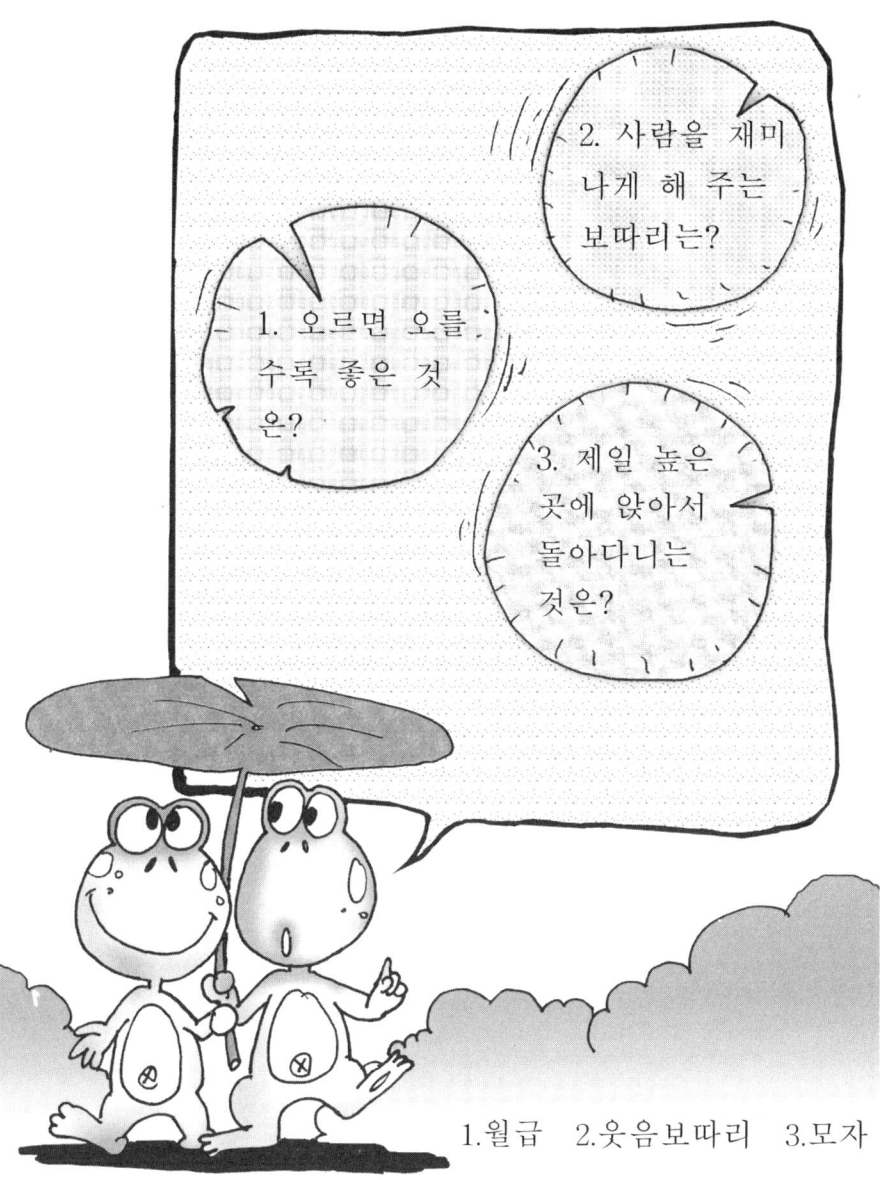

1.월급 2.웃음보따리 3.모자

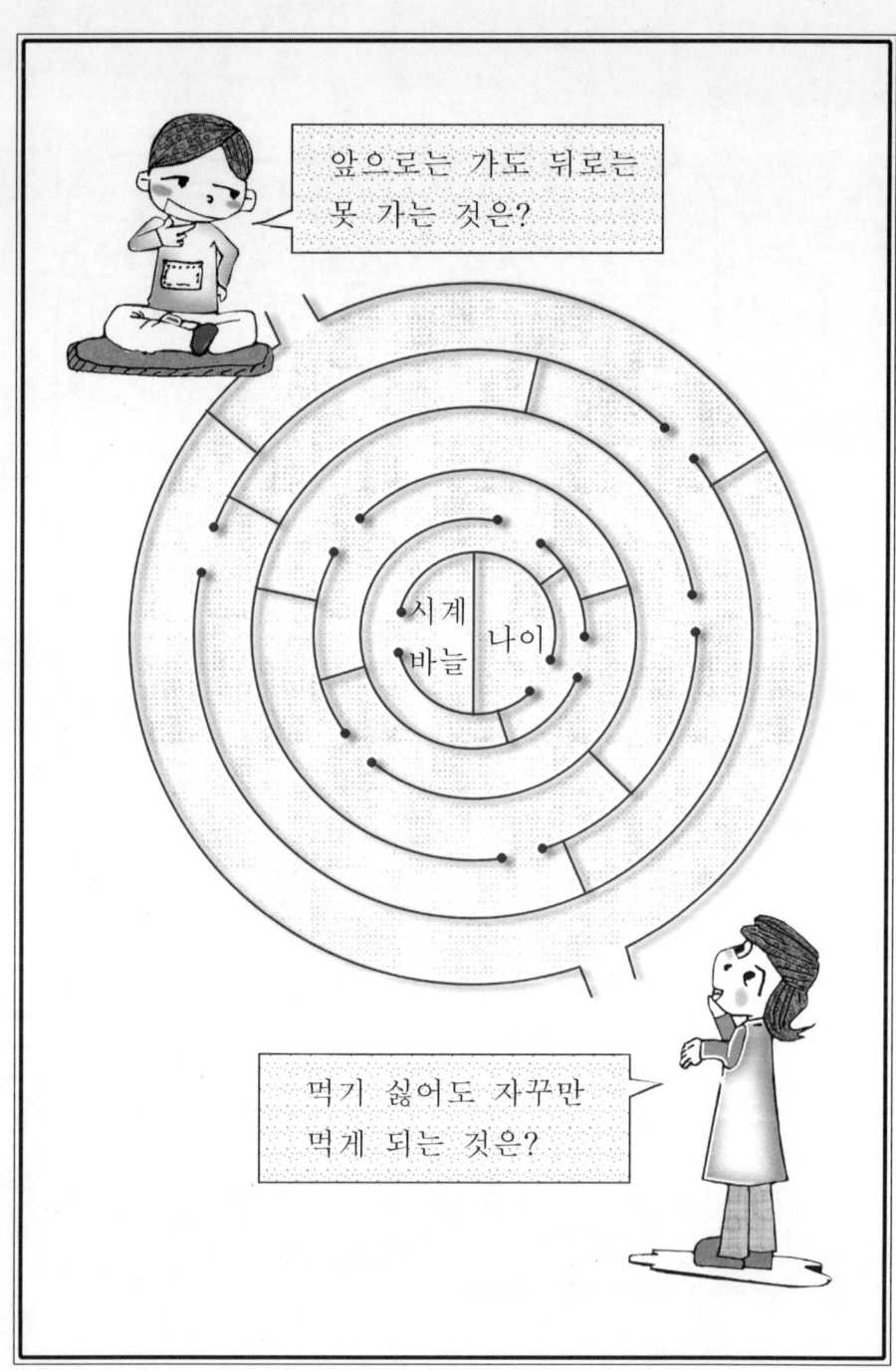

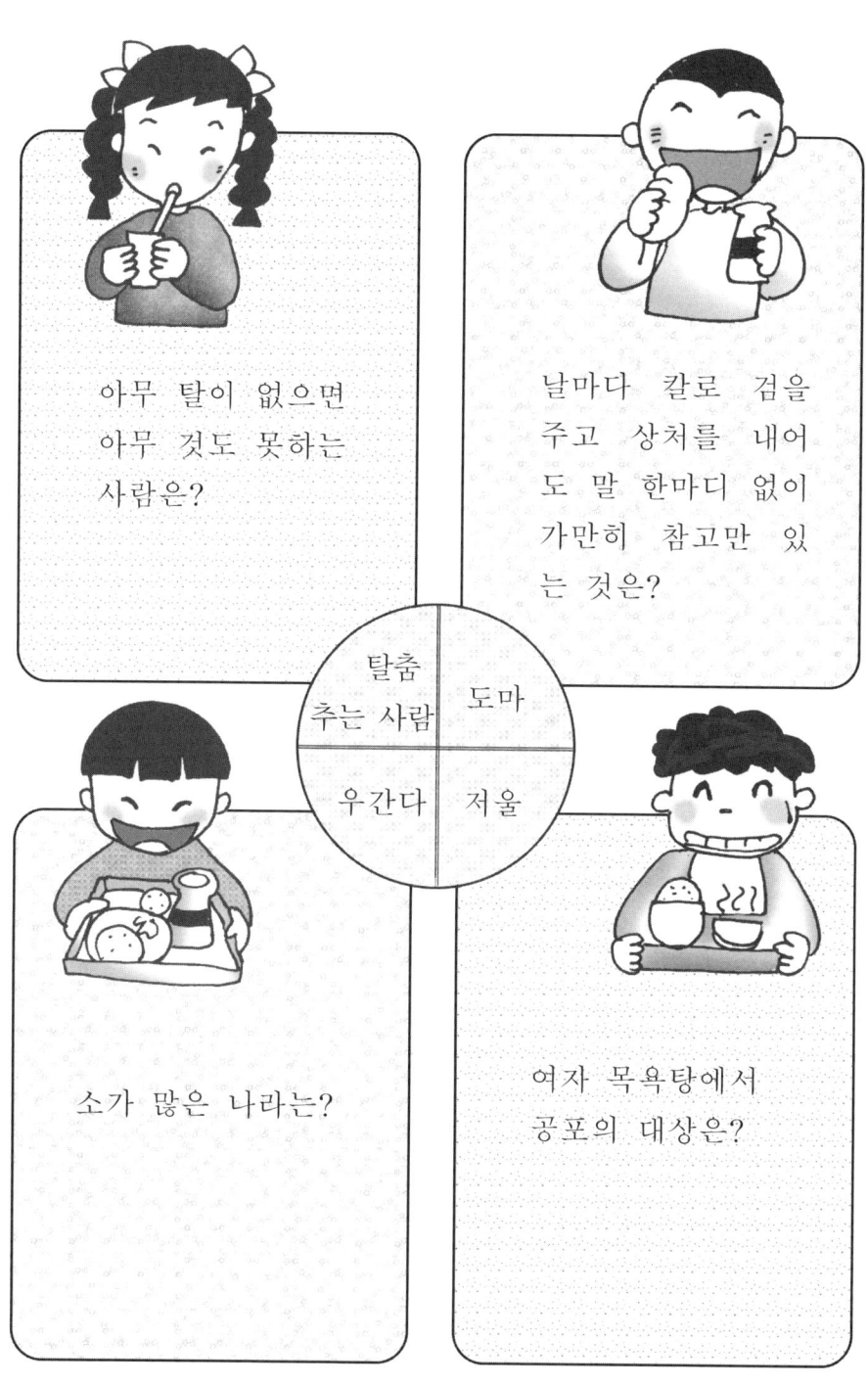

아무 탈이 없으면
아무 것도 못하는
사람은?

날마다 칼로 검을
주고 상처를 내어
도 말 한마디 없이
가만히 참고만 있
는 것은?

탈춤
추는 사람 | 도마

우간다 | 저울

소가 많은 나라는?

여자 목욕탕에서
공포의 대상은?

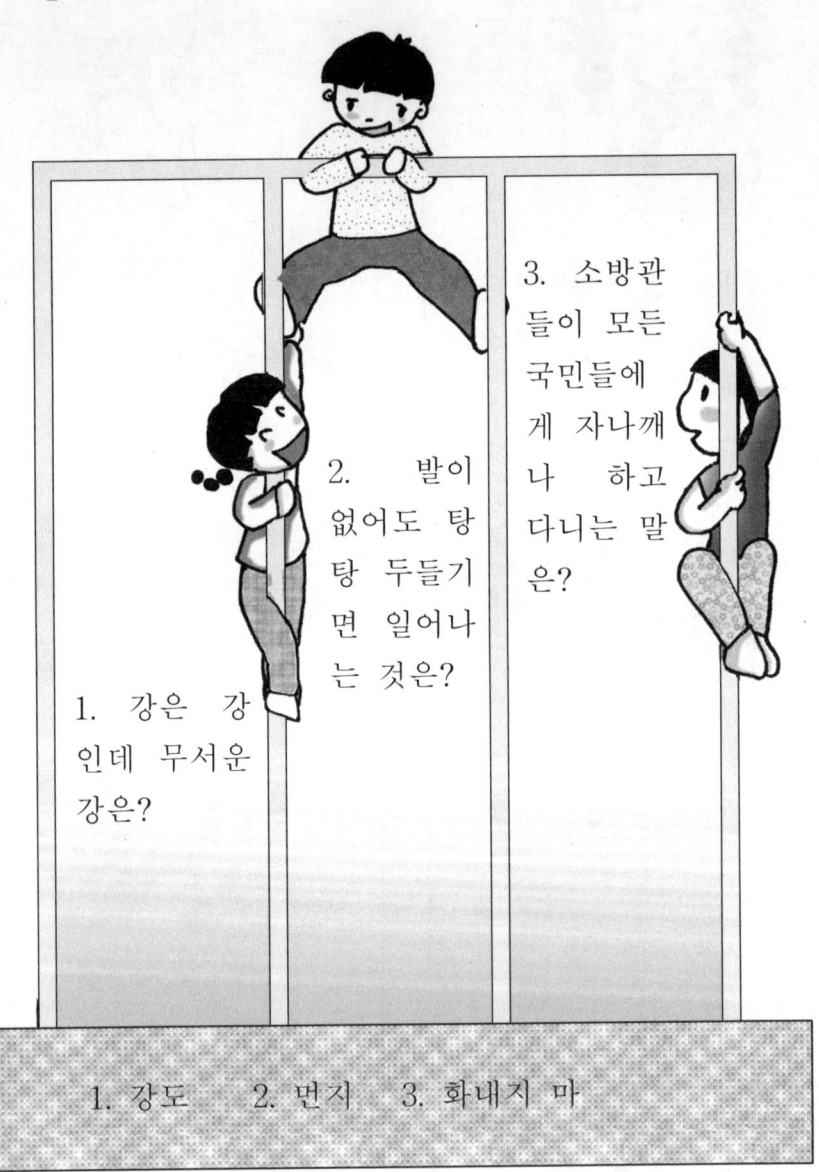

3. 소방관 들이 모든 국민들에 게 자나깨 나 하고 다니는 말 은?

2.   발이 없어도 탕 탕 두들기 면 일어나 는 것은?

1. 강은 강 인데 무서운 강은?

1. 강도   2. 먼지   3. 화내지 마

※ 길을 따라 가면서 문제를 맞춰 보세요

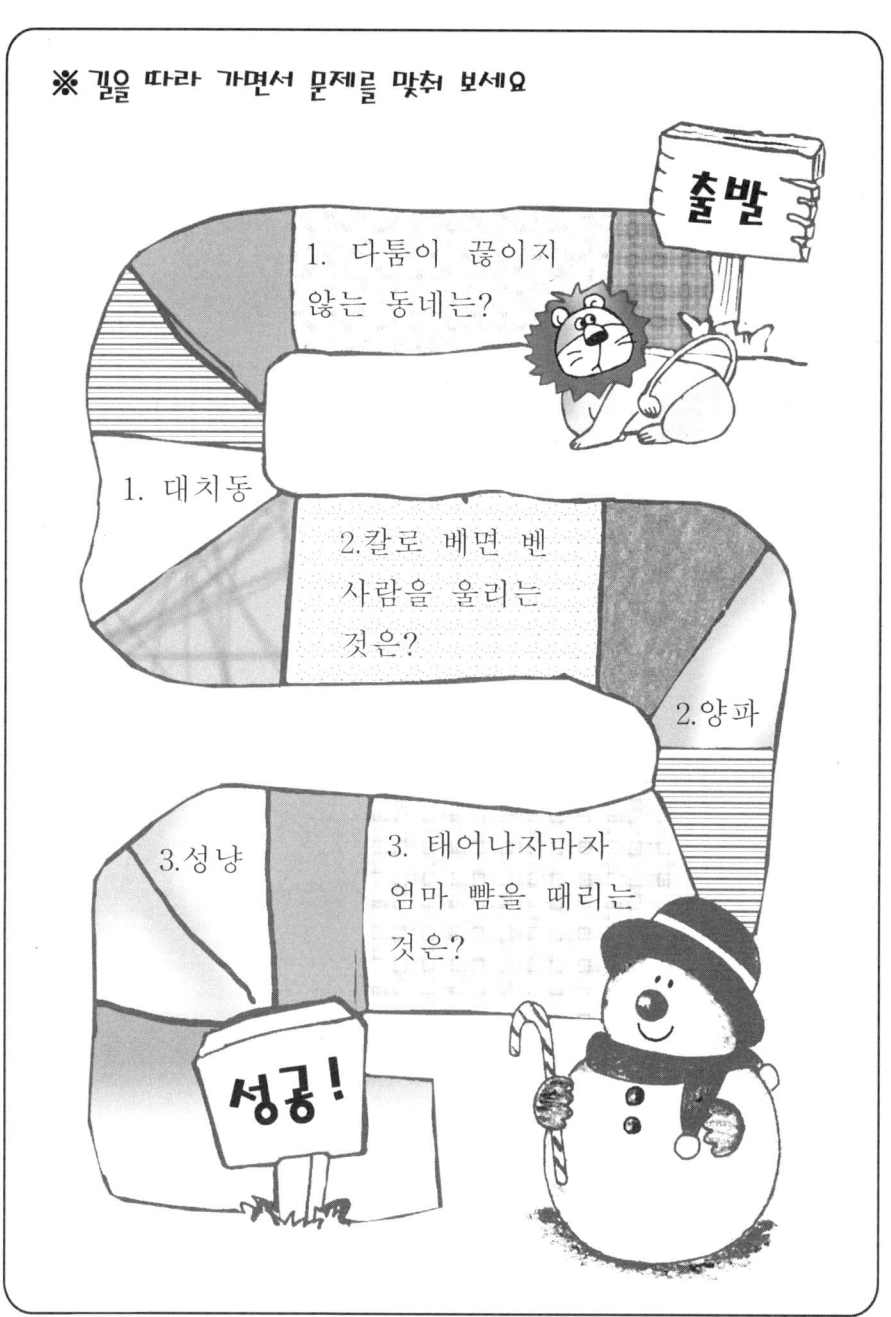

출발

1. 다툼이 끊이지 않는 동네는?

1. 대치동

2.칼로 베면 벤 사람을 울리는 것은?

2.양파

3.성냥

3. 태어나자마자 엄마 뺨을 때리는 것은?

성공!

213

자! 다음 문제를 풀어보세요.

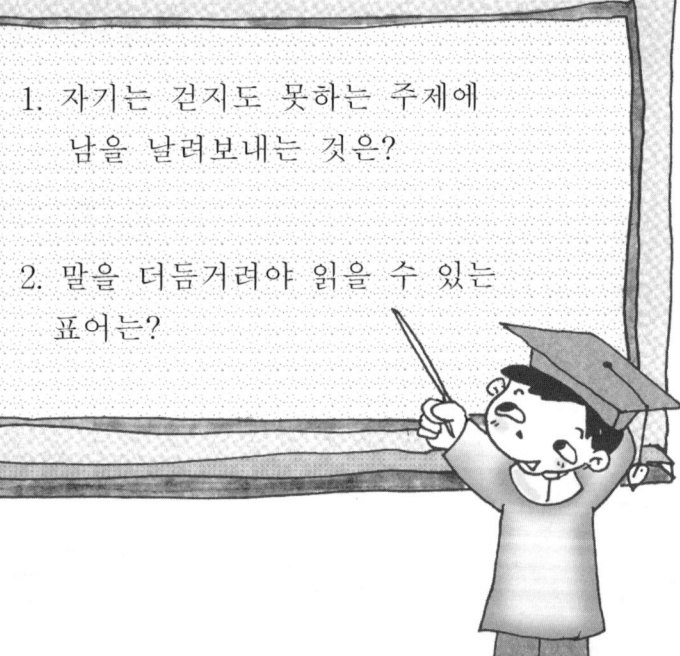

1. 자기는 건지도 못하는 주제에
   남을 날려보내는 것은?

2. 말을 더듬거려야 읽을 수 있는
   표어는?

1. 활   2. 불,불,불 불조심

고양이는 지금 무슨 꿈을 꾸고 있는 걸까요

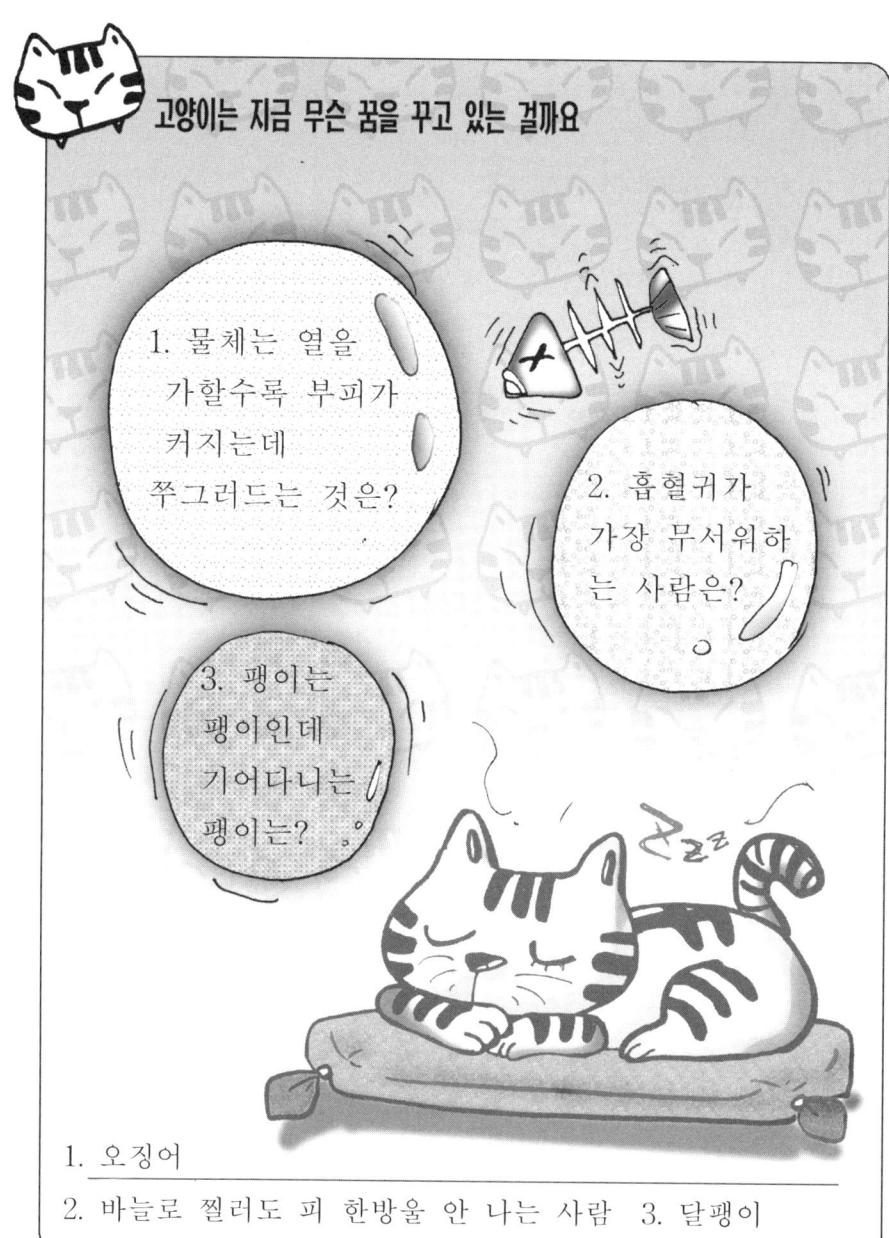

1. 물체는 열을 가할수록 부피가 커지는데 쭈그러드는 것은?

2. 흡혈귀가 가장 무서워하는 사람은?

3. 팽이는 팽이인데 기어다니는 팽이는?

1. 오징어

2. 바늘로 찔러도 피 한방울 안 나는 사람　3. 달팽이

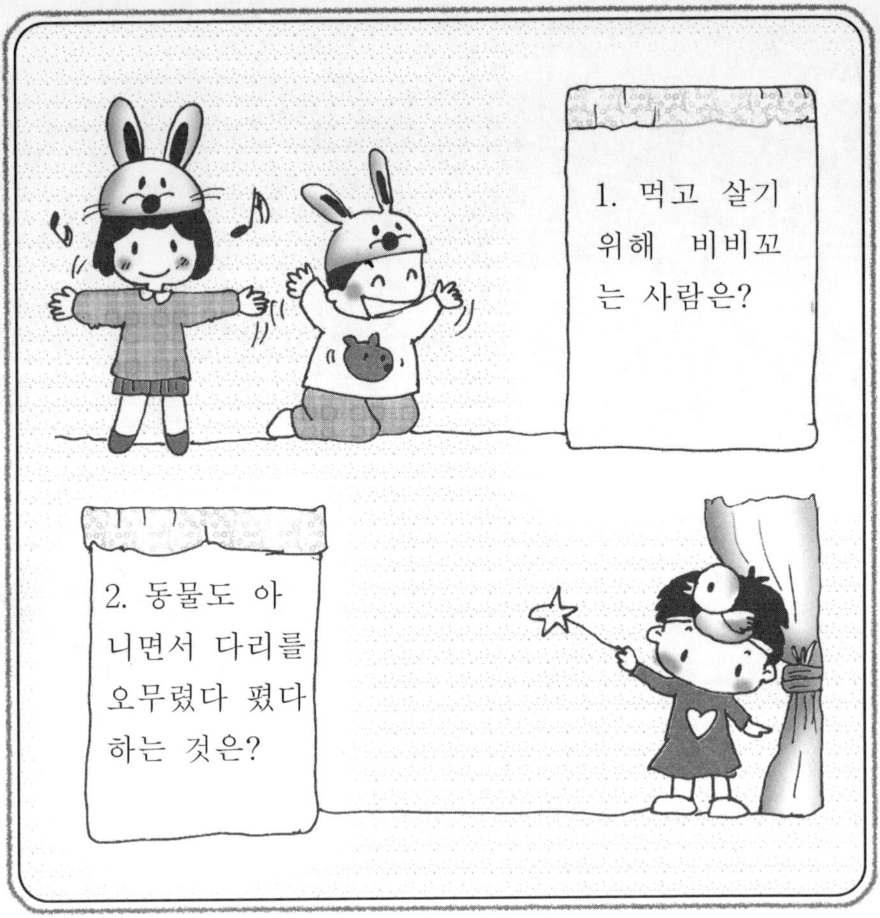

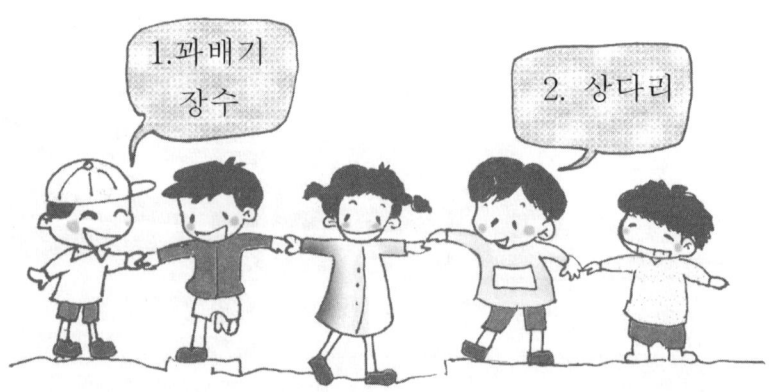

1. 꽈배기 장수

2. 상다리

216

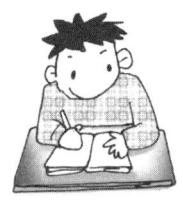 **알맞은 답에 연결해 보세요**

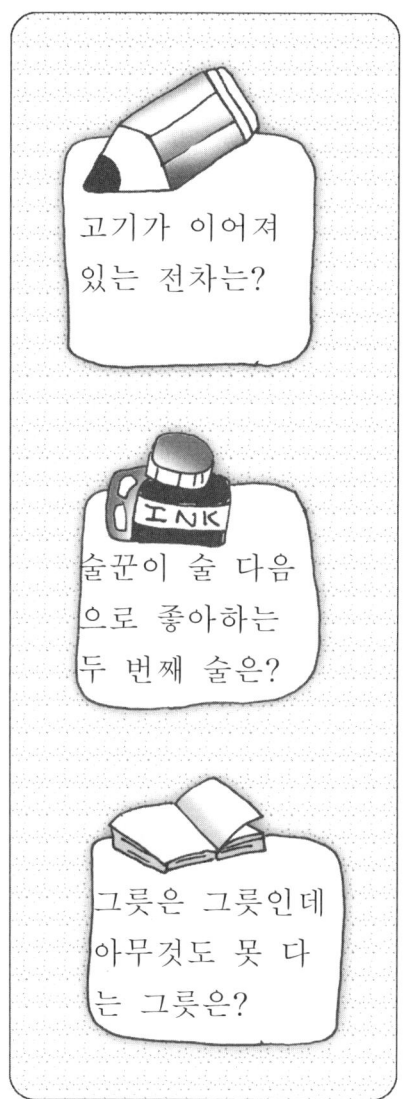

고기가 이어져
있는 전차는?

술꾼이 술 다음
으로 좋아하는
두 번째 술은?

그릇은 그릇인데
아무것도 못 다
는 그릇은?

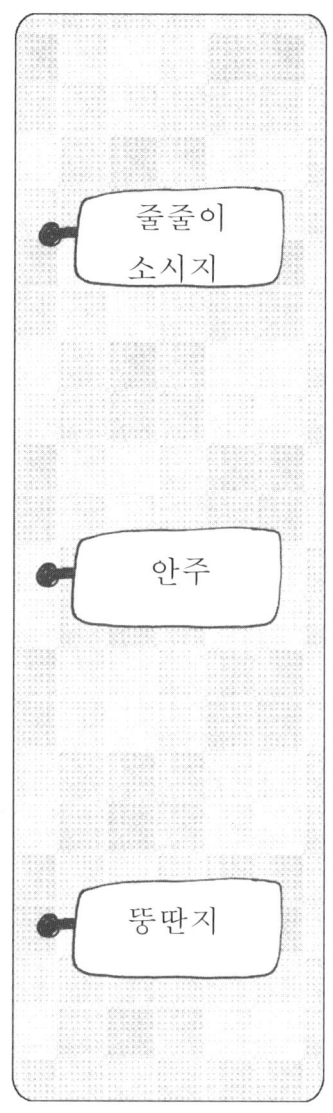

줄줄이
소시지

안주

뚱딴지

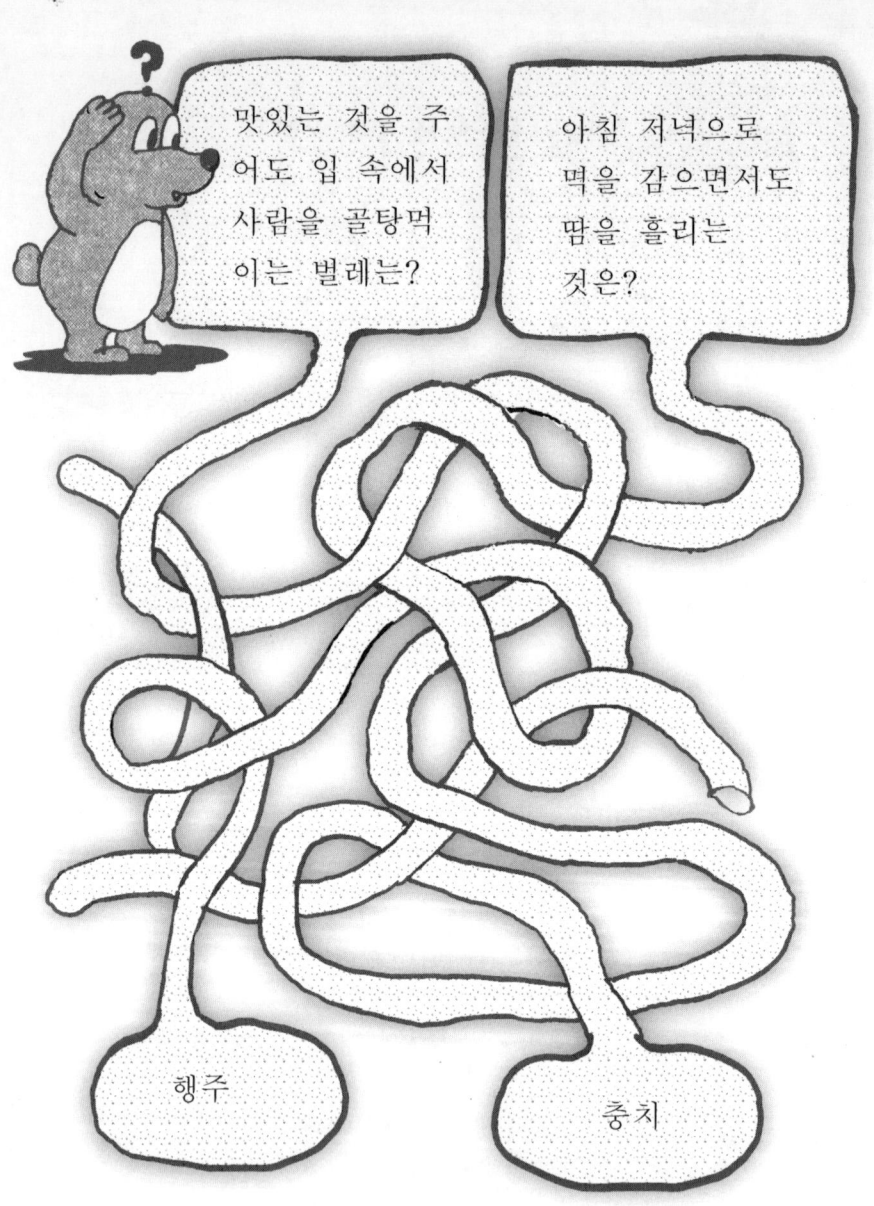

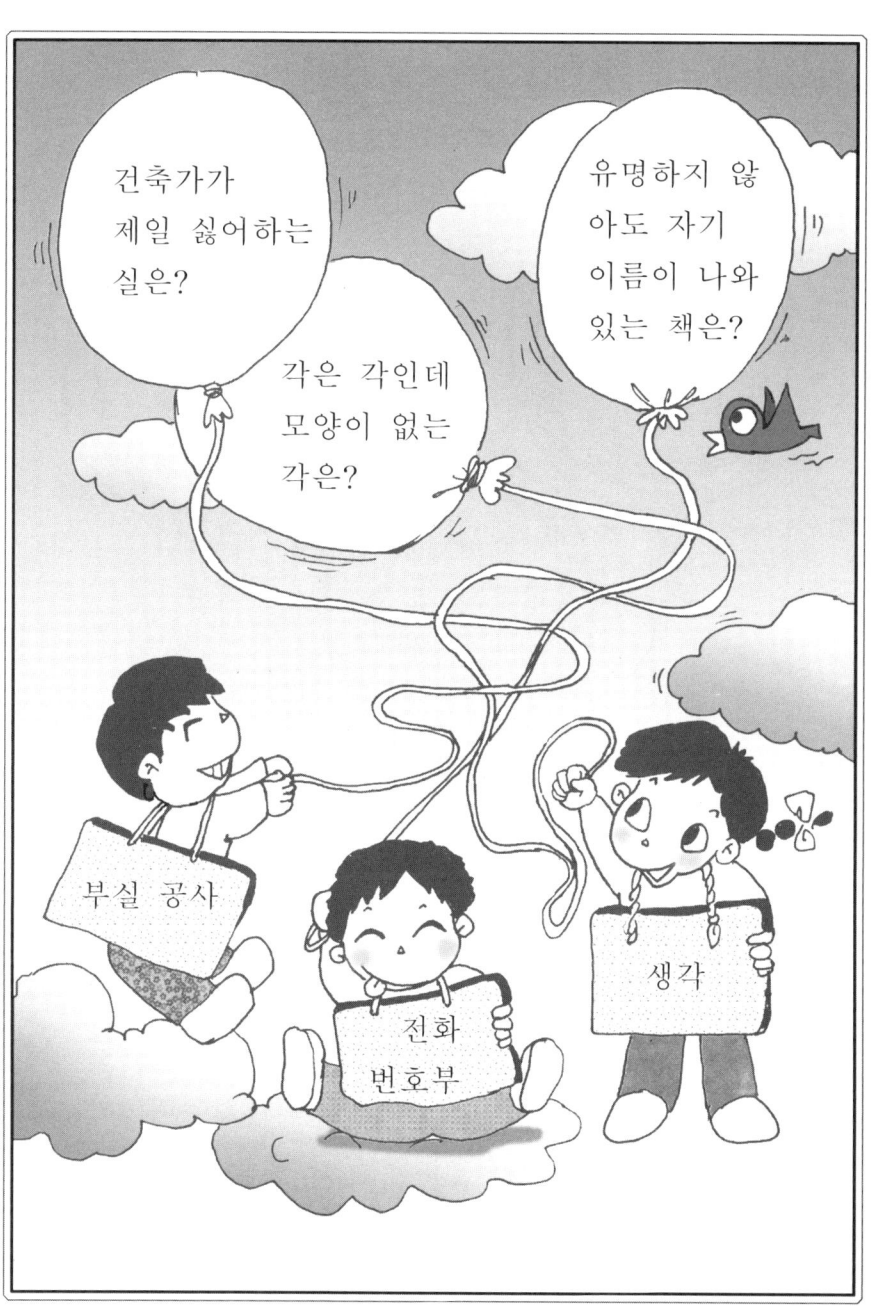

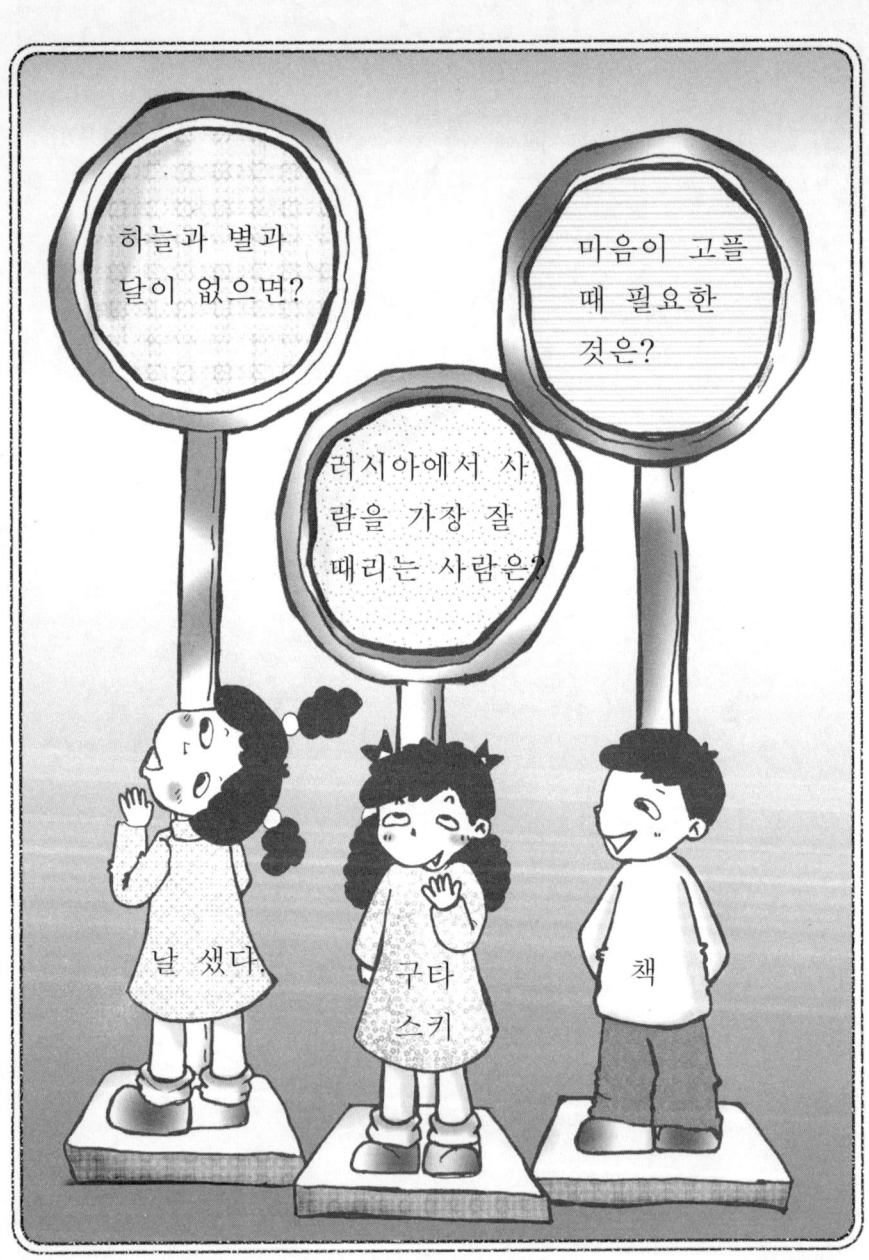

수수께끼를 맞춰 보세요

문제 1 겁쟁이들이 잘 가지고 다니는 돌 열 개는?

문제 2 누구나 즐겁게 웃으며 읽는 글은?

문제 3 학교도 아닌데 선생이 많이 있고 찾아가는 사람들을 아프게 벌 주는 곳은?

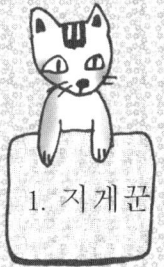

1. 지게꾼

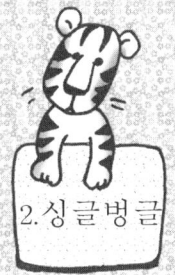

2. 싱글벙글

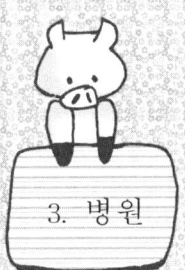

3. 병원

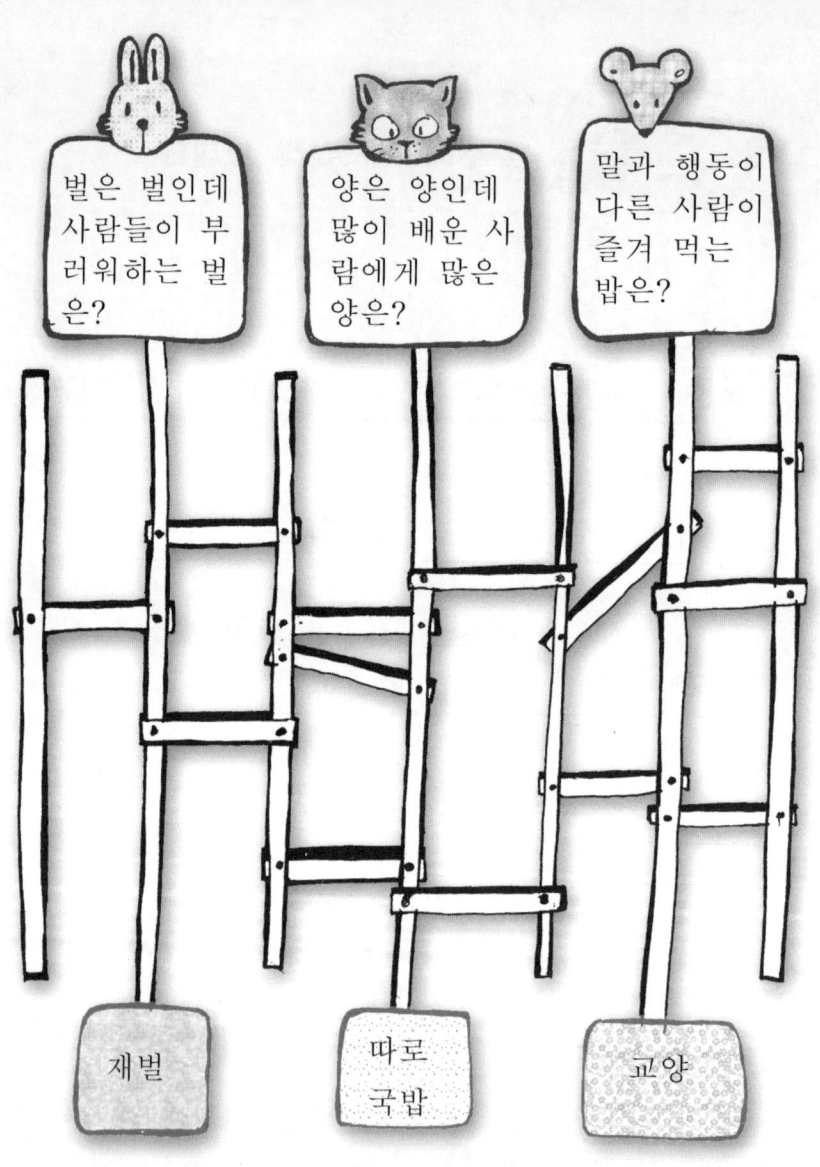

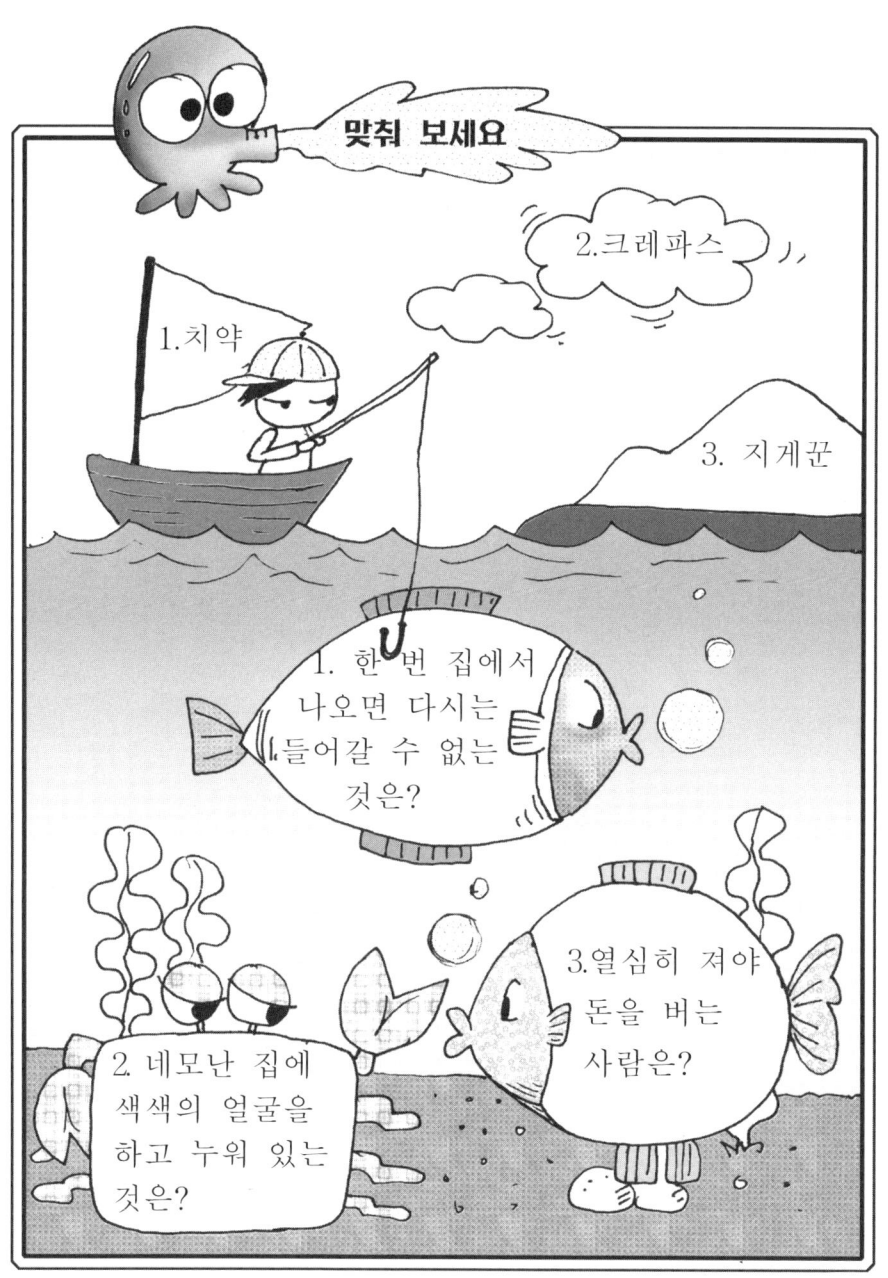

223

판 권
본 사
소 유

초등학생의 지혜와 상상력을 높여주는

재미있는
수수께끼 나라

2001년 12월 20일 인쇄
2001년 12월 31일 발행

엮은이 · 편집부
펴낸이 · 최상일
펴낸곳 · 태을출판사
주 소 · 서울특별시 강남구 도곡동 959-19
등 록 · 1973년 1월 10일(제4-10호)

※잘못 만들어진 책은 구입한 곳에서 잘된 책으로 바꾸어 드립니다.
※주문 및 연락처 · (㉾100-456)
  서울시 중구 신당 6동 52-107(동아빌딩 내)
  ☎ 2237-5577/ FAX.2233-6166

ISBN 89-493-0207-1   13370